Anka Grupinska

IM KREIS

Gespräche mit
jüdischen Kämpfern

**Aus dem Polnischen
von Esther Kinsky**

Verlag Neue Kritik

Die polnische Originalausgabe erschien 1991 unter dem Titel »Po Kole. Rozmowy z zydowskimi zolnierzami« im Verlag »Alfa«, Warschau. Zum Verständnis für den deutschsprachigen Leser wurde die vorliegende Ausgabe um eine Reihe von Anmerkungen sowie um Verzeichnis und Zeittafel ergänzt.

Photographien: Adam Rozanski

Die Deutsche Bibliothek — CIP-Einheitsaufnahme:

Im Kreis : Gespräche mit jüdischen Kämpfern / Anka
Grupinska. Aus d. Poln. von Esther Kinsky. — Frankfurt am
Main : Verl. Neue Kritik, 1993
    Einheitssacht.: Po kole <dt.>
    ISBN 3-8015-0266-X
NE: Grupinska, Anka; Kinsky Esther [Übers.]

Inhalt

Diese Gespräche und viele andere habe ich für mich geführt und für all diejenigen bearbeitet, die, ähnlich wie ich, um jene Welt kreisen, ohne sie jemals erreichen zu können ...

Was Bedeutung im Ghetto hatte?
Nichts! Gar nichts! Redet keinen Unsinn!

Ein Gespräch mit Marek Edelman*

— Wir würden Sie gerne fragen, wer Sie vor dem Krieg waren?
Im öffentlichen Bewußtsein existieren Sie als Soldat der ZOB[1], als
Kämpfer des Ghettoaufstands der Jüdischen Kampforganisation.
Wir wüßten aber gerne etwas über Ihre Herkunft, Ihre Familie. Wo
lebten Sie, welche Schule besuchten Sie?
— Ich lebte in Warschau.
— Sind Sie in Warschau geboren?
— Sagen wir ja. So steht es in den Papieren. Meine Mutter hatte
sich aus Rußland repatriieren lassen, mein Vater auch, aus Weiß-
rußland genauer genommen, aus Minsk, bzw. Homel. Ich bin in
Warschau geboren; kurz davor, während dieser Reise ist mein Bru-
der gestorben. Hätte mein Bruder überlebt, gäbe es mich nicht.
Dann sind meine Eltern sehr bald gestorben.
— Warum haben Ihre Eltern Homel verlassen und sind von Ruß-
land nach Polen gegangen?
— Das kann ich nicht genau erklären, ich war ja noch nicht auf
der Welt. Ich glaube nicht, daß es aus Antikommunismus war, ich
weiß es aber nicht.
— Hatte es politische Gründe?
— Möglich. Damals haben doch alle Polen, die die polnische
Staatsbürgerschaft hatten, Rußland verlassen.
— Hatten Ihre Eltern die polnische Staatsbürgerschaft?
— Ich glaube, meine Mutter nicht, aber mein Vater hatte die pol-
nische Staatsbürgerschaft, und deshalb stand sie meiner Mutter
auch zu.
— Wie alt waren Sie, als Sie allein blieben?
— Das weiß ich eben nicht genau. Mein Vater ist gestorben, als
ich etwa vier, fünf war — 1924 oder auch 1926 und ich bin 1922 ge-

---

* Dieses Gespräch wurde gemeinsam mit Wlodzimierz Filipek geführt. Es geschah
unter den konspirativen Bedingungen der Zeiten nach dem Kriegszustand in Lódz.
Der Text erschien ursprünglich in der Posener Untergrundzeitung »Czas«. Er wurde in der polnischen Exilpresse nachgedruckt und in mehrere Sprachen übersetzt.

boren. Ich kann mich nur daran erinnern, daß ich mal bei ihm auf dem Schoß gesessen bin, an sonst gar nichts.

— Und Ihre Mutter?

— Meine Mutter ist, glaube ich, 1934 gestorben. Also war ich zwölf, vielleicht dreizehn. Aber genau weiß ich es nicht, weil der Friedhof, auf dem sie begraben ist, zweimal bombardiert wurde. Einmal 1939 und dann nochmal während des Warschauer Aufstands. Von ihrem Grab ist keine Spur geblieben. Als ich Abitur gemacht habe, fand ich, daß ich zum Grab meiner Mutter gehen sollte, um ihr zu sagen, daß ich das Abitur habe. Damals war noch ein Rest des Grabmals übrig, aber man baute bereits an einer Straße, und 1940 gab es das Grab nicht mehr.

— Was hat Ihr Vater gemacht?

— Interessanterweise weiß das niemand. D.h. vielleicht wußten sie es, aber ich war zu klein, und keiner hat es mir gesagt. Meine Mutter hat als Angestellte in einem Kinderkrankenhaus gearbeitet, immer nachmittags. Sie kam erst um vier Uhr in der Früh nach Hause, als ich schon geschlafen habe, sonst war zu Hause nur noch die Frania.

— Wer war die Frania?

— Die Frania eben. Ich hatte keine Familie. Meine Eltern kamen aus Rußland. Meine Mutter hatte zwölf Brüder, die alle Sozialrevolutionäre[2] waren. 1919 oder so kamen die Bolschewiken nach Homel und haben alle zwölf Brüder mitgenommen. Mein Großvater hatte so viele Kinder, weil er auf eine Tochter gewartet hat. Lacht nicht, so war es. Und als diese zwölf Brüder zum Poniatowski-Denkmal geführt wurden, wo sie erschossen werden sollten, ging sie, so ein kleines Mädchen, in ihrer Mitte mit. Dann sagte der russische Soldat: »Mädchen, hau ab.« Die zwölf Brüder wurden erschossen, sie blieb allein übrig. Nach dem Krieg, glaube ich, hat sich die Tochter des ältesten Bruders hier mal blicken lassen. Sie hieß Tania. Sonst habe ich keine weitere Familie gehabt. Wer hätte denn übrigbleiben sollen, wenn die zwölf Brüder als Sozialrevolutionäre unter dem Poniatowski-Denkmal im Paskiewicz-Park in Homel erschossen wurden. Wie Lenin schon sagte — wir werden die Politik der Sozialrevolutionäre machen, aber sie selber stecken wir ins Gefängnis. Und wenn es sein muß, werden wir sie erschießen, anstatt sie ins Gefängnis zu stecken, denn im Gefängnis müssen wir ihnen was zu essen geben.

– Hat die sozialrevolutionäre Tradition Ihren Vater beeinflußt?
– Ich weiß es nicht, ich weiß es nicht. Die Frage kann ich nicht beantworten. Meine Mutter war eine normale Sozialistin. Sie war Vorsitzende oder Sekretärin irgend so einer sozialistischen Frauenorganisation. In jenen Jahren war das eine große revolutionäre Sache, zwar legal, aber wirklich revolutionär – denn es waren Frauen, es waren Sozialisten, und Juden auch noch dazu.
– Heißt das, daß Ihre Mutter bei der PPS, der Polnischen Sozialistischen Partei, war?
– Nein. Sie war beim »Bund«[3]. Ich weiß noch, daß sie mich mal auf eine Versammlung mitgenommen hat, auf der sie eine Rede hielt. Das war in Warschau. Der »Bund« war eine jüdisch sozialistische Partei, wie die PPS, die sagte, der Sozialismus wird kommen und es wird keine Rolle spielen, ob du Ukrainer, Weißrusse, Jude oder Pole bist, es wird ein ganz normales Land sein.
– War Ihr Verhältnis zum Kommunismus in den dreißiger Jahren eindeutig?
– Na klar. Man hat mir beigebracht, daß der Kommunismus eine ganz gewöhnliche Diktatur ist, die Menschen mordet, um sich an der Macht zu halten. Das hat man mir von Kindheit an beigebracht, das ist nicht mein Verdienst; meine Mutter hat mir das beigebracht, sie sagte zu mir: »Marek, wenn du ein letztes Mal im Leben den Sozialismus sehen willst, komm mit mir nach Wien (das war 1933 oder 1934, ich weiß es nicht mehr), das wird die letzte Gelegenheit sein, den Sozialismus zu sehen.« Dort fand die Arbeiterolympiade statt, aber ich fuhr lieber mit meinen Freunden in ein Jugendlager, deshalb bin ich nicht mitgekommen.
– Was für Schulen haben Sie besucht?
– Mich hat man ständig aus den Schulen rausgeschmissen.
– Dann erzählen Sie uns doch etwas darüber.
– Aber das ist mir peinlich. Ich war ein schlechter Schüler. Ich hatte Tuberkulose und bin erst sehr spät in die Schule gekommen, erst in die vierte Volksschulklasse. Dann ging ich aufs Gymnasium. In dem ersten Gymnasium war ich etwa zwei Jahre. Am 1. Mai durfte man nicht an der Demonstration teilnehmen, ich habe aber trotzdem teilgenommen und habe auf dem Rückweg meinen Schuldirektor getroffen. Ich habe ihn, gut erzogen, wie ich war, gegrüßt. Am nächsten Tag rief er meine Betreuerin an und sagte: »Ich muß ihn aus der Schule rausschmeißen, weil er an Demonstrationen teil-

nimmt, aber ich werfe ihn nicht dafür raus, daß er bei der Demonstration war, sondern dafür, daß er blöd ist. Denn hätte er mich nicht gegrüßt, hätte ich ihn gar nicht bemerkt.« Die letzten zwei Jahre war ich auf der Handelsschule. Ich hatte es dort sehr schwer, weil diese Schule von der ONR[4] beherrscht war. Der Bruder von Mosdorf[5] ging mit mir zusammen in die Schule. Es war schrecklich in dieser Schule. Sie war ständig wegen der Ausschreitungen gegen die Juden geschlossen. Aber als Schule war sie hervorragend.

   — Wieviel Jahre haben Sie diese Schule besucht?

   — Zwei Jahre. Von der sechsten bis zur achten Klasse. 1939 hab ich sie abgeschlossen.

   — Aus dem, was Sie sagen, schließen wir, daß Sie keinerlei religiöse Erziehung erhalten haben.

   — Nein, nein. Mit Gott hatte ich nichts am Hut. Mein Elternhaus war sehr säkular und fortschrittlich. Im übrigen war vor dem Krieg die Kirche in Polen erzreaktionär — wie die Schwarzhunderter[6]. Diese ganzen antijüdischen und antiukrainischen Krawalle gingen immer von den Kirchen aus. In Warschau hatte der Pfarrer Trzeciak seine Kirche auf dem Theaterplatz und von dort aus begannen alle Pogrome: »Kauft nicht bei Juden«, »Schlagt die Juden« und so weiter. Ungefähr um die Zeit meines Abiturs bin ich auf der Nowy Swiat von ihnen verprügelt worden. Wenn ein Jude auf der Nowy Swiat entlangging, war das eine Katastrophe. Ich kann mich nicht mehr genau erinnern, wie es dazu kam, aber es war das einzige Mal, daß ich furchtbar verprügelt wurde. Das Abitur klappte irgendwie, ich konnte zwar nichts, kam aber durch.

   — Was waren die Quellen Ihrer Identität. Das heißt, welche Motive haben Sie geleitet?

   — Ich verstehe nicht, was Sie meinen. Sie sprechen in so klugen Sätzen.

   — Warum sind Sie nicht Zionist geworden?

   — Also hören Sie, man bekommt ja schließlich in seinem Elternhaus eine gewisse Erziehung mit. Meine Mutter meinte, hier würde alles gut werden, alle würden gleich und glücklich und so weiter sein, und hat mich entsprechend erzogen. Zionismus ist eine hoffnungslose Angelegenheit. Damals wie heute.

   — Könnten Sie das erklären?

   — Ich meine noch nicht einmal die Ideologie, daß es nämlich unmöglich ist, zu etwas zurückzukehren, was vor zweitausend Jahren war. In einem Meer von hundert Millionen Arabern kann man keinen Staat machen, der gegen sie gerichtet ist, sonst werden die Juden genauso abgeschlachtet, wie sie von Hitler abgeschlachtet worden sind. Ich sage nicht, daß das schon heute passieren kann, aber die Araber werden lernen, genauso gut zu schießen wie die Juden. Sie sind ein viel größeres Volk. Das ist doch eine politische Angelegenheit. Die Araber sagen – warum soll der Staat Israel hier sein, wo doch die Deutschen die Juden getötet haben? Warum also nicht in München, warum sind diese drei Millionen Juden nicht in der Gegend von Hannover? Die Deutschen sollen doch dafür bezahlen. Und sie haben recht. Das ist dasselbe, wie wenn man sagt, die Westgebiete seien polnisch. Ich bitte Euch! Die Deutschen haben siebenhundert Jahre dort gelebt. Kiew ist doch heute auch nicht polnisch, obwohl Polen dort einmal an der Macht waren!

– Aber der Staat Israel ist entstanden und existiert.

– Na ja, die Russen haben ihnen einen Staat beschert. Dann haben die Juden den Russen den Rücken gekehrt und haben sich an die Amerikaner gehalten. Aber sie werden so oder so untergehen. Ein Dreimillionenstaat in einem Meer von hundert Millionen Arabern kann nicht existieren. Sie haben keine Chance. Man wird sie abschlachten und ins Meer jagen. Amerika wird ihnen so lange Flugzeuge liefern, wie es dort Luftwaffenstützpunkte hat. Sobald die Amerikaner sich nicht mit Mubarak, sondern mit einem anderen »rak« geeinigt haben, werden sie auf diese drei Millionen scheißen. Der Staat Israel ist eine rein politische Angelegenheit. Zuerst wollten die Russen die Engländer dort rausschmeißen, dann wollten die Amerikaner die Engländer rausschmeißen, und es ist ihnen gelungen. Und jetzt haben sie dort ihren Stützpunkt. Der einzige Fels, der so lange standhalten kann, ist Gibraltar, aber das ist eben nur ein Fels. Es gibt keine Chance für die Existenz eines jüdischen Staates im Nahen Osten.

– Aber dieser Staat besteht doch seit vierzig Jahren. Und jeder Staat existiert doch in einer bestimmten politischen Konstellation. Haben Sie die gleichen Argumente 1939 gegenüber Ihren zionistischen Kollegen benutzt?

– Damals konnte ich solche Argumente nicht benutzen, heute verfüge ich über andere Erfahrungen. Aber es war genauso. Es gab dreieinhalb Millionen Juden in Polen, von denen drei Millionen hier leben, arbeiten, Geld verdienen wollten. Und dann gab es vierzig-

oder fünfzigtausend Leute, die Mystiker waren und nach Israel wollten. Der Zionismus bedeutete die Ablehnung der Diaspora. Er war eine marginale politische Bewegung. Er mußte marginal bleiben, denn er war unrealistisch, er hatte keine Chance. Diese fünfzigtausend Juden waren doch ein Tropfen auf den heißen Stein. Es war eine mystisch-religiöse und nationalistische Angelegenheit. Die Religiosität der Juden, der jüdische Mystizismus hörten nach dem Krieg auf zu existieren. Gott hat sich von den Juden abgewandt und sie wandten sich von Gott ab. »Du kannst mich mal«, sagten sie zu Gott.

— Was hatte Bedeutung im Ghetto?

— Nichts! Gar nichts! Redet keinen Unsinn. Ihr meint wohl, das, was ihr in Filmen seht, sei die Wahrheit.

— Gab es Chassidim unter den Zionisten?

— Sicher, viele sogar, aber 1941 gab es sie nicht mehr. Das ist die einzige soziale Bewegung, die keine Spuren hinterlassen hat, nur leerstehende Bethäuser. Diese gläubigen Juden haben alle heiligen Bücher dagelassen und sind weggegangen. 1939 wohnte ich in der Dzielnastraße, und gegenüber gab es Juden, die sich *Tojte Chassidim*[7] nannten. Sie kamen aus dem Osten, ihr Rabbi war gestorben, und sie waren seine Nachfolger. So eine standfeste, heitere, ukrainische mystische Gruppe. Nach drei Monaten gab es sie nicht mehr, sie haben alles zurückgelassen, und nichts existierte mehr. Was an jüdischen Andenken zurückgeblieben war, nahmen die Deutschen aus den abgebrannten Häusern und brachten es nach Prag. Diese Bewegung hörte auf zu existieren. Nichts existierte mehr. Gott hatte sie im Stich gelassen. Er strafte sie ohne Grund. Also haben sie sich von Gott abgewandt, rasierten ihre Bärte ab, zogen ihre Kaftans aus und verließen die Bethäuser. Wenn man das heute in Polen erzählt, klingt das ganz schlimm. Das kommt von diesem politischen Katholizismus, der hier entstanden ist. Heute glaubt jeder an Gott, um den Roten eins reinzuwürgen. Die Menschen gehen in die Kirche und halten den Schein aufrecht, aber unter uns gesagt, besonders gläubig war dieses Land nie gewesen. Die Kirche war immer politisch, war immer auf der Seite des Staates. Auch die jüdische Religion war immer politisch. Wenn Gott sich von den Polen abwenden und man in den Kirchen die Menschen abschlachten würde — nicht einfach mit Schlagstöcken verprügeln, da ist ja nichts dabei —, nein, wenn man Hunderttausend von der Kirche weg vergasen würde, dann wären die Kirchen leer und nur die Fahnen blieben zurück – glaubt mir. Im Ghetto war es genauso, die Religion verschwand. Diese ganzen Geschichten, die man erzählt, daß die Juden gebetet hätten, als der Aufstand ausbrach, das sind schöne, literarische Erfindungen. Die Menschen wurden doch für nichts und wieder nichts umgebracht. Du gingst spazieren, warst schwarz- oder grauhaarig, und dann hat man dich umgebracht. Wie soll denn so ein Mensch an Gott glauben? Er hat doch nichts Böses getan. Er wäre sogar bereit gewesen, einem Deutschen die Schuhe zu putzen. Er bückte sich und der Deutsche erschoß ihn. Wie stellt ihr euch das vor? Meint ihr, wenn Christus zwanzig Millionen Polen ermorden läßt, werden die Polen noch an ihn glauben?

– Aber es gibt doch wohl eine Ordnung?

– Ja, die besagt, daß es weniger Menschen geben muß auf dieser Welt.

– Ich meine eine höhere Ordnung, ein Wertsystem, das nicht unbedingt – da stimme ich Ihnen zu – von der Kirche repräsentiert werden muß.

– Natürlich. Und diese Werte werden von ganz anderen Leuten verkörpert, von Leuten, die wissen, wen man bekämpfen muß. Und man muß alles bekämpfen, was totalitär ist. Weil das Totalitäre die Menschen tötet. Wie Jaruzelski, wie Stalin und Hitler. Warum haben die Schwarzen ihre Gleichberechtigung bekommen? Nicht weil Luther King mit erhobenen Händen herumlief, sondern weil die Black Panthers die Städte niederzubrennen begannen. Der Mensch ist kein Engel.

– Ja, aber wenn man sagt, daß der Mensch kein Engel ist, dann heißt es noch lange nicht, daß er ein Teufel ist.

– Natürlich nicht. Die Menschen sind wie Löwen in der Herde, die die Schwächeren rausschmeißen, damit die Schakale, die sich heranschleichen, die Schwächeren fressen können. So ist es auch bei den Menschen. Es gibt keinen Unterschied. Das ist phylogenetisch.

– Ja, aber es gibt auch Situationen, in denen der Mensch die Angst überwindet.

– Ja, aber bei Hunger und Erniedrigung kann der Mensch nicht klug sein, kann er nicht denken.

– Und Korczak? Und Kolbe?

– Ich kenne mindestens zwanzig junge, schöne, gesunde Mädchen, die genauso oder noch edler als Korczak gehandelt haben.

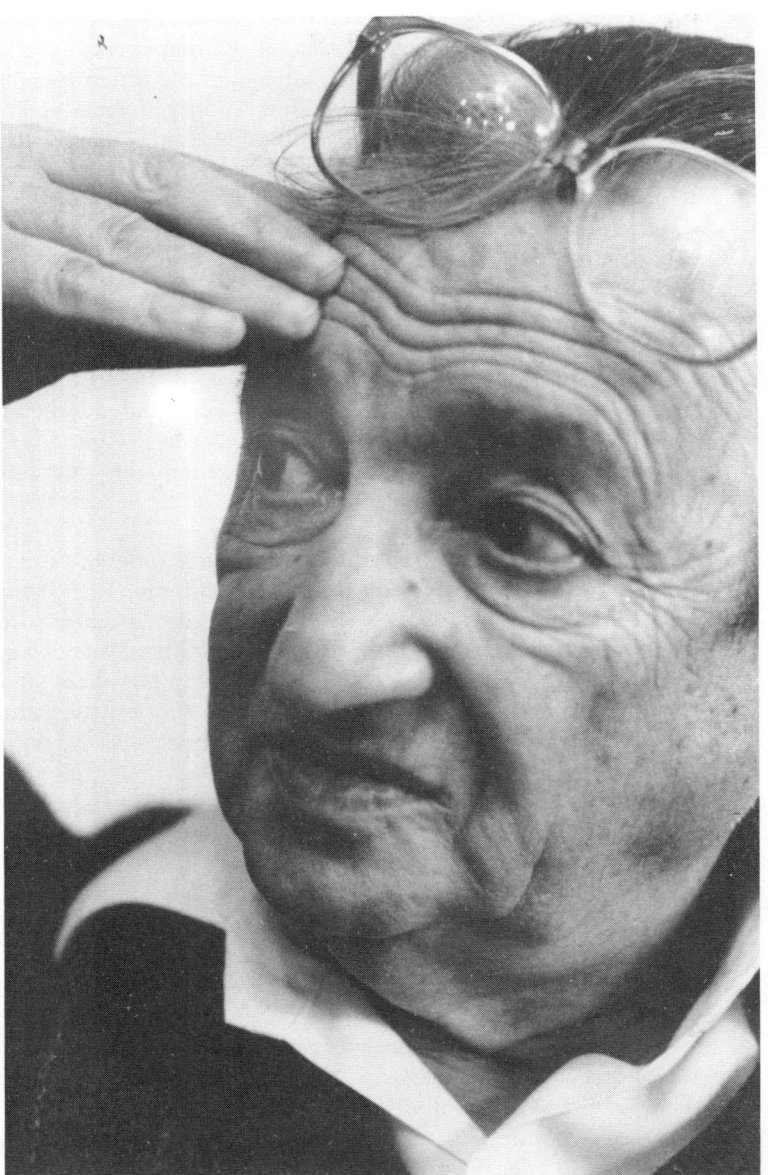

— Also sind solche Haltungen möglich?

— Nein, nein, das ist eine Zwangssituation. Die Haltung dieser beiden, die zu Symbolen geworden sind, ist anders als man meint.

— Aber Sie haben doch gesagt, daß Korczak und Kolbe nicht die einzigen waren. Sie sprachen von den zwanzig Mädchen, die genauso eine Gesinnung zeigten.

— Es gab keine Gesinnung.

— Sondern?

— Pflicht.

— Aber das Pflichtbewußtsein entsteht doch aus einer Gesinnung.

— Es gab die Mutterpflicht, aber das war ein Instinkt. Man sieht auf Filmen, daß in Auschwitz Mütter auf ihre Kinder getreten sind, um sich selbst zu retten. Sicher ist so was passiert. Aber in neunzig Prozent der Fälle gingen die Mütter mit ihren Kindern und die Töchter mit ihren Müttern. Ihr wollt die heutige Moral auf die damalige Zeit übertragen.

— Nein, nein! Wir meinen aber, daß es damals eine Moral gegeben haben muß, und wir wollen sie verstehen.

— Eine ganz andere.

— Ja gut, aber was für eine? Es war doch nicht nur Instinkt.

— Natürlich war es Instinkt. Töte den, der dich töten will — das war die einzige Moral. Töten.

— Ja, aber bis zum Aufstand war es doch nicht so.

— Was soll das. Der Aufstand! Die Gelegenheiten zählen.

— Wollen Sie damit sagen, daß alle dieses Bewußtsein hatten, daß alle töten wollten?

— Selbstverständlich. Man muß seine Gelegenheit haben, nur die richtige Gelegenheit zählt, das Töten ist kein Kunststück. Man muß nur wissen, womit, wie und wann. Und ich muß wissen, daß keine neuntausend wehrlose Menschen getötet werden, wenn ich töte. Man muß also noch ein Verantwortungsgefühl haben.

— Ich möchte nochmal zurückgehen. Der Krieg bricht aus. Konnten Sie sich damals schon den Holocaust vorstellen?

— Im Jahr 1939 noch nicht. Aber nach 1941 schon.

— Was machten Sie nach Ausbruch des Krieges?

— Nichts Besonderes.

— Hielten Sie Kontakt mit dem »Bund«?

— Ja, klar.

– Können Sie uns erzählen, wie das aussah?
– Unsere Praxis ist in diesem Zusammenhang ohne Bedeutung. 1939 kam niemand auf die Idee, daß man in Polen 3,5 Millionen Juden abschlachten wird.
– Aber es gab doch Nachrichten über die »Reichskristallnacht«, über das Schicksal der Juden in Zbaszyn[8]?
– In Zbaszyn wurde keiner umgebracht. Es gab natürlich Verfolgung und dies und jenes. Aber entschuldige mal, bei den Vorkriegspogromen in Polen gab es auch Tote, genauso wie in der Kristallnacht. In Przytyk, in Radom und so weiter. Wenn man das zusammenzählt, kommt das aufs Gleiche raus.
– Also war die Wachsamkeit aufgrund der Vorerfahrung abgeschwächt?
– Nein, die war nicht geschwächt, es kam uns einfach nicht in den Sinn, mein Kind, daß sie aus reiner Dummheit drei Millionen Juden töten würden. Bis 1939 gab es ja solche Massenmorde, bei denen alle vergast wurden, noch nicht. Und als man von dem Vergasen erfuhr, haben alle gelacht und gesagt: »Was erzählen die für einen Quatsch.«
– Könnten Sie uns erzählen, wie die Bundisten nach 1939 ihre Aktivität verstanden?
– Normal. Genauso wie vorher. Die Aktivitäten waren auf der arischen wie auf der jüdischen Seite die gleichen.
– Gab es Verbindungen zur arischen Seite?
– Ja, sicher. Bis 1941 waren sie sehr eng. Erst als die Mauer errichtet wurde, wurde es schwerer[9]. Aber keiner auf dieser oder auf jener Seite kam auf die Idee, daß man diese 500 000 Menschen, die in Warschau lebten, ermorden wird. Das kam überhaupt nicht in Frage, obwohl Hitler es in »Mein Kampf« geschrieben hatte.
– Bestanden die Verbindungen zur arischen Seite hauptsächlich aus Kontakten zu Kommunisten?
– Was für Kommunisten? Was redest du für einen Unsinn! Kommunisten gab es überhaupt nicht. Das waren Kontakte mit der PPS.
– Gab es Kontakte mit militärischen Gruppierungen?
– Die haben den Juden nicht vertraut. Es war doch die Zeit der Sanacja[10]. Diese Herren, der Bór-Komorowski und der Grot-Rowecki[11], sagten doch: »Wir geben den Juden keine Waffen, weil wir nicht wissen, was sie damit machen, ob sie sie einsetzen werden, die Juden taugen nicht zum Schießen.«

18

— Meinten die, das sei in der jüdischen Kultur verwurzelt?
— Das müssen Sie sie selbst fragen. Es lohnt sich nicht, darüber zu reden. Gomulka hatte im übrigen dasselbe im Kopf. Schmeißt euch mit bloßen Händen gegen die Mauer, von Hunderttausend werden Zehn überleben. Aber Waffen kriegt ihr von uns nicht, weil wir nicht wissen, ob ihr die Waffen überhaupt einsetzen werdet, weil wir nicht wissen, ob die Waffen nicht draufgehen oder ob ihr nicht draufgeht. Es stimmt aber auch, daß sie nichts hatten.

— Könnten Sie noch etwas über die Kontakte zur arischen Seite erzählen von dem Zeitpunkt an, da der Holocaust erkennbar wurde?

— Sie waren sehr schwierig.

— Meinen Sie, diese Schwierigkeiten ergaben sich nur aus deren Unwillen?

— Sie waren ja selber schwach. Außerdem hatten sie kein Vertrauen zu uns. Natürlich schickten sie irgendwelche Instruktionen, irgend so einen Schmarrn. Sie haben die ersten Waffen erst nach dem 18. Januar[12] geliefert. Ihr müßt bedenken, die haben ja selber nicht gekämpft. Weder die AK[13] noch die AL[14]. Die Aktion »Arsenal«[15] fand erst nach der Aktion im Ghetto, nach den ersten Toten im Ghetto statt. Ich möchte nicht größenwahnsinnig sein, aber ich meine — egal was andere davon halten —, das war eine Zäsur. Als zehn Deutsche umkamen und nichts passierte, haben die Jungs vom Pfadfinderverband die Aktion »Arsenal« gemacht, weil der Führungsstab der AK das nicht machen wollte. Der Ansporn kam aus dem Ghetto. Ich spreche nicht von den Exekutionen, die es vereinzelt gegeben hat. Aber die erste bewaffnete Aktion gab es in Warschau 1943 — am 18. Januar im Ghetto. Und danach, am 26. März, die Aktion »Arsenal«. In irgendeinem Buch wurde geschrieben, daß ich die Unwahrheit sage, weil in Pinsk 1942 zehn Gefangene befreit wurden, und das die erste bewaffnete Aktion gewesen sei. Das ist möglich.

— Meinen Sie, daß die Hilfe von der arischen Seite ausreichend war?

— Erstens konnten sie nicht und zweitens wollten sie nicht.

— Aber Sie haben die Frage noch nicht beantwortet.

— Was heißt nicht beantwortet?

— Nun, wenn jemand nicht kann, dann kann man das nicht ändern, aber wenn einer nicht will, dann ist die Lage anders.

– Das ist schwer zu beantworten, weil man es schlecht ermessen kann, welche Rolle böser Wille oder Diebstahl spielten. Das waren andere Zeiten. Jeder wollte einen Revolver haben. Sie haben vielleicht fünfhundert geschickt und fünfzig sind angekommen. Sie sagten, sie hätten hundertfünfzig Granaten geschickt, aber nur fünfzig sind angekommen. Ob die Waffen gestohlen wurden oder was sonst damit passiert ist, läßt sich nicht klären.

– Was bedeutete für die Juden im Ghetto die Welt außerhalb der Mauern? Stellte sie eine Hoffnung dar?

– Das war Feindesland. Sie verstehen das nicht: Ein Feind ist nicht nur derjenige, der tötet, sondern auch derjenige, der gleichgültig ist. Heute hat ein Bujak[16] keine Wohnung. Wieviele Menschen bieten ihm eine Wohnung an? Zehn von Hundert. In Todesgefahr würde jeder dieser Hundert sein Feind. Verstehen Sie das denn nicht?

– Doch ...

– Und fertig aus. Sie waren Feinde in dem Sinn, daß sie dich getötet haben, wenn du vom Ghetto auf die andere Seite gelangt bist und gesagt hast, wer du bist.

– Getötet oder nicht geholfen?

– Das macht keinen Unterschied. Nicht helfen und töten ist das gleiche. Ich spreche nicht von heute, weil man heute auf der Straße gehen kann. Aber damals haben sie dich an der nächsten Ecke umgelegt, wenn dir keiner geholfen hat. Bujak kann heute überall rumlaufen und keiner wird ihn behelligen. Sie werden ihn nicht nach Hause mitnehmen, aber sie werden ihm zulächeln.

– Warum brach der Aufstand erst so spät aus?

– Was heißt hier spät! Warum gab es denn in Auschwitz keinen Aufstand, obwohl sie noch mehr geschlagen und gequält wurden? Weil es keine Möglichkeiten gab. Warum hältst du das denen in Auschwitz und Mauthausen nicht vor? Ich bin der Meinung, daß ein Aufstand zu einem früheren Zeitpunkt nicht möglich gewesen wäre. Du mußt bedenken, daß man uns noch einige Monate vor dem Ausbruch des Aufstands gesagt hatte, daß ganze Waggons mit Waffen unterwegs seien — aber sie kamen nicht an ... 1942 haben bei irgendeinem jüdischen Treffen die Gläubigen gemeint, man solle nicht schießen, weil Gott das nicht gerne sähe. Alles zu seiner Zeit. So lange es noch etwas zu kaufen gab, war alles in Ordnung. Die ganze AK hatte Angst, daß ein Aufstand im Ghetto Warschau mitreißen könnte, und daß man sie dann abschlachten würde, weil die eine Front noch 500 und die andere 2000 km entfernt war.

— Bei dem Gespräch mit Hanna Krall[17] haben Sie im Zusammenhang mit dem Selbstmord in der Milastraße 18[18] gesagt, daß man sein Leben nicht für Symbole opfern dürfe. Sie sagten auch, daß Sie während der ganzen zwanzig Tage damals dieser Meinung gewesen seien. Ich möchte wissen, wie Sie heute darüber denken?

— Genauso.

— Ist Selbstmord wirklich sinnlos, wenn es keinen anderen Ausweg gibt, wenn nur noch der Tod durch Selbstmord übrigbleibt?

— So ein Unsinn, es gibt nur ein Leben. Ich bin nicht für Selbstmord, ich denke immer, vielleicht klappt es doch. Die, die sich nicht umgebracht haben, sind rausgekommen. Man muß immer mit einer solchen Möglichkeit rechnen.

— Sie finden es also nicht gut, was Mordechaj Anielewicz getan hat?

— Wissen Sie, das klingt sehr schön, wenn man sagt »das Volk ist untergegangen und mit ihm seine Soldaten«.

— Auf der anderen Seite nehmen Sie es Czerniakow[19] übel, daß er aus seinem Tod eine private Angelegenheit gemacht hat.

— Ja, aber Anielewicz hat daraus weder eine private noch eine andere Angelegenheit gemacht. Zu dem Zeitpunkt war doch schon alles gelaufen, es gab keinen Grund mehr, sich umzubringen. Einige Leute sind ja doch noch rausgekommen und leben heute noch — sechs, sieben Personen.

— Ist einer davon in Polen?

— Nein ...

— Haben Sie mit diesen Leuten Kontakt?

— Nein ... Ich habe den einen oder anderen mal gesehen.

— Erzählen Sie uns doch, wie es Ihnen nach dem Aufstand ergangen ist?

— Das ist doch ohne Bedeutung. Diese ganzen Einzelheiten sind doch ohne Bedeutung.

— Wenn Sie nichts dagegen haben, möchten wir sagen, daß sie für uns sehr wohl von Bedeutung sind.

— Ich war dann auf der arischen Seite. Das steht alles in irgendwelchen Büchern. Ihr seid langweilig.

— Sie haben dann bei den Partisanen der AL gekämpft?

— Ich war dann beim Warschauer Aufstand. Ich war bei der AL,

weil die AK mich erschießen wollte. Sie sagten, ich hätte eine ge-
fälschte Kennkarte und sei ein jüdischer Spion. Sie haben mich in
den Knast gesteckt und wollten ein Gerichtsverfahren abhalten oder
so ähnlich. Es ist mir gelungen, einen Zettel über den Keller raus-
zuschmuggeln, und Kaminski[20] hat mich dort rausgeholt. Ich kann
mich doch nicht mit denen abgeben, die mich umbringen wollten.
Später hat mich die AK noch mehrfach an die Wand gestellt, weil
»die Juden das Übel sind« und die Gendarmerie in der Altstadt sich
aus der ONR rekrutierte, das war die reinste Falange[21]. Also war ich
bei der AL. Ein Typ aus der AL sagte zu mir:»Marek, du solltest
nicht hier im Keller schlafen, komm lieber mit auf die Swietojerskastraße«, und dort deckte er mich zu und schlief an meiner Seite, damit mich keiner erschoß. Es war also alles nicht so einfach, wie ihr
euch das vorstellt.

— Das wissen wir. Deshalb sind wir hier.

— Das polnische Volk hält sich nämlich, wie du sicher weißt, für
tolerant, und so hat es niemals den nationalen oder religiösen Minderheiten gegenüber etwas Böses getan. Es ist ein außergewöhnli-
ches Volk. Kasimir der Große hat die Juden aufgenommen und ge-
hätschelt, und man liebt sie bis zum heutigen Tage. Und das wär's.
Wozu noch Worte darüber verlieren. Das ist überflüssig.

— Vielleicht könnten wir doch über diesen Antisemitismus sprechen. Denn gerade das, was aus dieser Tradition noch lebendig ist,
muß heute für uns eine Warnung sein.

— Mein Sohn, du mußt bedenken, daß Narutowicz[22] nicht ermordet wurde, weil er Narutowicz war, sondern weil er mit jüdischen Stimmen gewählt worden war. Diese jüdischen Abgeordneten, die für Narutowicz gestimmt haben, sind doch nicht im Sejm
geprügelt worden. Das Volk hat sie geprügelt. Es ist doch kein Zufall, daß Narutowicz ermordet wurde, Niewiadomski war ja kein
Idiot. Er drückte eine Strömung in diesem Volk aus. Eine damals
sehr verbreitete Strömung. Es war sehr verbreitet, Juden zu prügeln,
weil die Kirche lehrte, daß der Jude Christus getötet hatte.

— Aber Pfarrer Zieja, der ja ein katholischer Pfarrer war ...

— Ja, aber es gab nur einen Pfarrer Zieja. Und außerdem gab es
den Pfarrer Trzeciak, den Hlond und alle anderen, die das propa-
giert haben.

— Aber die Menschen auf der Straße denken doch nicht tagtäg-
lich daran, daß die Juden Christus getötet haben.

— Trotzdem sind alle antijüdischen Pogrome von der Kirche ausgegangen. Genauso wie heute die Trauerzüge zum Gedenken an Przemyk[23] von der Kirche ausgehen, gingen damals die Pogrome gegen die Juden von der Kirche aus. Es ist ja auch vorgekommen, daß Pfarrer ihr Beichtgeheimnis gebrochen haben, um Juden zu verraten.

* * *

— Wir sind schockiert, das können wir nicht bestreiten.
— Worüber denn?
— Über die Schärfe, mit der Sie das darstellen.
— Es ist einfach so, daß die Schwachen immer sehr humanitär sind und die Starken morden.
— Eine nette Vision der Welt.
— Der Mensch stammt vom Tier ab, das ums Überleben kämpft.
— Zurück zum vorigen Thema. Wie ist es Ihnen nach dem Warschauer Aufstand ergangen?
— Ich habe keine Lust dazu, außerdem hat irgend jemand schon darüber geschrieben. Man muß nicht die ganze Biographie kennen, der Mensch muß etwas für sich behalten.
— Aber unsere Leser sind sehr daran interessiert.
— Das ist nicht so einfach. Nach dem Aufstand bin ich noch etwa sechs Wochen in Zoliborz geblieben. Dann kam eine Patrouille, die mich als einen angeblich Typhuskranken rausführte. Danach war ich in Grodzisk, und dann, als die Russen kamen, »brach die Freiheit aus« und ich ging nach Warschau — und so weiter.
— Warum haben Sie Warschau nicht mit den Aufständischen verlassen?
— Sollte ich mich umbringen lassen? Ich bin ja nicht blöd. Wäre ich mit den Aufständischen gegangen, hätte einer nur auf mich zeigen und sagen brauchen — der da ist Jude. Bevor ich da angekommen wäre, wo man die Waffen niederlegte, hätten mich die Deutschen schon erschossen. Am Aufstand nahmen doch sehr unterschiedliche Elemente teil, wobei Zoliborz in dieser Hinsicht noch am besten war.
— Was heißt am besten? Am wenigsten antisemitisch?
— Ja. Dort waren die wenigsten ONR-Leute, die wenigsten Falangisten, weniger Leute, die meinten, daß man die Juden liquidieren müsse und es gut sei, daß »Hitler das für uns erledigt hat«. Es gab da

einen Leutnant Titus, der zu mir sagte: »Marek, komm mit uns . . .
Nein, vielleicht lieber doch nicht, weiß ich, wer in unserer Abteilung ist? Die könnten dich verraten, bevor wir im Kriegsgefangenenlager ankommen.« Deshalb bin ich in Zoliborz in einem Keller geblieben.

— Das heißt, Sie haben sich sechs Wochen lang versteckt? Waren
Sie allein?

— Nein, es waren auch noch andere Leute da. Vielleicht zehn Personen. Später kam noch eine Sanitätsabteilung dazu . . . , aber diese
Einzelheiten sind nicht so wichtig. Auf jeden Fall hat es geklappt.
Ach so, du kannst noch schreiben, daß da ein Dr. Swital aus Bernerow dabei war[24], der das alles organisiert hat. Ich werde doch jetzt
nicht erzählen, wie es weiter ging.

— Aber das ist doch ganz wichtig!

— Ich kann dir noch erzählen, daß ein gewisser Janusz Oseka bei
diesen Sanitätern war. Er war neunzehn Jahre alt, er war sehr mutig
und gut.

— Und wie ging es weiter?

— Dann habe ich in einem Haus gewohnt, wo im Erdgeschoß der
Stab zur Bekämpfung der Banditen und Partisanen[25] untergebracht
war. Im ersten Stock wohnten zehn Juden, die aus dem Aufstand
rausgekommen sind. Auf dem Klosett hing ein Hitlerbild und alle
haben auf demselben Klosett gepinkelt. Dann kamen die Russen —
eine weibliche Reiterstaffel. Sie hatten Mützen mit grauem Pelzbe-
satz — wunderschöne Mädchen. Und damit war der Krieg zu Ende.

— Und was machten Sie nach dem Krieg?

— Na, was schon? Ich hatte fünfundzwanzig Geliebte, jeden Tag
eine andere, was soll ich noch groß erzählen!

— Wieso kamen Sie nach dem Krieg nach Lodz?

— Weil es hier ein Sofa gab und weil es warm war, und ich legte
mich hier schlafen. Ich hatte keine Lust mehr weiterzugehen. Aber
das ist auch schon irgendwo beschrieben worden. In Warschau gab
es keinen Platz, wo ich mich hätte hinlegen können, und hier gab es
ein Sofa, ein Kissen, also bettete ich meinen Kopf auf das Kissen und
blieb.

— Wo haben Sie studiert?

— In Lodz.

— In welchem Jahr kamen Sie nach Lodz?

— 1945, 1946 vielleicht. Ich weiß es nicht genau.

— Waren Sie jemals Mitglied der PVAP[26]?

— Nein! Nein! Ich wußte ja schon lange, was ich davon zu halten habe. Ich wußte schon vor dem Krieg, was Kommunismus bedeutet.

— Welche Bedeutung hatte das Jahr 1968 für Sie? Wie ist es Ihnen ergangen?

— Es war ohne Bedeutung, warum sollte es von Bedeutung sein? Die Kommunisten sind zu allem fähig. Sie haben mich aus meiner Arbeitsstelle rausgeschmissen, und das war's.

— Wo haben Sie damals gearbeitet?

— Im Militärkrankenhaus in Lodz. Das heißt, man hat mich eigentlich nicht rausgeschmissen, sondern man ließ mich nicht mehr rein. Der Pförtner sagte mir, daß ich nicht reingehen dürfe. Man warf mich nicht raus, keiner hat was zu mir gesagt. Nur der Pförtner ließ mich nicht rein.

— Wie lange waren Sie ohne Arbeit?

— Gar nicht. Ich bin in ein anderes Krankenhaus gegangen, wo ein Kollege mich als jüngeren Assistenten aufnahm. Dort hat man mich auch rausgeworfen, ich glaube das war 1970, und stellte mich dann in dem Krankenhaus ein, in dem ich heute noch arbeite. Meine Abteilung ist *ad personam* geschaffen worden, weil es damals ein großes Geschrei und Fürsprachen gab. Ich hatte damals Bekannte an der Macht. Ich kannte Cyrankiewicz und Rakowski, und die haben sich für mich eingesetzt, die sagten, man dürfe einen so wichtigen Juden, der hier geblieben ist, nicht aus der Arbeit werfen. Man warf jemand anderen raus und gab mir diese fünfundzwanzig Betten. Und so bin ich seit Jahren Oberarzt. Aber das ist nicht wichtig. Das sind Kleinigkeiten, auch finanziell gesehen macht das nur 2000 Zloty Unterschied aus.

— Lassen Sie uns zu 1968 zurückkehren. Ich frage Sie natürlich nicht, warum Sie dieses Land nicht verlassen haben, weil das taktlos wäre, aber ich möchte Sie fragen, ob Sie daran gedacht hatten?

— Ich nicht. Doch ich wundere mich, daß du nicht fragst, warum meine Frau und meine Kinder ausgereist sind.

— Also, warum sind sie ausgereist?

— Erstens hat man meiner Frau und meinen Kindern mehr zugesetzt als mir. Vielleicht nicht mehr, aber sie nahmen sich das mehr zu Herzen, daß man sie rausschmeißt, daß man sie keine Prüfungen machen läßt. Und zweitens, wenn es so schlimm kommt, sollte man die, die schlechter dran sind, auf die andere Seite der Mauer schleusen, damit man — wie soll ich sagen —, damit man mehr Bewegungsspielraum hat. Das ist alles. Mehr gibt es dazu nicht zu sagen.

— Ich möchte Sie noch fragen, wie Sie das gegenwärtige Interesse für die jüdische Frage in Polen einschätzen. Die katholischen Zeitschriften widmen der jüdischen Kultur viel Aufmerksamkeit.

— Diese katholischen Zeitschriften sind mehr oder weniger Zeitschriften der Opposition. »Tygodnik Powszechny«, »Znack«, »Wiez«, »Przeglad Katolicki« — das sind Zeitschriften, die von der Kirchenverwaltung nicht allzu gern gesehen werden. Sie vertreten die Anschauungen des laizistischen Katholizismus, der an die paar christlichen Ideen gebunden ist, welche auch die Grundlage des Sozialismus bilden. Die Juden sind in Polen ein sehr wichtiges Thema. Nicht wegen der Gegenwart, denn es gibt heute keine Juden mehr, sondern wegen der Vergangenheit. Weil die Kirche sich in der Zwischenkriegszeit gegenüber den Juden schändlich verhalten hat. Ich spreche nicht über die Kirche, die heute gegen den Staat ist, und über die hunderttausend Leute, die zur Messe für Popieluszko kommen. Auch der Papst, dessen Bild in der Danziger Werft hängt, ist kein Kirchenpapst, sondern ein Schutzherr der Freiheit.

— Aber das hat was mit Religiosität zu tun ...

— Mit Religiosität? Unsinn! Mit Sicherheit! Versteht das doch. Ihr seid naiv. Wißt ihr noch, wann die Leute am häufigsten in die Kirche gingen? Von 1945 bis 1948, um es den Roten zu zeigen; angefangen hat das während des Krieges. Und wann gab es Kultur in der Kirche? 1968 und jetzt, wo es Verfolgungen gibt. Die Kirche ist der einzige Ort, an dem das Volk Schutz finden kann. Seid nicht kindisch, es geht um Politik.

— Na gut, aber wessen Politik?

— Die Politik des Volkes.

— Wir möchte die Frage trotzdem wiederholen. Wie erklären Sie sich das Interesse für jüdische Fragen in der katholischen Presse? Gibt es ein Bedürfnis nach Wiedergutmachung?

— In einer gewissen Weise ja. Ich nehme an, daß es diesen Leuten für die Kirche, die es hier in der Zwischenkriegszeit gab, leid tut.

— Auf der anderen Seite gibt es auch ein Interesse in der Bevölkerung ...

— Für die Juden? Pfui. Die Juden sind doch ekelhaft ... Ich weiß es nicht, vielleicht gibt es das Interesse, aber du mußt bedenken,

daß diese Bevölkerung Juden nicht mehr kennt, es gibt sie ja nicht mehr.
— Aber es gibt ein Interesse für die Vergangenheit.
— Ja, weil das irgendwie exotisch ist. Aber dieses Interesse beweist gar nichts. Schau mal, 1968 gab es achtzehntausend Juden in Polen. Und schau mal, wie wunderbar der Antisemitismus bei der Bevölkerung angekommen ist. Selbst so eine Arbeiterin aus der Schokoladenfabrik schrie »Moische nach Israel«. Sie war gar nicht gekauft. Dieses Interesse für jüdische Fragen kann man vielleicht als Protest gegen den Kommunismus interpretieren. Wenn der Kommunismus gegen die Juden ist, bin ich für sie.
— Aber andererseits gibt es auch die Vorstellung vom jüdischen Kommunismus.
— Ja, sicher. Was haben diese »wirklichen Polen«[27] in »Solidarnosc« gemacht? Sie behaupten, KOR[28] ist gleich Juden und Kommunismus. Auf dem Landeskongreß hat das nicht gezogen, aber in der Region Mazowsze sehr wohl. Sie wollten bereits Bujak stürzen, weil sie behauptet haben, daß er Jude sei. Das war das Werk der Staatssicherheit.
— Ich bin gar nicht überzeugt, daß da die Staatssicherheit ihre Finger im Spiel hatte.
— Weil du ein Kind bist.
— Ich denke, es ist ähnlich wie mit den Vorfällen in Kielce[29]. Es ist nicht wichtig, ob die Staatssicherheit da beteiligt war oder nicht; wichtig ist, daß es Leute gab, die man provozieren konnte.
— Ich weiß nicht, ob es das gleiche ist. Ich glaube, die Regierung versucht immer wieder, die jüdische Frage aufzugreifen, weil sie meint, daß sie damit landen kann. In der Zwischenkriegszeit hat das gezogen. Auch 1968 hat es gezogen, und vor kurzem hat Kiszczak[30] gewagt zu behaupten, daß Bielecki[31] lediglich durch die Tatsache, daß er hier geboren ist, mit diesem Land verbunden sei. Eigentlich ist es unbegreiflich, woher der Antisemitismus in einem Land kommt, in dem es keine Juden mehr gibt. Auf der anderen Seite geht es gar nicht darum, ob du Jude bist. Wer Jude ist, bestimmen die.
— Könnten Sie sagen, was es bedeutet, heute Jude zu sein?
— Wo? In Polen? Das bedeutet, auf der Seite der Schwachen zu sein, nicht auf der Seite der Mächtigen, weil die Mächtigen hier immer die Juden verfolgt haben und heute die »Solidarnosc« verfol-

gen. Bujak wird von den Machthabern verfolgt. Ich glaube, daß man immer auf der Seite der Verfolgten sein muß, wer sie auch sein mögen. Man muß dem Verfolgten eine Wohnung geben, man muß ihn im Keller verstecken, man darf keine Angst davor haben, und man muß generell gegen diejenigen sein, die verfolgen. Und das ist das einzige, wofür man heute Jude ist. Das polnische Judentum ist untergegangen. Diese große jüdische Kultur ist untergegangen und wird nie mehr wieder auferstehen.

— Aber es ist nicht ganz untergegangen. Die Erinnerung an das, was war, ist geblieben.

— Was redest du da, nichts ist geblieben. Auch wenn es in den Erinnerungen und in der polnischen Literatur weiter existiert, so ist diese Kultur nicht mehr wirklich vorhanden. Vorhanden wäre sie nur, wenn sich etwas weiterentwickeln würde.

— Also gut, könnten Sie uns sagen, was es bedeutet, Jude zu sein, nicht hier in Polen, sondern überhaupt?

— Das ist sehr schwer zu bestimmen. Das Judentum war eine Enklave zwischen der Weichsel und dem Dnjepr. Was es in Amerika, Frankreich, England gab, bildet nicht die jüdische Kultur. Denn was ist ein Volk? Ein Volk, das sind Menschen, die eine gemeinsame Kultur, den Fortschritt erschaffen. Ein Volk muß nicht unbedingt eine Religion oder Ideologie teilen. Es gibt Millionen Moslems auf der Welt, aber sie bilden keine einheitliche Kultur. Diese fünf Millionen Juden zwischen Odessa und Warschau hatten eine gemeinsame Kultur und sogar die gleichen wirtschaftlichen Bedingungen. Das existiert nicht mehr.

— Ja eben, das existiert nicht mehr, aber auf der anderen Seite existiert der Staat Israel, von dem Sie meinen, daß er keine Chance habe, zu überdauern.

— Der Staat Israel hat eine völlig andere Kultur. Auch wenn er überlebt, wird er mit der Zeit eine arabische Kultur entwickeln. Da kann man nichts machen. Es ist ja kein jüdischer, sondern ein mosaischer Staat. Man hat Juden aus Äthiopien, Ägypten und China nach Israel gebracht, die miteinander nichts gemeinsam haben außer dem mosaischen Glauben. Und deshalb werden sie, wenn sie überdauern, ein neues Volk und eine neue Kultur bilden, die nichts mit Europa, mit Chagall oder Perez zu tun haben wird, mit dem Judentum, das es hier gab.

— Womit sollte sich Ihrer Meinung nach ein Mensch identifizie-

ren, der über sich sagt:»Ich bin Jude«? Wo sollte er seinen Platz suchen?
– Wenn er sich als einen europäischen Juden betrachtet, wird er immer gegen die Mächtigen sein. Ein Jude fühlt sich immer den Schwachen verbunden.
– Gibt es dann noch einen Unterschied zwischen dem Juden, der auf der Seite der Schwachen ist, und den schwachen Nichtjuden?
– Ob es einen Unterschied gibt? Nein. Gar keinen. Bujak, Kuron, Michnik, Jaworski, Lis, Frasyniuk sind die Juden dieses Systems.

Lódz, Frühjahr 1985

Anmerkungen

1 ZOB (*Zydowska Organizacja Bojowa*) – Jüdische Kampforganisation. Der gemeinsame Kampfbund entstand am 2. Dezember 1942 im Warschauer Ghetto und setzte sich aus folgenden Organisationen zusammen: Haschomer Hazair, PPR, Paole Zion Linke, Bund und Dror. Die ZOB bildete den Kern der Kräfte, die im Ghettoaufstand 1943 gegen die Deutschen kämpften.
2 Mitglieder der Partei der Sozialrevolutionäre, Nachfolger der Narodniki (Volkstümler), zur Zeit der Revolution Hauptpartei der Bauern und des Kleinbürgertums.
3 Bund (jid.) – Jüdische sozialistische Partei, gegründet 1897 in Wilna; war bis zum Ersten Weltkrieg in Litauen, Rußland und Polen aktiv. In Rußland wurde der Bund vollständig vernichtet. In Polen hatte er in der Zwischenkriegszeit eine große politische Bedeutung. Er arbeitete mit der PPS zusammen, hatte aber keine eigenen Abgeordneten im Sejm. Der Bund plädierte für eine starke Verbindung der Juden zu dem Ort, an dem sie lebten, kultivierte jüdische Sprache und Kultur und widersetzte sich der Idee des Zionismus. In Polen wurde der Bund 1948 liquidiert, in anderen Ländern, etwa Amerika und Kanada, besteht er noch.
4 ONR (*Obóz-Narodowo-Radykalny*) – 1934 gegründete faschistoide, militant antisemitische politische Gruppierung.
5 Mosdorf: einer der Gründer der ONR.
6 Sammelbezeichnung für protofaschistische, antisemitische Bewegung in Rußland.
7 *Tojte Chassidim* (jid.) – Anhänger des Rabbi Nachman aus Brazlaw. Nach dessen Tod wählten sie keinen Nachfolger für ihn, sondern sammelten sich an seinem Grab, um von ihm Kraft und Weisung zu empfangen. Im Ghetto lebten sie in der Nowolipiestraße.

8 Zbaszyn — Durchgangslager in Polen, in dem die von den Nazis im Oktober 1938 aus Deutschland ausgewiesenen Juden untergebracht wurden.

9 Bereits im Februar 1940 beschlossen die Deutschen, einen jüdischen Wohnbezirk in Warschau zu errichten. Am 2. Oktober 1940 erließ Dr. Fischer, der Chef des Warschauer Distrikts, an alle Kreisstellen sowie an seinen Bevollmächtigten für die Stadt Warschau eine Anordnung, bis zum 15. November 1940 die Umsiedlung in die jüdischen Wohnbezirke durchzuführen. Die Umsiedlung begann in Warschau Anfang Oktober. Die Juden durften nur »Flüchtlingsgepäck und Bettwäsche« mitnehmen. Insgesamt wurden 113 000 Polen und 138 000 Juden umgesiedelt. Die Aktion dauerte sechs Wochen. Der jüdische Bezirk umfaßte ca. 403 Hektar. Nach den Daten des Judenrates lebten dort ca. 410 000 Juden, nach der deutschen Statistik ca. 470 000 bis 590 000. Im Oktober 1940 lebten im Ghetto 110 000 Menschen auf einem Quadratkilometer bebauter Fläche — auf der arischen Seite waren es 38 000. Die Anzahl der Bewohner im jüdischen Bezirk stieg infolge der Umsiedlungen aus den Städtchen in der Umgebung von Warschau weiter an. In einem Raum waren durchschnittlich sechs bis sieben Personen untergebracht. Der Stadtteil wurde von einer vier Meter hohen, stacheldrahtbewehrten Mauer eingeschlossen. Anfangs (im Janunar 1941) gab es fünfzehn Durchgänge, sogenannte Wachen, zur arischen Seite. Die Juden durften das Ghetto nur mit einem Passierschein verlassen (eine gelbe Karte mit einem blauen Streifen), der zusammen mit dem Personalausweis vorgezeigt werden mußte.

10 Sanacja (Sanierung) — so benannte Pilsudski sein Programm bei seiner Machtübernahme 1926. Es sollte eine »moralische Sanierung« des politischen Lebens in Polen herbeiführen.

11 Grot-Rowecki — Befehlshaber der AK (siehe Fußnote 13), im Juni 1943 von den Deutschen verhaftet; Bór-Komorowski — Nachfolger von Rowecki als oberster Befehlshaber der AK.

12 Januaraktion — die zweite Liquidierungsaktion im Ghetto. Am Montag, dem 18. Januar 1943 um sieben Uhr dreißig marschierten deutsche Polizeimannschaften unter der Führung von Oberst Ferdinand von Sammern-Frenkenegg ins Ghetto ein, mit der Absicht, eine weitere Umsiedlungsaktion durchzuführen. Zum ersten Mal begegnete ihnen organisierter, bewaffneter Widerstand. Gruppen der Jüdischen Kampforganisation (ZOB) nahmen den ungleichen Kampf mit den deutschen Truppen auf, die in den Straßen Gesia, Mila, Niska, Leszno, Nowolipie und Smocza Razzien durchführten. Die Kämpfer verteidigten sich zwei Tage lang, das heißt bis Mittwoch, den 20. Januar, bis sie vor zwei SS-Kompanien, die im Ghetto zum Einsatz gebracht wurden, zurückweichen mußten. In den Kämpfen kamen mehrere Hundert Ghettobewohner um, mehrere Dutzend Polizisten und SS-Leute sowie einige Dutzend jüdische Polizisten wurden getötet. 6 500 Menschen wurden aus dem Ghetto deportiert. Die Umsiedlung wurde am 21. Januar gestoppt.

13 AK (Armia Krajowa) — Heimatarmee. Im Februar 1942 gegründete größte bewaffnete Resistance-Organisation unter deutscher Besatzung, die als Untergrundarmee des fortexistierenden polnischen Staates konzipiert war und der Befehlsgewalt der Londoner Exilregierung unterstand.

14 AL (Armia Ludowa) — Volksarmee. Kommunistischer Militärverband im besetz-

ten Polen, der im Januar 1944 mit Zustimmung Moskaus gebildet wurde und an die Stelle der kommunistischen Militärorganisation GL trat.

15 Aktion »Arsenal«: Die Aktion wurde von dem Pfadfinderverband »Szare Szeregi« durchgeführt. Es ging um die Befreiung eines durch die Gestapo verhafteten Mitglieds der Organisation.

16 Zbyszek Bujak: Arbeiter aus dem Traktorenwerk Ursus bei Warschau, 1980/81 Vorsitzender der Region Mazowsze der Solidarnosc, ab Dezember 1981 im Untergrund.

17 Hanna Krall, Dem Herrgott zuvorkommen, Frankfurt 1992.

18 Das Hauptquartier der Jüdischen Kampforganisation (ZOB) befand sich in der Milastraße 18. Es war ein großer Bunker mit fünf Eingängen, der der sogenannten Unterwelt im Ghetto gehörte. In den letzten Tagen des Aufstands hielten sich dort etwa 200 Menschen auf, davon 100 Aufständische. Siehe Marek Edelman, Getto Walczy [Das Ghetto kämpft], Warszawa, CDN 1983, S. 62-63: »Am 8. Mai wird das Hauptquartier der ZOB von deutschen und ukrainischen Truppen umzingelt. Der erbitterte Kampf dauert zwei Stunden. Als die Deutschen merken, daß sie den Bunker im Kampf nicht einnehmen können, werfen sie eine Gasbombe hinein. Wer nicht von einer deutschen Kugel gefallen ist oder durch das Gas vergiftet wurde, der hat Selbstmord begangen. [...] Jurek Wilner rief alle Kämpfer zum kollektiven Selbstmord auf. Lutek Rotblat hat zuerst seine Mutter und Schwester und dann sich selbst erschossen. Ruth hat sieben Mal auf sich geschossen. Auf diese Weise kamen achtzig Prozent der übriggebliebenen Kämpfer ums Leben, unter ihnen der Kommandant der ZOB, Mordechaj Anielewicz. Diejenigen, die durch ein Wunder überlebt haben, schlossen sich den überlebenden Kämpfern aus der Bürstenfabrik an, die sich in der Franciszkanskastraße 22 befanden.« Den Angriff auf den Bunker in der Mila 18 haben vierzehn Personen überlebt. Unter anderm Michal Rojzenfeld, Tosia Altman, Jehuda Wegrower, Menachem Bejgelman (bzw. Bingelman), Pnina Zandman.

19 Adam Czerniakow — Vorsitzender des Judenrats im Warschauer Ghetto. Beging im Juli 1942 Selbstmord.

20 Es geht um Alexander Kaminski, den Chef des »Biuletyn Informacyjny«. Das Informationsbulletin der AK war die wichtigste Untergrundzeitschrift während der deutschen Besatzung.

21 Falange — Von B. Piasecki gegründeter, mit den Nazis sympathisierender Flügel der ONR, der systematischen antisemitischen Terror betrieb.

22 Gabriel Narutowicz — wurde am 9.12.1922 mit den Stimmen der Bauernlinken und der Vertreter der nationalen Minderheiten zum Präsidenten Polens gewählt und am 16.12.1922 von Niewiadomski, einem Nationaldemokraten, ermordet.

23 Krzysztof Przemyk — Sohn der in der Opposition aktiven Dichterin Barbara Sadowska. Wurde 1983 wahrscheinlich zwecks Einschüchterung seiner Mutter von der Polizei festgenommen und so schwer mißhandelt, daß er an den Folgen starb.

24 Am 15. November 1944 haben fünf Mitarbeiter des Spitals in Bernerow sieben Mitglieder der ZOB aus dem Haus in der Promykstraße 43 herausgeholt, das sich in einem von den Deutschen besetzten Terrain befand. Es handelte sich um Cywia Lubetkin, Marek Edelman, Icchak Cukierman, Tuwie Borzykowski, Zygmunt Warman, Salo Fiszgrund und Dr. Teodozja Goliborska. (Siehe: Stanislaw Swital, Die Sieben aus der Promykstraße, »Biuletyn ZIH« 1968, Nr. 65-66.)

25 Im Original deutsch.

26 PVAP — Polnische Vereinigte Arbeiterpartei: enstanden im Dezember 1948 aus der Vereinigung von PPS und PPR. Staatspartei in Polen.

27 Die »wirklichen Polen«, nationalistische Strömung innerhalb der Solidarnosc.

28 KOR (*Komitee Obroni Robotników*) — Komitee zur Verteidigung der Arbeiter: im September 1976 gegründetes Komitee oppositioneller Intellektueller zur Unterstützung der Arbeiter, die nach den Unruhen vom Juni 1976 verfolgt wurden. Das Komitee, das die wichtigste unabhängige Organisation vor Entstehen der Gewerkschaft Solidarnosc war, wurde im Herbst 1981 aufgelöst.

29 Vorfälle in Kielce: Pogrom 1946 gegen die aus den Lagern wiederkehrenden Juden, bei dem über vierzig Menschen ums Leben kamen.

30 General Kiszczak: Jaruzelskis Innenminister.

31 Konrad Bielecki: Oppositioneller, Mitglied des KOR und der Solidarnosc.

Damals gab es so viele Legenden ...

Szmuel Ron erzählt

Früher hieß ich Rosencwajg. Diesen Namen habe ich 1951 geändert. Vor dem Krieg lebte ich in Katowice. Dort bin ich aufgewachsen, dort bin ich zur Schule gegangen — unmittelbar vor dem Krieg besuchte ich das jüdische Gymnasium in Bedzin. Mit Ausbruch des Krieges wurden die Juden aus Katowice vertrieben. Uns verschlug es nach Sosnowiec. Damals schloß ich mich der Pfadfinderorganisation »Haschomer Hazair«[1] an. Mit der Zeit trat die Schulung für den Kampf an die Stelle unserer erzieherischen, karitativen und teilweise politischen Arbeit: wir wurden zu einer Kampforganisation. Aber das geschah natürlich nicht von einem auf den anderen Tag — Mordechaj Anielewicz spielte eine große Rolle dabei. Wann ist Mordechaj zu uns gekommen? Das kann ich fast auf den Tag genau angeben, denn damit sind zwei Ereignisse verbunden, an die ich mich sehr gut erinnere. Im Mai 1942 starb mein Freund Kalman Tencer. Das war einer der wenigen Fälle, daß ein Mensch in seinem eigenen Bett sterben durfte und ein richtiges Begräbnis hatte. Dieses Glück hatten nur wenige. Im Juni erkrankte ich an einer Lungenentzündung. Das war damals eine sehr ernste Sache, denn eine Heilung war schwierig. Als ich schließlich wieder zu mir kam, war Mordechaj schon da. Das war Ende Juni oder Anfang Juli 1942.

Er war nur einmal, aber dafür lange bei uns. Er blieb bis zu dem Zeitpunkt, als der Brief von Josef Kaplan kam, der uns über Czerniakows Selbstmord informierte. Dann fuhr Mordechaj wieder nach Warschau zurück. Ich glaube, er war zwei oder drei Monate bei uns. Er fuhr nicht direkt auf diese Nachricht hin ab, und der Brief hatte ihn auch nicht sofort nach dem Selbstmord erreicht. Mordechaj war mit einer bestimmten Mission zu uns gekommen, die er dann abbrach, denn Czerniakows Selbstmord machte uns allen klar, daß die Lage ernster war, als wir angenommen hatten. Ich bin nicht sicher, ob er ganze drei Monate bei uns war, aber es waren sicher mehr als zwei Monate.

Warum war er gekommen? In unserer »Haschomer Hazair«-- Gruppe waren einige sehr wichtige Leute, wie zum Beispiel Idzia Pejsachson und mein Freund Sewek Meryn, zu unserer großen Enttäuschung Trotzkisten geworden. Das war ein solches Unglück! Aus diesem Grund war Mordechaj zu uns gekommen. Er wollte ihre politischen Haltungen ein bißchen ausbügeln. Von einem anderen Grund seines Aufenthaltes erfuhr ich erst später, als er schon wieder abgereist war, denn es war ein großes Geheimnis. Damals ging das Gerücht um, daß der Anführer des »Judenrates«[2] von Sosnowiec, Moniek Meryn, solche Beziehungen zur Gestapo hatte, daß er mit Bestechung einiges bei ihnen erwirken konnte. Und Mordechaj wollte ursprünglich ins Ausland reisen, um die Staatschefs im Ausland dazu zu bewegen, Protest einzulegen. Aber diesen Plan gab er im Laufe seines Aufenthaltes wieder auf. Jeder Tag brachte neue Schreckensnachrichten, die die vom Vortag noch übertrafen.

Mit jedem Tag versank das, was am Vortag, was in der vorhergehenden Woche noch existiert hatte, in einer fernen, nur noch archäologisch aufzuspürenden Geschichte. Diese Dinge hörten einfach auf zu existieren. Selbst für uns, in unserem Denken existierten sie nicht mehr, die Vergangenheit war nicht mehr spürbar, sie war nicht mehr da. Freunde, Familie — sie gab es nicht mehr, es war eine andere Welt, ein anderes Leben. Das was verschwunden war, konnte man nicht einmal mehr beweinen. Als Mordechaj ankam, konfrontierte er uns mit einer anderen Realität, eine, die wir kennen mußten und nicht kannten, und die wir kannten und nicht kennen wollten. Ich kann mich noch an meine erste Begegnung mit Mordechaj erinnern, es war auf einer der häufig stattfindenden Versammlungen. Er hielt eine Landkarte auf den Knien und demonstrierte darauf die Lage an der afrikanischen Front. Er war ein hervorragender Journalist, Reporter und politischer Kommentator. Bei dieser Gelegenheit legte er den Grundstein für unsere neue Einstellung. Ich erinnere mich noch an seine Worte, die später zu unserem Motto wurden: »Von Jugoslawien bis Norwegen, von der Slowakei bis zur Ukraine kämpfen Partisanen. Sollen wir darunter fehlen?« Er wußte damals nicht, daß neunzig Prozent der Partisanen in Litauen Juden waren. Ja, und was damals auch noch niemand wußte, war, daß die polnischen Partisanen uns zurückweisen würden ... Damit habe ich meine persönlichen Erfahrungen gemacht... Sehen Sie, da bin ich so alt geworden, und ich kann doch, zum Teufel, meine Betroffenheit darüber immer noch nicht loswerden. Es ist alles noch so lebendig in mir.

Ich weiß noch, wie Mordechaj uns von den ersten Erfahrungen der Vernichtungsaktionen berichtet hat. Die Orte wie Chelmno, Belzec, Trawniki, die kannte ich von ihm; Treblinka war damals noch nicht bekannt. Diese Geschichten von den Lastwagen mit dem Gas... Er erzählte uns alle Einzelheiten, denn einer von unseren Leuten war dagewesen und hatte von dort fliehen können. Ich erinnere mich noch an meine körperliche Reaktion. Ich weiß nicht, wie ich Ihnen das erklären soll. Stellen Sie sich vor — Sie sitzen hier, ich sitze hier und außer uns sind noch eine Menge anderer Leute aller Altersstufen da. Einer sagt: Ich bin zum Tode verurteilt, es gibt keine Rettung, und Sie sind zum Tode verurteilt, es gibt keine Rettung, und jener da ist zum Tode verurteilt, es gibt keine Rettung, alle, alle: Nachbarn, Freunde, Familie, Kinder, Alte, ohne eine Ausnahme... Das kann der Verstand nicht verkraften, der Kopf sträubt sich dagegen. Meine körperliche Reaktion ist mir bis heute haften geblieben: es war, als sei mein Schädel mit einem Schlag erfroren... Ich, ich... Ich bekam keine Luft mehr. Wir hatten keinen Zweifel daran, daß Mordechajs Darstellungen angemessen waren, daß das keine Hirngespinste, keine Märchen, keine verwirrten Geschichten waren. Wir glaubten, daß so etwas nicht nur möglich, sondern daß es tatsächlich schon Wirklichkeit war. Ich habe dann meinen Eltern davon erzählt, sie haben es geglaubt. Ich ging zu meinen Freund Lipek, er war unser Fachmann fürs Abhören von Radiosendungen, und erzählte es bei ihm zu Hause. »Hören Sie«, sagte ich zu seinem Vater, »Sie, Ihre Frau, Euer Großvater, Ihre Söhne, und auch ich und meine Eltern — wir alle sind zum Tode verurteilt.« Der Mann hat mir zwei Ohrfeigen gegeben, weil er es nicht ertragen konnte. Ich hatte ihm alle Sicherheit in seinem Leben genommen. Ich, ein Rotzjunge von ich weiß nicht wieviel Jahren damals, warf mit solchen Worten um mich, die einfach niemand begreifen konnte. Das war seine Reaktion. Ich habe das nicht als Aggression empfunden. Er hatte einfach gemeint, ich sei nicht mehr normal.

Von all diesen Dingen also erzählte uns Mordechaj, und deshalb begannen wir, von Selbstverteidigung zu reden. Damals waren die Ghettos in Sosnowiec und Bedzin noch offen. Der Gedanke, sich irgendwie zur Wehr zu setzen, mit einer Axt, einem Knüppel oder der Faust, war mir ganz neu. Es dauerte ein bißchen, bis ich mich mit dieser Idee angefreundet hatte. Es gab viele ältere Jugendliche zwischen achtzehn und zwanzig Jahren in Bedzin und Sosnowiec, und ich glaube, unsere ganze Gruppe war genauso überrascht wie ich. Uns packte Angst. Ich kann mich eigentlich nicht erinnern, daß es irgendwelche Zweifel daran gab, daß wir seinem Vorschlag folgen sollten. Allen war klar, daß wir von diesem Moment an nur noch für die Idee der Selbstverteidigung lebten. Andere Gruppen und Organisationen fanden sich nicht so leicht damit ab. Aber darüber will ich nicht reden. Ich bin kein Historiker, der Urteile abgibt. Nach dem Krieg sind so viele Legenden entstanden, und ich will sie nicht zerstören. Das ist auch ein Grund, weshalb ich mein Buch nicht veröffentlichen will. Bestimmte Dinge brennen immer noch in mir. In meinem Buch habe ich einige Anregungen gegeben, ich werde es meinen Söhnen überlassen, was sie damit anfangen. Sollen sie sich den Kopf darüber zerbrechen, wenn es sie interessiert. Aber ich glaube nicht, daß es sie interessiert. Diese Details sind auch nicht von historischer Bedeutung. Was die Verpflichtung zur Selbstverteidung angeht, so betrachteten wir bei »Haschomer Hazair« eine Absage als Schwäche und Verrat. Verrat nicht im Sinne von Schande: Es ging nur darum, daß man sich auf diese Leute nicht verlassen konnte. Unserer Meinung nach waren sie einfach zu schwach.

Ich war oft allein mit Mordechaj zusammen. Ich mußte mich häufiger verstecken als die anderen, und Mordechaj mußte sich auch versteckt halten. Außerdem war ich Botengänger in Zawierc, und ich habe Mordechaj nach Zawierc gebracht. Ich war eine Art Betreuer für ihn. Ich konnte meine Fäuste gebrauchen und kannte mich in der Gegend aus, er war ein Fremder. Ich brachte ihn in die Ghettos von Zawierc, Bedzin und Sosnowiec. Einige Nächte verbrachten wir in einer Schusterwerkstatt. Diese Werkstatt befand sich außerhalb des Ghettos, damals war das Ghetto noch offen. Das war in Sosnowiec. Da schliefen wir in einem Bett. Und in Bedzin versteckten wir uns auf einem Bauernhof, zwischen den Bienenstöcken. Ach, noch etwas Interessantes: aus Katowice hatte ich mir ein Buch von Stanislaw Spasowski mitgebracht. Wissen Sie, wer Stanislaw Spasowski war? Ach, ihr jungen Leute in Polen heutzutage! Stanislaw Spasowski war ein polnischer Philosoph aus der Vorkriegszeit. Er hat ein Buch geschrieben, das heißt: »Die Befreiung des Menschen«. Das war unsere Bibel. Das war unsere Vision von der Zukunft. Auf jeden Fall gab ich Mordechaj diesen Spasowski zu lesen, und er hat das Buch geradezu verschlungen. Wir redeten über sehr vieles. Aber ich weiß, daß es einen Bereich aus Mordechajs Leben gab, von dem ich gar nichts wußte — das waren seine privaten Angelegenheiten. Die waren tabu. Darüber sprach man nicht, aber auch kein Wort! Alle fragten ihn, aber er hat niemals etwas erzählt. Ich habe weder damals noch nach dem Krieg einen Menschen gekannt, der etwas über sein Privatleben wußte. Später erfuhr ich, daß er eine Freundin hatte, sie hieß Mira Fuchrer. Er schrieb ihr Briefe, und diese Briefe sind bei uns aufbewahrt worden. Irgendwann einmal habe ich sie gelesen. Kein Wort darin von einem Liebenden an seine Geliebte! Nur über die Sache. Er ist mir als nachdenklicher und unermüdlich für die Sache arbeitender Mensch in Erinnerung geblieben. Tag und Nacht war er damit beschäftigt. Man konnte über nichts anderes mit ihm sprechen. Vielleicht übertreibe ich, vielleicht ist das eine dieser Legenden, von denen ich eben gesprochen habe.

Ich weiß noch, daß wir uns oft auf dem Bauernhof in Srodula[3] getroffen haben. Für uns war es wie ein Asyl. Dort wurde gesungen und gedichtet, man liebte und arbeitete, träumte von der Zukunft und politisierte — selbst ein Theater gab es dort, und es war der Ort, zu dem man aus den unterschiedlichen Notlagen flüchtete. Einmal dirigierte Mordechaj dort einen Jugendchor, der Chanukkalieder[4] sang. Ich kannte diese Lieder damals noch nicht, aber ich weiß, daß man hier in Israel diese Lieder schon im Kindergarten lernt. Aber diese Lieder waren keine Kindergartenlieder, das waren Kampflieder.

Ich habe schon erwähnt, daß Mordechaj nur für die Sache lebte. Als er zu diesem Meryn ging und ihm seinen Plan vorlegte, war Meryn damit natürlich nicht einverstanden. Mordechaj erzählte Meryn nicht, daß eine Widerstandsbewegung am Entstehen war, sondern er behauptete fest, es gebe bereits eine solche Widerstandsbewegung und er stehe an ihrer Spitze. Wir konnten das nicht fassen. Bei uns war alles erst in Gärung und Vorbereitung, und er redete bereits seelenruhig von den Aktivitäten dieser Bewegung. Er drohte Meryn, sagte zu ihm: Ohne uns kannst du die Rechnung nicht machen! Er hatte nicht nur Charisma, er hatte eine unglaubliche Kraft. Er hatte großen Einfluß auf Menschen. Ich weiß nicht, ob er noch andere

Kontakte mit dem »Judenrat« hatte. Ich weiß nur von der Begegnung mit Meryn im Zusammenhang mit der geplanten Auslandsreise. Als sich herausstellte, daß Meryns Möglichkeiten auch nur eine von diesen Legenden war, brach Mordechaj die Zusammenarbeit mit Moniek Meryn ab. Er hatte ohnehin kein besonderes Vertrauen zu ihm. Er war sich auch im klaren darüber, daß Meryn ein gefährlicher Verräter sein könnte, wenn er zu viel wüßte.

Wie ich schon erwähnt habe, war Mordechaj nicht nur ein hervorragender politischer Reporter und Organisator und ein charismatischer Mensch, er war auch ein ausgezeichneter Journalist. Im Handumdrehen hatte er bei uns eine Zeitung auf die Beine gestellt. Sie hieß »Przelom« (Umbruch) und war das Organ der jüdischen revolutionären Jugend. Diese Zeitung fiel der Gestapo in die Hände, aber das erfuhr ich erst, als ich im Gefängnis war. Das erste Mal wurde ich im Januar in Bielsk verhaftet, aber es gelang mir zu entkommen. Dann wurde ich im März verhaftet, diesmal konnte ich nicht fliehen, weil ich verwundet worden war, als sie mich faßten. Wir saßen erst in Katowice, dann im Gefängnis in Myslowice. Es war eine einzige Abschlachterei, schlimmer als in Auschwitz. Jeder neue Gefangene, Jude oder Nichtjude, Politischer oder Krimineller, wurde erst einmal mit der Peitsche oder dem Ochsenziemer feierlich willkommen geheißen, wenn er in die Zelle kam. Ich war verwundet, und sie haben mich nach Kräften geprügelt und gequält, aber mir ist kein Wort über die Lippen gekommen. Von einem, der wohl ein Krimineller war, bekam ich ein Kompliment: So einen Juden hatten wir schon mal, aber sie haben ihn aufgehängt. Ein schöner Empfang! In der Nacht nach dieser Begrüßung kam einer zu mir, den sie im Gefängnis »Herr Stanislaw« nannten. Er genoß allgemeine Achtung, er war Kommunist, ein Pole. Ich erzählte ihm, wer ich sei und fragte ihn, ob er schon von der Gruppe »Przelom« gehört habe. Aber klar! Die Gestapo habe ihn dazu ausgefragt. Dieser Herr Stanislaw half mir ein wenig, er verschaffte mir Protektion bei den Politischen. Die Politischen blieben untereinander, sie hatten auch Kontakte nach draußen. Ich bat sie darum, mir eines zu besorgen: eine Portion Zyankali. Ich bekam es. Aber wie sich später herausstellte war es gar kein Zyankali, sondern ein Morphin. Zum Glück brauchte ich es nicht. Wahrscheinlich hätte ich nur Durchfall davon bekommen. Aber so, im Unwissen um das, was ich da eigentlich hatte, fühlte ich mich sicher. Ich glaube, daß mir das allein geholfen hat, die ersten Stunden in Auschwitz zu überstehen. Aber das ist eine andere Geschichte, kehren wir zu Mordechaj zurück.

Mordechaj war zwar in den Warschauer Kreisen sehr bekannt, aber im übrigen Polen kannte man ihn nicht. Damals waren solche Leute wie Josef Kaplan, Tosia Altman und Arie Wilner berühmt. Kaplan war damals schon ein Greis — er war achtundzwanzig Jahre alt, wenn ich mich recht erinnere. Mordechaj war dreiundzwanzig und gehörte auch nicht mehr zu den Jungen. Selbst ich mit meinen zwanzig Jahren galt nicht mehr als der Jüngste! Ja ... Was wir von Mordechaj wußten, war, daß er mit Tosia Altman und Arie Wilner bei Ausbruch des Krieges nach Wilna geflohen war. Nach einiger Zeit beschlossen sie zurückzukehren. Sie sahen ein, daß ihr Platz bei ihrem Volk war, daß sich die Anführer der Jugendbewegung nicht erlauben konnten, ihre Organisation einfach im Stich zu lassen. Also kehrten sie nach Warschau zurück.

Was weiß ich sonst noch von Mordechaj? Ich kann mich nicht erinnern, daß er jemals eine Spur von Humor gezeigt hätte. Ich weiß auch noch, daß er oft vom polnischen Untergrund geredet hat. Die Kontakte waren sehr schwach, es war kaum möglich, von ihnen Waffen zu bekommen. Weder die AK noch die AL befürworteten die Idee von der Selbstverteidigung in den Ghettos. Und die Waffen kamen vornehmlich aus diesen beiden Quellen.»Kugelspritzen« kaufte man entweder auf dem Markt oder im polnischen Untergrund. Ich weiß noch, wie Mordechaj uns klarmachen wollte, daß Waffen mit einem kurzen Lauf, also Revolver, nichts taugten, und daß wir Waffen mit langem Lauf, Gewehre, beschaffen mußten. Das hat natürlich nicht geklappt. Wir hatten unsere eigene Granatenwerkstatt. Meir Szulmann machte die Granaten, er wohnt hier in Israel, in Holon. Er war eigentlich unpolitisch, aber er hatte ein goldenes Händchen. Es gab nichts, was er nicht machen konnte: einen Besen aus nichts, Falschgeld, Papiere, Granaten, Abendkleider ...

Mordechaj sagte uns auch, daß er bei den Bedingungen, die in Warschau herrschten, verlangte, daß seine Leute bei einer Aktion der Deutschen hinaus auf die Straße gingen und sich nicht versteckt hielten. Er wollte das aus zwei Gründen: damit sie auf der Stelle Widerstand leisten konnten, und vor allem, damit sie alles zu Gesicht bekamen. Wenn du nicht alles selber gesehen hast, dann hast du nicht geglaubt, daß sie die Kinder erschlugen, dann konntest du nicht tief genug hassen. Und wenn du nicht genügend hassen konntest, dann konntest du auch nicht richtig kämpfen. Es ging dabei nicht nur um den Haß auf die Deutschen, sondern darum, in jedem von uns das Gefühl für die Notwendigkeit und die Fähigkeit zur Selbstverteidigung wachzurufen.

Wissen Sie, ich kann mich da an eine Szene erinnern: Zwi Dunski und ich hatten je eine Portion Zyankali. Wir waren aber nicht ganz sicher, ob es auch Zyankali war, deshalb wollten wir es ausprobieren. Wir beschlossen, der Katze etwas davon zu geben. Und wir haben es nicht fertig gebracht! Wir haben es nicht über uns gebracht, die Katze zu töten! Aber wenn man keine Katze töten kann, wie kann man dann von Selbstverteidigung reden? Unter uns kursierte so ein dummer Witz, daß wir erst mal an Katzen das Töten üben müßten, um kaltblütig zu werden. Wir wurden damit nicht fertig. Das war ein Problem. All diese Schöngeister, diese Humanisten, Pfadfinder, Sozialisten und was weiß ich noch! Mit der Philosophie kamen wir besser zurecht als mit dem Messer oder der Axt in der Hand.

Wir starteten kleine Versuche der Selbstverteidigung, aber die waren ziemlich schwach. An einer Unternehmung sollte ich teilnehmen, aber dann wurde ich mit einer Mission weggeschickt, die Mordechaj schon vorher geplant hatte. Ich wurde nach Ungarn geschickt, aber ich kam nicht bis dorthin. Außer mir fuhren noch Vertreter anderer Gruppen dorthin, von »Haschomer Hadati«[5], »Dror Freiheit«[6] und »Gordonia«[7]. Wissen Sie, ich bin immer sehr beredt gewesen, immer hatte ich endlos reden können, aber damals bei dieser Reise nach Ungarn, da hatte ich eine schreckliche Blockade. Wie sollte ich denen da in der freien Welt von diesem schrecklichen Morden erzählen? Wie sollte ich sie davon überzeugen, daß ich die Wahrheit sagte? Ich habe mit Karski über dieses Problem gesprochen. Er hatte die gleichen Gedanken, und sie waren bestätigt worden – man glaubte ihm nicht. Ich fürchtete mich sehr davor, daß sie mir nicht glauben würden. Aber wir kamen nicht bis nach Ungarn. Auf dem Bahnhof in dem kleinen Städtchen Auschwitz ließ uns unser Anführer im Stich. Der Mann von »Gordonia« und ich, wir versteckten uns in den Abwässerkanälen. Was aus den beiden anderen Leuten geworden ist? Ich weiß es nicht. Am nächsten Tag gingen wir in Richtung Ghetto. Und was war mit der Selbstverteidigung? Meiner Meinung nach ist sie schiefgegangen. Wir hatten zu wenig Waffen und zu wenig Kämpfer. Es gab Gruppen im Ghetto, die bis zuletzt glaubten, daß es viel wichtiger war, die eigene Haut zu retten, als eine bewaffnete Verteidigung zu organisieren. Nun ja, es gab auch bewaffnete Kämpfer, die Gruppen von Deutschen angriffen. Aber die Deutschen brachten sie um, sie metzelten sie nieder. Das war wohl im August 1943. Jetzt will ich Ihnen von einem Brief erzählen, den Mordechaj uns aus dem kämpfenden Ghetto geschrieben hat. Über die Kanäle hatten sie Kontakt mit der arischen Seite. Auf diese Weise wurden auch die Briefe befördert. Ich kann mich an einen Satz aus diesem Brief erinnern:»Ich bin sehr glücklich, denn ich habe getötete Deutsche gesehen.« Was ist mit diesem Brief geschehen? Mit dem ganzen Archiv? Ich weiß es nicht, ich weiß es nicht. Die Tatsache, daß wir ein Archiv angelegt haben, zeugt davon, daß wir in historischen Dimensionen dachten. Ich denke, es sind mehr Briefe angekommen. Damals las ich auch die Briefe von Mira an Mordechaj, die Briefe einer Liebenden an ihren Geliebten — ohne ein einziges warmes Wort, nichts als die Sache.

Er hat nie etwas erzählt. Ich weiß noch gut, wie neugierig ich auf sein Leben war, und diese Mordechaj-Legende ließ mich nicht los. Nach dem Krieg habe ich Leute getroffen, die Mordechaj besser gekannt hatten als ich, die behaupteten, daß diese Legende nicht wahr sei. Dieser Legende zufolge war Mordechajs Großvater ein Fischer auf der Weichsel, und von ihm soll Mordechaj seine kämpferische Natur geerbt haben. Damals gab es so viele Legenden ... In meiner Familie hatten wir einen sehr frommen Menschen. Er erzählte, ein Gestapomann habe einmal ein Buch der Tora ins Feuer werfen wollen, in derselben Sekunde habe Gott ihn gelähmt. Dieser Verwandte glaubte daran, genauso wie ich daran glaubte, daß Mordechajs Großvater Fischer gewesen war. In einer anderen Legende hieß es, überall im Ghetto sei das Motto»Für unsere und eure Freiheit!« angeschlagen gewesen. Diese Worte kursierten zwar unter uns, wir sprachen davon, aber daß sie auf den Wänden des kämpfenden Ghettos standen, das stimmt nicht. Aber es war eine Legende, an die wir gerne glauben wollten.

Er war nicht solch ein»Fighter«, der Schlachten und Kämpfe liebte, ganz gewiß nicht. Aber er war mit Sicherheit der geborene Kommandant und Anführer. Die Darstellung, die Rappaport[8] von Mordechaj gegeben hat, ist ihm überhaupt nicht ähnlich, so ein Gesicht hatte er nicht. Aber seine Gestalt, diese Dynamik darin, die erinnert an den Kommandanten Mordechaj. Ich glaube, Mordechaj war das Gegenteil von einem Schöngeist, er war sehr realistisch. Tosia Altman war ganz anders. Als sie vor Mordechaj für ein paar Monate zu uns kam, da waren Unglück und Schrecken ringsum schon groß, und sie redete von Psychologie und Philosophie. Tosia Altman war die erste, die uns überredet hat, auf die arische Seite zu gehen, das war sehr wichtig, es war ein Umbruch in unserem Denken, unserer Einstellung. Und wie sollte das gehen? Mit so einer Nase, mit so einem Mund, mit solchen Augen? Kennen Sie den Ausdruck »mit so einer Nase«? Mit den Mädchen war es anders, Haare kann man ja färben ... Aber Tosia hat mich überzeugt. Ab Anfang 1942 verließ ich das Ghetto öfters. Im Laufe der Zeit gewann ich an Sicherheit, und schließlich gelangte ich zu dem Schluß, daß nicht das Aussehen, sondern das Benehmen zählt. Das Benehmen ist das Allerwichtigste. Was das angeht, brachte ich es zu einer gewissen Perfektion. Ich brachte es fertig, in Waggons zu fahren, die nur für Deutsche waren, und wenn ein Pole hinein wollte, dann warf ich ihn hinaus. Unter uns gesagt, hatte ich vor den Polen die größte Angst.

Nach meiner mißlungenen Reise nach Ungarn wohnte ich bei einer Dame, die — ich sage das mit der größten Achtung — einen berüchtigten Beruf hatte, eines der ältesten Gewerbe der Welt. Außerdem brannte sie Schnaps, denn den brauchten wir für die Bestechungen. Ich wollte schon gehen, denn bald war Polizeistunde, da sagte sie zu mir: »Willst du hierbleiben?« Das brauchte man mich nicht zweimal zu fragen. Ich blieb. Sie machte mir mein Bett auf einem schmalen Sofa. Nachts kam ihre sechzehnjährige Tochter zu mir ins Bett. Ich wehrte mich mit Händen und Füßen gegen sie, damals hatte ich noch so verschiedene Grundsätze. Außerdem war ich ja nicht deshalb gekommen. Am Morgen sagte ihre Mutter mir rundheraus: »Wenn du Schwierigkeiten mit der Polizei hast, dann bleib hier.« Ich sagte ihr, ich sei Jude, aber das spielte für sie gar keine Rolle. Das war eine sehr anständige Frau. Später wurde ihre Wohnung zu einem unserer wichtigsten Verstecke. Ich lebte als ihr Sohn dort. Zofia — so hieß sie — war auch Hausmeisterin im Haus der NSDAP. Und außerdem hoffte sie noch ein Geschäftchen mit dem Herrn Jesus zu machen: wenn sie mich rettete, dann würde er ihren Sohn retten, der an der deutschen Front kämpfte. Sie war so eine Deutsch-Polin, eine Schlesierin, Sie wissen schon. Polnisch konnte sie nicht schreiben,

aber deutsch; nach dem Krieg bekam ich noch Briefe von ihr. Diese
Zofia hatte so einen Kerl, einen richtigen Hurensohn namens Aloys.
Einmal versuchte er, eines von unseren Mädchen zu vergewaltigen.
Ich legte mich mit ihm an, aber er war stark wie ein Stier, ein rasen-
der Bulle. Aber wir durften ja keinen Lärm machen, wenn wir uns
prügelten, das mußte alles ganz leise gehen. Er war ihr Freund, nicht
der erste und nicht der einzige. Sie hat sich auch einmal mit ihm geprügelt — meinetwegen. Er hatte versucht, mich zu erpressen.
In dieser Wohnung war ein kleines Zimmerchen und die Küche.
Polizisten kamen und verschiedene andere Typen, und alles lief immer ganz schnell ab, ohne ein Wort. Jetzt bin ich schon bald Großvater, aber ich werde immer noch rot, wenn ich daran denke. Trotzdem war Zofia eine wirklich anständige Person. Sie sah überhaupt
nicht aus wie eine Polin, eher typisch jüdisch. Und sie hatte überhaupt keine Angst, als Botengängerin für uns zu arbeiten. Sie wollte
nicht einmal Geld. Schließlich habe ich ihr klar gemacht, daß sie es
nehmen mußte: sie brauchte das Geld. Sie träumte davon, daß sie
nach dem Krieg eine Kuh und ein kleines Häuschen auf dem Land
haben würde.

Was gibt es noch von Mordechaj zu erzählen? Es war ihm gelungen, in Warschau alle Gruppen zusammenzufassen, mit Ausnahme
von »Bejtar«[9], wenn ich mich recht erinnere.

Wissen Sie, in den letzten Tagen, seit Sie angerufen haben, führe
ich einen ständigen Dialog mit Mordechaj. Ich weiß nicht, was ich
noch über ihn erzählen kann. Ich weiß, daß es hier in Israel sehr wenige Menschen gibt, die etwas über ihn sagen können. Mordechaj
war der typische Introvertierte, und er lebte eben nur für die Sache,
Tag und Nacht. Er war kompromißlos. Er war der Typ des Ideolo-
gen — ein Revolutionär, den nichts als die Revolution interessierte.
Ich weiß noch, daß er einmal gesagt hat: »Wir sind die Avantgarde
des Volkes. Aber es gibt keine Avantgarde ohne Volk. Wir haben
nicht das Recht, am Leben zu bleiben.« Wir haben ihm geglaubt.
Nur die Ehre, die Würde galt es zu retten. Und sich mit diesem Gedanken abzufinden — daß man kein Recht zu leben hat —, das ist
etwas Ungeheuerliches.

1962 oder 1963 mußte ich als Zeuge vor Gericht über jemanden
aussagen, der in Bedzin bei der jüdischen Polizei gewesen war. Ich
habe es fertig gebracht, genauso viel gegen ihn auszusagen wie zu
seinen Gunsten. Schließlich habe ich darum gebeten, mich als Zeuge

zu entlassen. Während des Prozesses hatte ich ein Gespräch mit dem Anwalt dieses Menschen. Es fand in seinem Büro statt. Ich weiß noch, wie dieser Anwalt, der übrigens genauso klein war wie ich, mich fragte, warum wir gegen diejenigen gewesen waren, die sich nicht wehren wollten. Er stellte sich breitbeinig vor mich und schrie mich an: »Ich bin Offizier in der israelischen Armee! Ich weiß, was es heißt, Soldaten an die Front zu schicken, ich habe solche Befehle selbst mitgemacht! Für mich war das nicht einfach. Und ihr wolltet, daß die Omas und Tanten, die Kranken, Gesunden, Jungen und Alten sich alle wehrten? Woher habt ihr bloß diese Chuzpe gehabt? Woher habt ihr diesen Mut genommen?«

Er hat mich richtig fertig gemacht, weil ich auf einmal spürte, daß er recht hatte. Vielleicht war es ungerecht gewesen, daß wir damals die unter Druck gesetzt hatten, die nicht den Mut hatten, sich zu wehren? Später habe ich oft gedacht, wir hatten kein Recht, von allen zu verlangen, daß sie sich wehrten, daß sie Widerstand leisteten ...

Sie fragen, wann ich Polen verlassen habe? Via Auschwitz, Mauthausen? Einen Moment! 1944 wurde ich verhaftet. Gefängnis in Katowice, dann in Myslowice. Danach Auschwitz und Mauthausen. Danach bin ich nie mehr dort gewesen. Ich habe ein Verhältnis zu Polen wie zu einer alten Liebe ..., die man nicht mehr wiedersehen will. Bitte nehmen Sie das nicht persönlich. Das hat nichts mit den Leuten zu tun, jedenfalls nicht mit den Leuten Ihrer Generation. Ich ... Ach was, darüber rede ich lieber nicht!

Jerusalem, im Mai 1989

Anmerkungen

1 Haschomer Hazair (hebr.: Junger Wächter) — Jugendbewegung mit zionistisch-sozialistischer Ausrichtung. 1913 entstanden die ersten Haschomer Hazair-Gruppen in Galizien. Viele Mitglieder der Organisation emigrierten nach Palästina und gründeten dort die Kibbuzbewegung. Bis zum zweiten Weltkrieg war Haschomer Hazair nur in Ost- und Mitteleuropa verbreitet. 1946 entstand daraus in Palästina eine politische Partei, die die Notwendigkeit eines Zweivölkerstaates vertrat. 1948 gründete Haschomer Hazair zusammen mit dem linken Flügel von Poale Zion die Mapam Partei.

2 Judenrat — Auf der Grundlage eines Erlasses des Generalgouverneurs Frank wurde der Judenrat gebildet, der sich zum größten Teil aus den Mitgliedern der Gemeinderepräsentanzen der Vorkriegszeit zusammensetzte. Diese meistens als »Gemeinderat« bezeichnete Institution hatte Verwaltungsaufgaben. Dem Judenrat unterstand ein »Ordnungsdienst«, bzw. die jüdische Polizei. Der Vorsitzende des Warschauer Judenrats war der Ingenieur Adam Czerniakow. Bis zum September 1942 war der Warschauer Gemeinderat an der Grzybowskastraße 26 untergebracht, danach wurde er zur Zamenhofstraße 19, ins frühere Gebäude des Armeegefängnisses verlegt.

3 Arbeitervorort von Sosnowiec; ab Oktober 1942 befand sich dort eines der beiden Ghettos der Stadt.

4 (hebr.: Einweihung) — achttägiges Lichterfest beginnend am 25. Tag des Monats Kislew zur Erinnerung an den Sieg der Makkabäer und die Einweihung des geretteten Tempels im Jahre 165 v. Chr.

5 Haszomer Hadati (hebr.: Der religiöse Wächter) — religiöse Jugendorganisation, die mit Hechaluz Hamizrachi, Hanoar Hadati, Brit Chalucim Datiim, in dem Verband Bnei Akiba zusammengefaßt war. 1954 wurden diese Gruppen alle in der einen Organisation World Bnei Akiva zusammengefaßt.

6 Dror (hebr.: Freiheit) — Organisation, die 1922 von den jüdischen Einwanderern aus der Ukraine in Polen gegründet wurde. Sie wurde in den rechten Flügel der Poale Zion aufgenommen. »Freiheit« (jid.) war die Jugendorganisation des rechten Flügels von Poale Zion.

7 Gordonia — Jugendorganisation der Partei Hitachdut, 1920 von dem Dichter und Arbeiter A.O. Gordon in Palästina gegründet. Die Mitglieder von Hitachdut und Gordonia rekrutierten sich hauptsächlich aus dem jüdischen Intellektuellenmilieu.

8 Denkmal von Mordechaj Anielewicz im Kibbuz Yad Mordechaj nördlich des Gazastreifens. Der Kibbuz wurde 1943 von polnischen Juden gegründet.

9 Umgangssprachliche Bezeichnung für den Tumpeldor-Bund. Dieser jüdische Jugendverband gehörte zur Neuen Zionistischen Organisation, die den bewaffneten politischen Kampf um die Gründung des jüdischen Staates in Palästina verfolgte. Anführer dieser Organisation (in Polen NOS) war Wodzimierz Zabotyski (1880-1940), der 1923 die erste Bejtar-Gruppe in Riga gegründet hatte.

Aber einer mußte den Schrank ja wieder vorschieben ...

Ein Gespräch mit Masza Glajtman Putermilch

— Ich wurde 1924 in Warschau in einer kleinbürgerlichen Familie geboren. Mein Vater war Kaufmann. Wir hatten eine Werkstatt für Lederwaren. Meine Mutter war seit ihrer frühen Jugend Mitglied beim »Bund«, mein Vater war parteilos. In meinem Elternhaus bekam ich eine sozialistische Erziehung. Ich besuchte eine Schule, die dem »Bund« gehörte, es war eine der CISzO-Schulen[1]. Unterrichtssprache war natürlich jiddisch. Jede Schule war nach einem Führer im »Bund« benannt. Ich besuchte die Grosser-Volksschule an der Karmelickastraße 29. Wir bekamen dort eine Kommunenerziehung — die Kinder mußten miteinander teilen, aufeinander Rücksicht nehmen und einander helfen. Das wurde mir vom Kleinkindalter an beigebracht.
— Und später, nach der Volksschule?
— Danach ging ich in eine Berufsschule der ORT[2], auch in Warschau, an der Dlugastraße. Ich habe die Ausbildung dort aber nicht abgeschlossen, weil der Schulbetrieb für Juden 1939 abgebrochen wurde. Die Kinder im Ghetto lernten heimlich, die Schulbücher hatten sie unter den Mänteln versteckt. Ende 1939 verließ ich Warschau und ging nach Miedzeszyn. Ich arbeitete im Medem-Sanatorium[3]. Dort blieb ich, bis das Ghetto geschlossen wurde.
— Sie haben einmal erwähnt, daß Sie die gleiche Schule besucht haben wie Marek Edelman ...
— Ja, wir sind auf die gleiche Volksschule gegangen. Die ORT-Schule war nur für Mädchen.
— Und im Medem-Sanatorium?
— Da war ich in der Näherei. Wir waren dort zwölf Mädchen von der Jugendorganisation des »Bund«, »Zukunft Skiff«[4] hieß sie.

49

Kaum als ich wieder in Warschau war, wurde das Ghetto geschlossen.

– Warum sind Sie zurückgegangen?

– Meine Eltern wollten es unbedingt. Sie fürchteten immer, wir könnten völlig voneinander abgeschnitten sein, wenn das Ghetto einmal geschlossen würde. Meine ältere Schwester war damals in Rußland, ich war das einzige Kind zu Hause, deshalb wollten sie nicht, daß ich von ihnen getrennt lebte ...

– Ihre Eltern befanden sich schon im Ghetto?

– Ja, natürlich waren sie schon im Ghetto. Wir wohnten auf der Nalewkistraße 47, unsere Wohnung befand sich im Ghettogebiet. Damit hatten wir für die damaligen Verhältnisse »Glück«, denn wir mußten nicht aus unserer Wohnung ausziehen. Alles, was wir in der Wohnung hatten, konnten wir für Brot verkaufen, während die, die umziehen mußten, gezwungen waren, fast alles zurückzulassen. So war das. Durch den Verkauf unserer Sachen haben wir durchgehalten, bis die »Umsiedlung« begann. Ich konnte ja ein bißchen nähen, und ich kaufte die alten Kleider der Verstorbenen auf. Mein Vater wusch sie, dann wurden sie ein wenig gefärbt, ich nähte, und meine Mutter verkaufte sie. Später mußte ich mich um all das alleine kümmern, denn meine Eltern waren durch den Hunger so geschwächt. Ich war die letzte, die noch die Stellung hielt, obwohl ich auch schon Hungerödeme hatte.

– Bitte erzählen Sie etwas über die Umsiedlung.

– Über die Umsiedlung ...? Meine Mutter haben sie zuerst auf den Umschlagplatz geholt.

– Wann?

– Im Juli, es war am Anfang der Umsiedlung. Marek arbeitete damals bei Zytos[5], ihm habe ich es zu verdanken, daß ich sie retten konnte. Ich bekam von ihm die Bescheinigung, daß sie arbeitete, eine solche Bescheinigung war damals maßgeblich, deshalb mußten sie meine Mutter auf dem Umschlagplatz wieder freilassen. Aber ich konnte sie nicht finden, sie war drinnen, in einem Gebäude.

– In welchem?

– Es war eine Schule. Die Volksschule an der Stawkistraße. Die meisten Leute befanden sich draußen, auf dem Platz. Aber meine Mutter war drinnen. Glücklicherweise habe ich sie von der Straße aus gesehen. Sie schaute aus dem Fenster, und ich habe sie bemerkt. Ich bat sie, an der gleichen Stelle zu bleiben, damit ich ... Ich habe damals meine Mutter auf dem Umschlagplatz wieder freibekommen, aber kurz darauf haben sie sie wieder geschnappt, diesmal war ich dabei. Es war, leider, ein jüdischer Polizist, der sie auf den Umschlagplatz gebracht hat. Ich rannte hinter dem Wagen her ... und bat darum, mich auch mitzunehmen, denn mein Vater war zu dem Zeitpunkt schon nicht mehr da — das dachte ich jedenfalls. Später stellte sich erst heraus, daß mein Vater hatte fliehen und sich verstecken können. Er ist zurückgekommen, aber als ich damals hinter diesem Wagen herlief, dachte ich, mein Vater sei schon weg.

— Sie wollten also freiwillig auf den Umschlagplatz?

— Ich wollte freiwillig mit meiner Mutter gehen, aber dieser Polizist wollte mich um keinen Preis auf den Wagen lassen. »Du bist doch noch jung«, sagte er immer wieder, »du hast doch noch Chancen, du kannst dich retten, aber ich brauche fünf solche Köpfe. Und das hier«, sagte er, »ist mein fünfter Kopf.« So redeten sie damals.

— Und wo hatte er Ihre Mutter erwischt? Einfach so auf der Straße?

— Nein, ich war mit meiner Mutter aus dem Haus gegangen. Wir standen am Tor. Wir wollten sehen, was mit meinem Vater geschehen war, denn sie hatten ihn mitgenommen. Und dann kam dieser jüdische Polizist, er fuhr über unseren Hof und durch unser Tor auf die Nalewkistraße. Dort, am Ausgang packte er meine Mutter und zog sie aus der Toreinfahrt. Als ich hinter dem Wagen herrannte, da schlug er mit der Peitsche auf meine Hände ein, damit ich den Wagen losließ. Irgendwann stürzte ich dann auf die Straße. Zwei jüdische Polizisten kamen zu mir und fragten: »Was ist los mit dir?« »Ich will auf den Umschlagplatz«, sagte ich. »Da hast du nichts zu suchen«, antworteten sie, »da ist schon keiner mehr, und mit deiner Mutter kommst du sowieso nicht weg.« Ich ging zu meinem Onkel, das heißt, er selbst lebte da schon nicht mehr, er war verhungert, aber eine Kusine lebte dort. Und sie sagte mir dann, daß meinem Vater die Flucht geglückt war, auf dem Weg ...

— ... zum Umschlagplatz?

— Ja, auf dem Weg zum Umschlagplatz, und er war wieder nach Hause zurückgekehrt. Dort, zu Hause fand ich dann meinen Vater wieder.

— Und zum Umschlagplatz sind Sie dann nicht mehr gekommen, Ihre Mutter haben Sie nicht mehr wiedergesehen?

— Nein, ich war nur dieses eine einzige Mal auf dem Umschlagplatz ... Meine Mutter habe ich nie mehr wiedergesehen ... Mein Vater und ich fingen an, in einer Riemenwerkstatt[6] auf der Szczesliwastraße zu arbeiten. Natürlich kostete das viel Geld, das bekamen wir von einem Onkel, dem Bruder meines Vaters, er war noch einigermaßen wohlhabend. Ich arbeitete eigentlich nicht dort, sondern nur mein Vater. Es gab eine Verordnung der Deutschen, daß ein Mann seine Frau »hält«, das heißt, daß ein Mann, der arbeitete, für seine Frau das Recht dazubleiben, das Lebensrecht, erwirkte. Mein Vater gab mich deshalb als seine Frau an. Das hatte auch etwas Komisches an sich, denn der Leiter dieser Werkstatt versuchte dauernd, mich zu überreden, meinen »Mann« zu verlassen. Wie konnte denn so ein junges Mädchen mit so einem alten Mann zusammen sein? Und wenn ich schon einen alten haben wollte, dann sollte ich ihn doch nehmen, er sei wenigstens etwas jünger.

— Wohntet ihr auch zusammen im Werkstattbereich?

— Ja. Jede Werkstatt hatte ihre Arbeiter kaserniert. Und dann, an dem Tag des sogenannten Kessels ...

— ... des Kessels auf der Milastraße[7]?

— Ja, das war im September. Als die Selektion im Kessel beendet war, verlegte sich das Einsatzkommando[8] mit seiner Hetzjagd auf unsere Werkstatt. Mein Vater und ich wollten gerade hinausgehen, um den Bruder meines Vaters auf der Swietojerskastraße zu suchen, aber wir wurden von den Deutschen überrascht. Wir flüchteten, wollten uns verstecken. In dem Haus, in dem wir wohnten, gab es im zweiten Stock ein Versteck. Da war ein Schrank vor eine Tür geschoben, so daß man den Eingang nicht sehen konnte. Das Haus hatte drei Stockwerke, und auf jedem Stockwerk gab es das gleiche Versteck. Und ich ... Aber einer mußte den Schrank ja wieder vorschieben ... Und ich schob also meinen Vater in den Raum und rückte den Schrank wieder davor. Für mich selbst gab es kein Versteck. Ein Kinderbettchen stand in dem Zimmer, und ich kroch darunter. Auf dem Bettchen lag eine Plüschdecke, die nahm ich und wickelte mich hinein, und so legte ich mich dann unter das Bettchen. Dann kamen sie herein — Ukrainer, Letten — ich hörte sie reden, gesehen habe ich sie nicht. Um an den Schrank zu kommen, mußte man das Bettchen ein wenig beiseite schieben. Ich hörte, wie sie dieses Wort wiederholten — »Schrank, Schrank«. Ich begriff, daß sie wußten, daß es ein Versteck war. Ich weiß nicht ... Ich hörte nur noch mein Herz schlagen. Ich spürte einen Tritt. Sie gingen vorbei, und ich lag da, ich weiß nicht wie lange, es gab kein Maß für die Zeit mehr. Sie holen alle heraus, es waren noch mehr Juden in dem Versteck. Das gleiche Versteck hatten sie unten entdeckt. Denn es war abgesprochen gewesen, daß auf allen Stockwerken dieses Zimmer verstellt werden sollte. Als ich wieder zu mir kam, hörte ich schreckliche Schreie, Schmerzensschreie. Ich verließ mein Versteck. Ich hörte Schüsse. Das Treppenhaus war voller Leichen.

— Das waren die, die sie in den Verstecken gefunden hatten?

— Ja, das waren die Leute aus den Verstecken. Ich suchte nach meinem Vater, aber ich konnte ihn nicht finden. Die Leichen lagen in großen Blutlachen. Ich drehte sie um, damit ich ihre Gesichter erkennen konnte.

— Hatten sie alle aus den Verstecken geholt? Keiner konnte sich retten?

— Niemand.

— Wieviele Menschen konnten sich in dem Raum hinter dem Schrank verstecken?

— Zwei, drei, vielleicht fünf Menschen. Ich wohnte mit meinem Vater in der Küche, und in dem einen Zimmer lebte noch eine Familie. Mit meinem Vater zusammen waren es fünf. Aber ich weiß nicht, vielleicht waren noch mehr drin, als wir kamen, war das Versteck ja schon zu. Jemand mußte den Schrank doch von außen vorgeschoben haben ...

— Sie haben Ihren Vater nicht gefunden. Wissen Sie, was mit ihm geschehen ist?

— Ich weiß, daß sie ihn mitgenommen haben. Damals brachten sie alle nach Treblinka.

— Sonst wissen Sie nichts weiter?

— Nein, nichts, überhaupt nichts. Damals, an diesem Schrank, das war mein Abschied von meinem Vater.

— Was haben Sie dann gemacht, als Sie alleine waren?

— Ich ging auf die Straße hinaus, auf die Nalewkistraße. Zuerst wollte ich den Bruder meines Vaters suchen, den ich aber nicht fand. Erst später machte ich ihn bei Schultz[9] ausfindig. Ich hatte irgendwo meinen Namen erwähnt, und einer hatte gesagt, daß es bei Schultz noch einen Glajtman gibt. Da habe ich ihn dann aufgesucht. Aber das war später. Nach der Aktion bin ich zu unserem Hof zurückgegangen. Auf diesem Hof, auf der Nalewkistraße 47, waren die kasernierten Arbeiter, die eine Außenstelle hatten[10]. Sie arbeiteten auf den Bahnhöfen beim Verladen von Kohle. Und sie konnten Brot mitbringen. Aus dem Ghetto schmuggelten sie Kleidung, Bettbezüge, verschiedene Sachen — Plunder, wie wir es nannten. Wenn sie ins Ghetto zurückkamen, war schon fast Polizeistunde und man durfte nicht mehr auf die Straße. Sie waren also sehr daran interessiert, daß man für sie vorher diesen Kram besorgte, den sie dann am nächsten Tag verkaufen konnten. Also fing ich an, mit Trödel zu handeln. Man tauschte immer Tips untereinander aus: hier gibt es dies, dort jenes zu kaufen. Am besten waren die Sachen, die man leicht hinüberschmuggeln und rasch verkaufen konnte. Bettbezüge waren leicht zu schmuggeln, ich steckte sie in den Mantel und nähte sie unter dem Futter fest. Darin war ich sehr geübt. Und sie trennten hinterher das Futter auf und verkauften die Ware. Damals hatte ich im Ghetto immer zu essen. Die Außenarbeiter brachten ein Stückchen Wurst mit, Kartoffeln, Eier, die in Tüten voll Mehl versteckt waren, und sie brachten sogar ein bißchen Kohle mit, um die Kartoffeln zu kochen. Und wenn man nicht hungrig ist, dann verliert man nicht den Mut.

— Wo haben sie zu dieser Zeit gewohnt?

— Ich wohnte noch in dem gleichen Haus an der Nalewkistraße, aber nicht in unserer Wohnung. Der Hausmeister war ein Jude. Er kannte mich fast seit meiner Geburt und gab mir ein Zimmer bei einer jüdischen Familie. Ich hatte da ein Zimmerchen mit einem eigenen Eingang. Eines Tages traf ich eine Schulkameradin auf der Straße, und die sagte mir:»Masza, wir bauen hier eine Kampforganisation auf, hättest du nicht Lust mitzumachen?« Ich war sofort begeistert.

— Wann war das? Wann trafen Sie diese Schulfreundin?

— Das war kurz vor der Januaraktion.

— Wie hieß die Freundin?

— Das war Leja Szyfman. Wir waren zusammen zur Schule gegangen. Leja hatte eine Schwester, Miriam Szyfman, die sehr aktiv in der Untergrundarbeit war. Leja hatte sich über Miriam an Marek Edelman gewandt. Und ich traf mich dann schließlich mit Marek. Er fragte mich ganz genau aus: Was machst du, mit wem, und warum? Marek hatte meine Mutter und meine Schwester gekannt. Unsere Mütter waren zusammen im »Bund« gewesen. Nach dem Verhör sagte er zu mir:»Hör zu, wir bilden jetzt eine neue Gruppe auf der Zamenhofstraße, ich möchte, daß du bei der Organisation mitmachst.« Er fragte mich, ob ich sonst noch jemanden empfehlen könne, er hatte sofort Vertrauen zu mir. Und so begann ich, bei der Gruppe mitzuarbeiten. Wir suchten Wohnungen, was nicht sehr schwer war, denn nach den Deportationen standen viele jüdische Wohnungen leer. Aber es durften nicht irgendwelche Wohnungen sein, denn falls es zu einem Aufstand käme, mußten wir eine Vorderhauswohnung haben, damit wir aus den Fenstern schießen konnten. Für unsere Gruppe fanden wir eine Wohnung in der Zamenhofstraße 29.

— Was heißt »wir«?

— Levi Grusalc, das war unser Kommandant, meine Freundin Lea mit ihrem »heimlichen« Mann, Adek Jankielewicz ... Wir waren zu zehnt: zwei Mädchen und acht Jungen. Es war wie in einer Kaserne — wir schliefen zusammen, und wir lebten zusammen. Vor allem lernten wir, mit Waffen umzugehen. Chaim Frymer brachte es mir bei. Er hat überlebt. Er ist hier in Israel gestorben. Er war der Mann von Pnina Grynszpan. Seine Gruppe war auf der anderen Straßenseite — ihr Eingang befand sich in der Milastraße 29, aber die Fenster gingen auf die Zamenhofstraße hinaus. Wir hatten es so eingerichtet, daß immer mehrere Gruppen zusammen im gleichen Straßenabschnitt waren, damit unsere Angriffe möglichst geballt kamen. Und so war es auch. Wir griffen von zwei Seiten an. Auf der anderen Straßenseite waren sogar zwei Gruppen, eine von der PPR, die war unter Pawel Bryskins Leitung, die andere führte Berel Brojde. Unsere Gruppen waren in engem Kontakt. Wir hatten ein Zeichen verabredet, das den Beginn des Angriffs signalisieren sollte. Einer aus der zweiten Gruppe sollte eine Granate werfen, als Zeichen, daß der Angriff begann.

— Sie haben also gelernt zu schießen ...

— Moment: Um bei der Wahrheit zu bleiben — der Unterricht war theoretisch, wir durften uns ja nicht durch Schüsse verraten.

— Sie schlossen sich unmittelbar nach dem 18. Januar der Organisation an?

— Ja, aber davor hat es auch schon Gruppen gegeben, die sogenannten Fünfer. Jakob Putermilch, mein Mann gehörte zu einem dieser Fünfer, er war auf dem Gelände von Többens[11] und Schultz.

— Erinnern Sie sich noch an den 18. Januar?

— Ja, daran erinnere ich mich noch sehr gut.

— Bitte erzählen Sie etwas davon.

– Der 18. Januar ... Ich werde Ihnen erzählen, was ich selbst erlebt habe. Am 18. Januar ging ich in ein Versteck, das war unter einem Dachboden.

– Wo war das?

– Nalewkistraße 47, der Eingang war bei Nummer 49. Die beiden Höfe waren miteinander verbunden. Und sie gehörten dem gleichen Eigentümer. Ich möchte gerne dieses Versteck beschreiben, damit andere einen Eindruck davon bekommen, was der Aufenthalt in einem solchen Versteck bedeutete. Das Versteck befand sich in einer verlassenen Wohnung unter dem Dachboden. Der Eingang zu dem Zimmer führte durch eine kleine Küche — man öffnete die Küchentür und stand in der Küche, und von dort aus gab es eine Öffnung zu dem getarnten Zimmer. Damals am 18. Januar wollte eine Frau mit einem kleinen Kind zu uns ins Versteck. Aber ein paar Leute standen da und wollten sie auf keinen Fall hineinlassen, weil das Kind vielleicht weinen könnte ... Ich habe mich nicht so dagegen gewehrt, irgendwie war mir alles fast schon egal, weil ich mich in diesem Haus sehr einsam fühlte. Ich war ganz allein auf der Welt, hatte keinen Menschen, irgendwie hatte sich bei mir eine völlige Gleichgültigkeit eingestellt. Manche dort aber waren natürlich sehr aufs Leben versessen, das war ja eigentlich auch normal. Da versprach die Mutter dieses kleinen Kindes, daß sie ihr Kind ersticken würde, wenn es weinen sollte. Ich kann mich noch daran erinnern, wie wir die Deutschen hörten, die alles durchsuchten. Wie üblich kamen sie mit ihren Hunden, die besonders auf menschlichen Geruch abgerichtet waren. Und alle starrten gebannt ... Es war ein großes Zimmer, wir lagen auf dem Boden, einer neben dem anderen. Es war Winter, jeder hatte sich ein Bettzeug oder eine Decke mitgebracht ... Sie hatte dem Kind natürlich irgendein Beruhigungsmittel gegeben, damit es schlief. Aber trotzdem hatten alle Angst. Später, als ich selbst Kinder hatte, habe ich oft Angst gehabt, sie würden weinen. Diese merkwürdige Angst hat mich verfolgt, solange meine Kinder klein waren. Aber dieses Kind weinte damals nicht. Am nächsten Tag wollte keiner mehr in dieses Versteck — wegen der Frau. Keiner wollte da hinein. An der Ecke Mila- und Nalewkistraße war ein Kanal. Wir waren zu mehreren jungen Leuten in der Gruppe und beschlossen, hinunter in den Kanal zu gehen. Den ganzen Tag standen wir in diesem Einstieg. Wir gingen nicht in das Kanalwasser, aber ein bißchen drückten wir uns natürlich schon an die Seite, denn es waren Löcher im Deckel, durch die man sehen konnte. Dann war die Aktion vorüber.

— Warum haben Sie sich am 18. Januar versteckt? Woher wußten Sie von der Aktion?

— Wir erfuhren sehr schnell davon. Als die Außenarbeiter morgens aus dem Ghetto gingen, war eine ganze Reihe von ihnen auf den Umschlagplatz geholt worden. Ich kannte einige Außenarbeiter, ich kaufte ja Ware für sie, wie ich erzählt habe. Ich weiß noch, daß einer von ihnen, ein Junge namens Izio Frenkiel auf dem Weg zum Umschlagplatz vom Wagen gesprungen und weggelaufen ist. Er hat mir erzählt, wen sie mitgenommen hatten, ich kannte fast alle davon . . .

— Kehren wir noch einmal zu der Zeit nach der Januaraktion zurück, zu den Übungen in der Kampfgruppe.

— Ja, wir lernten also mit der Waffe umzugehen, wie man Granaten zündet. Wir hatten armselige Waffen. Wir hatten polnische und selbstgemachte Granaten, ein paar Revolver und Brandbomben.

— Wissen Sie ungefähr noch wie viele? Wie viele Waffen hatte zum Beispiel Ihre Gruppe?

— Alle außer Lea hatten einen Revolver, also waren es neun Revolver. Ich hatte einen FN 7, einen belgischen Revolver und eine selbstgebastelte Granate.

— Hatte jeder eine Granate?

— Ja, jeder.

— Lea auch?

— Ja, Lea hatte eine Granate, jedenfalls soweit ich mich daran erinnere. Sie war ja immer mit Adek zusammen, deshalb hatten die anderen bestimmt, daß ich den neunten Revolver bekommen sollte. Nur wenige konnten mit einer Waffe umgehen. Da war Abram Stolak, er war auf Mareks Gelände bei den Bürstenmachern. Er verstand was von Waffen. Und Koza war da, seinen richtigen Namen weiß ich nicht, er hatte ein Maschinengewehr.

— Woher hatte er das?

— Keine Ahnung. Vielleicht hatte er es bei der Januaraktion von den Deutschen erbeutet, oder er hatte es für viel Geld den Polen abgekauft.

— Hatten Sie nach der Aktion noch Kontakt mit den Außenarbeitern? Wovon haben Sie gelebt?

— Von dem Moment an, als ich mich der Kampfgruppe anschloß, mußte ich alles, was ich bis zu diesem Zeitpunkt gemacht hatte, abbrechen. Ich wohnte bei meiner Gruppe, aber manchmal ging ich noch auf den Hof in der Nalewkistraße 47, da wohnte eine Schulkameradin aus der ORT-Schule. Nach dem Krieg habe ich sie in Kanada wiedergetroffen.

— Wie hieß diese Freundin?

— Ewa Alterman. Sie wohnt in Montreal.

— War sie auch bei dem Aufstand beteiligt?

— Nein. Sie hat Majdanek überlebt, dann Auschwitz, auf dem *Tojtemarsch*[12] ist sie befreit worden. Sie haben sie am 3. Mai aus dem Bunker geholt, aber sie hat überlebt. Ich habe sie durch Freunde in Warschau ausfindig gemacht. Vor einem halben Jahr habe ich mich mit ihr getroffen.

— Bitte erzählen Sie noch etwas über das Leben in der Organisation.

— Unsere Organisation war sehr konspirativ. Es gab ja auch Juden, denen man nicht trauen konnte. Wir durften unseren Bereich nicht ohne Erlaubnis verlassen. Dafür bekamen wir sogenannte Passierscheine. Keiner hatte eigenes Geld, alle aßen das gleiche. Wir lebten sehr, sehr bescheiden. Alles Geld gaben wir für Waffen aus. Fleisch gab es nie. Was uns zusammenhielt, war der Wunsch, Rache zu nehmen. Wir wollten den Moment erleben, in dem wir uns wehrten, wir wollten einen *mitat kavod*, einen ehrenvollen Tod. Und jeder wartete auf diesen Tag. Wir wußten, daß die Liquidierung des Ghettos bevorstand. Allen war das klar! Wir lebten die ganze Zeit in Erwartung des Tages, an dem der Aufstand beginnen sollte. Jede Nacht stellten wir Wachen auf, beobachteten das Terrain aus den Fenstern, denn die Deutschen fingen mit ihren Aktionen immer ganz früh am Morgen an. Sie kreisten das Ghetto ein. Wir wußten, von welcher Seite sie kommen konnten — von der Zamenhof- und der Gesiastraße. Und so war es auch.

— Das war am ersten Tag des Aufstands, am 19. April?

— Ja. Wir sind also ... Ich sehe jetzt alles wieder vor mir ... Wir sind ein Stockwerk nach unten gegangen, wir wohnten im zweiten Stock. Wir nahmen eine leere Wohnung in Beschlag. Es gab vielleicht fünf Fenster nach vorne, und wir stellten uns jeweils zu zweit an den Fenstern auf ...

— Wie fing es dann eigentlich an?

— Wir sahen die Deutschen ins Ghetto einmarschieren. Ich weiß es noch so genau, weil ich in der Nacht Wache stand. Ich sah sofort, daß sich etwas tat: Autos kamen an. Die jüdische Gemeinde war damals in unserer Straße, an der Ecke der Zamenhofstraße, und da war auch etwas los. Interessanterweise starteten die Deutschen ihre Aktionen immer an jüdischen Feiertagen. An diesem Tag war Pessach. Mit Hilfe von Lampen verständigten wir uns mit der Gruppe auf der anderen Seite. Ich erinnere mich aber heute nicht mehr, wie oft wir mit der Lampe blinken mußten. Aber es gibt auch Dinge, die mir erst jetzt wieder einfallen. Das mit den Lampen hatte ich ganz vergessen, aber jetzt ist das alles wieder ganz lebendig, alles kommt wieder ... Am frühen Morgen also kamen sie mit Gesang ins Ghetto marschiert — ganz selbstbewußt. Wir eröffneten das Feuer. Das Zimmer war bald rot vom Feuer ringsum und Schutt rieselte von der Decke auf uns herab. Wir machten es so: wir warfen eine Granate — und duckten uns sofort unters Fenster. Die Fenster in Polen sind ziemlich hoch, und wir konnten uns gegen die Mauer unter der Fensterbank drücken. Die Einfahrten in den Hof hatten wir verbarrikadiert. Es war verabredet, daß wir diese Barrikaden in Brand stecken würden, sobald wir uns von unserer Stellung zurückzogen. Wir sollten Flaschen mit Brennstoff auf diese Holzbarrikaden werfen. Ich weiß noch, wie ich einen Tisch dorthin gezogen habe ... Das Tor selbst war verschlossen.

— Ihr solltet also beim Rückzug die Barrikaden in Brand stecken?

— Ja. Die Barrikade war von innen, hinter dem Tor errichtet, das Tor selbst war versperrt. Einer von uns war ausgesucht worden, Mejlach Perelman. Er hatte die Aufgabe, die Barrikade in Brand zu stecken. Wir zogen uns auf den Dachboden zurück, denn alle Speicher hatten Ausstiege, über die man auf die Dächer der Nachbarhäuser gelangen konnte. Das alles hatten wir schon vorher vorbereitet. Die Jungens hatten schwer gearbeitet, um die Löcher in die Wände zu stemmen, die polnischen Mauern waren einen Meter dick. Über die Dachböden gelangten wir zur Milastraße.

— Nach wie vielen Stunden habt ihr den Rückzug angetreten?

— Das weiß ich nicht mehr.

— Ungefähr ... war es eine Stunde? Mehrere Stunden? Am Abend?

— Es war nicht lange, aber ich weiß nicht, wie viele Stunden. Zeit läßt sich in solchen Momenten absolut nicht bestimmen. Wir zogen uns über die Dachböden zurück, als wir keine Munition mehr hatten. Das weiß ich noch. Wir hatten alle Kugeln aus unseren Revolvern verschossen und alle Granaten geworfen, also traten wir den Rückzug an. Der Gegenangriff auf uns war unbeschreiblich. Wir waren ja nur eine Handvoll Jugendlicher. Wir hatten ja kaum Waffen, und sie donnerten mit Maschinengewehren auf uns ... Wir waren zu dreißig. Drei Gruppen gegen diese ganze Division. Weder aus unserer noch aus den anderen beiden Gruppen ist einer umgekommen. Wer umgekommen ist, war der Junge mit dem Maschinengewehr ... Er war in einer Gruppe an der Muranowskastraße. Dieser Junge hatte draußen auf dem Balkon gestanden, sie haben auf ihn geschossen und ihn getötet. Wir hatten uns zurückgezogen. Die Deutschen konnten nicht an uns heran, weil Mejlach den Eingang in Brand gesteckt hatte. Sie hätten nur durch die Fenster hineingekonnt, und die waren zu hoch. Deshalb ist uns der Rückzug gelungen.

— Wohin ging der Rückzug?

— Irgendwo in der Milastraße. Nummer 29, 31, 33 — ich weiß es nicht mehr genau. Ich weiß noch, daß wir beim Rückzug Schwierigkeiten hatten, weil die Häuser unterschiedlich hoch waren. Deshalb mußten wir zum Beispiel manchmal vom dritten auf das zweite Stockwerk springen. Dabei waren wir ja draußen, außerhalb der Häuser, und die Deutschen, von denen die ganze Milastraße voll war, fingen an, auf uns zu schießen, als wir da auf den Dächern herumkletterten. Als wir endlich an dem vereinbarten Ort ankamen, fanden wir dort einen Haufen Brandbomben. Eine andere Gruppe hatte sie da bereitgelegt. In der Nacht kehrten wir zur Zamenhofstraße zurück. Wir wollten eigentlich zur Hauptkommandantur, wo Mordechaj Anielewicz war, in der Mila 29, aber sie waren inzwischen zur Mila 18 übergewechselt. Ich ging damals in den Bunker, aber Mordechaj war nicht da.

— Wann war das? Am folgenden Tag? Sie haben eben erwähnt, daß Sie in der Nacht zur Zamenhofstraße zurückgekehrt sind.

— Ja, das war so ... In der Zamenhofstraße war alles zerstört. Wir wußten, daß sich am anderen Ende, in der Milastraße 29 die andere Gruppe befand. Ein Junge und ich wurden ausgesucht, und wir gingen dorthin. Ich weiß noch, daß man nur über die Straße dorthin gelangen konnte, und das war fast unmöglich. Die Deutschen patrouillierten ununterbrochen. Zwei Soldaten gingen dort auf und ab, und wir konnten sie sehen. Auf der Straße lagen einige verkohlte

Teile herum, denn sie hatten das Haus an der Mila 29 sofort in Brand gesteckt.

— Und am nächsten Tag sind Sie dann zur Milastraße durchgekommen?

— Ich weiß nicht mehr, ob es am nächsten oder erst am übernächsten Tag war.

— Warum wurden Sie dorthin geschickt?

— Weil wir weitere Anweisungen brauchten. Ich weiß noch, daß wir unsere Schuhe mit Lappen umwickelten, damit man uns nicht hören konnte. Die Straßen waren völlig leer, und dann trägt der Schall sehr weit. Ich trat auf ein Stück Blech, und es schepperte los... Dann begann eine Schießerei. Es waren nur zwei Deutsche da, aber sie schossen schrecklich. Und ich rannte weg... Ich wußte, wo der Eingang war. Mejlach ist nicht durchgekommen. Er hat gewartet, bis es wieder etwas ruhiger geworden ist. Als ich durchgekommen war, habe ich auf der anderen Seite auf ihn gewartet. Ich wollte nicht alleine hineingehen, außerdem hatte ich Angst, daß die Deutschen mich schnappen oder sehen, wo ich hineingehe. Nach einiger Zeit hat es auch Mejlach geschafft, über die Straße zu kommen. Die Straße war vielleicht zwanzig, ach was sage ich, höchstens acht Meter breit. Als wir in den Bunker an der Mila 29 kamen, stellte sich heraus, daß Mordechaj nicht da war. Wir blieben dann über Nacht dort.

— War Mordechaj da schon in der Milastraße 18?

— Ja, er war schon hinübergegangen.

— Und wer war in der Mila 29?

— Alle Kämpfenden aus den Gruppen, mit denen wir zusammengearbeitet hatten. Da war Pawel Bryskins PPR-Gruppe und die »Dror«-Gruppe von Berel Brojde. Am nächsten Tag kam Mordechaj, und wir bekamen den Befehl, zu Partisanenkämpfen überzugehen. Das heißt, alle Munition wurde zusammengefaßt, und nur noch Zweier durften hinausgehen.

— Was heißt das, »nur noch Zweier durften hinausgehen«?

— Wir hatten nicht genug Kugeln. Wir hatten gemeint, daß irgendwoher noch etwas kommen würde, aber Mordechaj erklärte uns, daß wir keine Munition mehr bekommen würden. Ich sagte ihm, was uns noch geblieben war — zwei Kugeln und ein paar Flaschen. Da sagte Mordechaj: Die Deutschen brennen jetzt systematisch Haus für Haus ab, sie gießen es mit Petroleum an und setzen es in Brand. (Sie wollten das Ghetto völlig verbrennen, sie gingen in die untersten Stockwerke und ließen dann das ganze Haus in Rauch und Feuer aufgehen.) Ihr versteckt euch zu zweit im Parterre, und wenn die Deutschen kommen — werden sie umgebracht. So ging jeden Tag eine Zweiergruppe hinaus und wartete in einem solchen Haus versteckt auf die Deutschen. Die Deutschen rechneten natürlich nicht damit, und so aus dem Blauen heraus, ganz überraschend, gelang es uns dann. Auf diesem Wege kamen die Kämpfenden natürlich auch wieder zu einigen Waffen.

— Sind Sie selbst auch auf solchen Zweieraktionen gewesen?

— Ja, einmal war ich dabei.

— Wo war das? Können Sie sich noch daran erinnern?

— Ja, natürlich. War es Mila 40? Es war auf der Seite mit den geraden Hausnummern, das weiß ich noch. Es war 42, 44, vielleicht auch 46.

— Können Sie sich noch an die Aktion erinnern?

— Ja, ganz genau. Die Deutschen gingen meistens ins Treppenhaus und steckten das ganze Erdgeschoß in Brand. Die Türen waren aus Holz, und das Feuer verbreitete sich schnell. Die Deutschen übergossen die Wohnungstüren ganz mit Petroleum. Wir lagen im Parterre und lauschten.

— Mit wem waren Sie dort?

— Ich war mit Mejlach Perelman zusammen. Wir wollten immer zusammen gehen. Er ist danach noch auf eine Aktion gegangen, dabei ist er umgekommen. Da war ich nicht bei ihm, er war mit einem Jungen aus einer anderen Gruppe zusammen. Nun, wir suchten uns ein Zimmer im Parterre aus und rückten die Möbel so, daß wir uns verstecken konnten. Wir wollten sie schon im Treppenhaus sehen, damit sie nicht näher kommen konnten. Und dieses Zimmer, in dem wir warteten, lag ideal, direkt gegenüber dem Eingang. Wir wußten, in welches Haus sie kommen würden, weil sie alles systematisch machten. Da gab es keine Überraschungen. Sie hatten keine Waffen zur Hand, sie trugen nur den Brennstoff ... Später begriffen sie dann schnell, was los war. Deshalb konnten unsere Zweiergruppen nur am Anfang etwas ausrichten. Nun, also haben wir geschossen. Eine Kugel, die letzte, sollten wir immer für uns übriglassen, falls sie uns schnappen würden ... Damit wir ihnen nicht lebend in die Hände fielen.

— Zu wie vielen kamen sie in so ein Haus?

– Zu zweit. Wir haben zwei gesehen. Manchmal kam auch nur einer. Aber damals waren es zwei.
– Habt ihr beide getötet?
– Ja. Aber wir konnten nicht mehr raus. Wir mußten bis zur Nacht warten, um zurückgehen zu können.
– Habt ihr ihnen Waffen abnehmen können?
– Ja. Zwei Parabellumrevolver.
– Wie ging es dann weiter?
– Ich war danach bei keiner solchen Unternehmung mehr dabei. Aber Mejlach ging noch einmal, dabei haben sie ihn erwischt ... Er kam verwundet zurück, er kroch auf dem Bauch bis zu uns, zur Mila 18. Als das Versteck in der Milastraße 29 aufgeflogen war, sind wir zur Mila 18 gegangen, da, wo später Mordechaj umkam. Danach hat Marek uns zu sich, in die Franciszkanskastraße 22 mitgenommen.
– Wann seid ihr aus der Mila 18 in die Franciszkanska gegangen?
– Wann wird das gewesen sein? Schon im Mai, aber an welchem Tag? Ich weiß, daß ich am 10. Mai aus dem Kanal gekommen bin und dann in den Wald gebracht wurde.
– Aber noch vor dem zehnten. Diese Zweiergruppen ...
– Ich würde gerne noch etwas von diesem Jungen, von Mejlach erzählen. Als wir in den Bunker an der Mila 18 kamen, da fanden wir Mejlach in den Trümmern liegen. Das Haus in der Mila 18 war schon 1939 abgebrannt, und der Bunker befand sich unter dem Trümmern im Keller. Es war so ein polnischer Keller, wo man Kohle gelagert hatte. Mejlach lag da in der Milastraße, mit einem Federbett zugedeckt. Er wollte warten, bis es Nacht war. Er hatte eine Bauchverletzung. Den anderen Jungen, mit dem er zusammen gewesen war, hatten sie getötet. Mejlach hatte seinen Revolver bei sich, und den des getöteten Kameraden hatte er schnell versteckt. Er sagte uns, wo, in welchem Haus er ihn versteckt hatte. Er hatte ihn hinter der Ofentür versteckt. Er bat darum, daß einer gehen sollte, um diesen Revolver zu holen. Er wußte, wie wichtig der Revolver für uns war. Wir sagten Mordechaj, daß wir Mejlach hinunter in den Bunker bringen wollten, aber Mordechaj sagte, er würde das nicht mehr durchstehen. Der Eingang zum Bunker war sehr eng. Nur ganz junge, wendige Menschen wie wir schafften es, dort hindurch zu kriechen. »Er wird steckenbleiben«, sagte Mordechaj. Aber ich stand neben Mejlach und bat Mordechaj inständig, ihn hineinbringen zu

dürfen, ich würde ziehen und die Jungen aus meiner Gruppe würden mir helfen, wenn wir ihn nur in den Bunker bringen durften. Darauf sagte er: Besser, daß er dort stirbt, da wird er einen leichteren Tod haben. Und Mejlach bat darum, seinen Revolver behalten zu dürfen, denn wenn er ... Wir alle wußten, daß jetzt dieses Haus an der Reihe sein würde. Das hintere Stiegenhaus ging auf die Muranowskastraße hinaus, das stand noch, und wir wußten, sie würden kommen, wenn nicht heute, dann morgen, und in das Haus eindringen und es in Brand stecken. Wir baten Mordechaj deshalb so sehr, weil Majloch sonst bei lebendigem Leib verbrennen würde ... Mejlach wußte das auch.»Laßt mir den Revolver hier, ich will nicht verbrennen.« Zwei Jungen haben ihn dann weggetragen und ins erste Stockwerk gebracht. Das hört sich so einfach an — aber die Treppe war zerstört und es gab keinen richtigen Eingang, deshalb war es ja auch ein sogenanntes gutes Versteck, weil die Deutschen nicht bis dorthin kamen. Wir hatten aber den Befehl, Mejlach den Revolver abzunehmen, denn jede Waffe war wichtig für uns. In demselben Versteck im ersten Stock waren noch andere Leute. Sie haben überlebt und haben uns dann später berichtet, was für entsetzliche Schreie sie von ihm gehört haben. Er ist lebendig verbrannt, wirklich bei lebendigem Leib verbrannt ... Ich weiß noch, daß ich ihm Tee gebracht habe, einen Verband, Wasser vorbereitet habe, aber da war Mejlach schon nicht mehr am Leben. Ja, diesen Befehl hat Mordechaj gegeben — daß wir ihn nicht in den Bunker bringen und ihm den Revolver abnehmen sollten. Heute kann ich das verstehen, er wußte, daß der Revolver noch ein paar Kugeln enthielt, damit konnte man noch einige Deutsche erschießen. Ich möchte an dieser Stelle auch betonen, daß wir in den Kampf gingen, ohne eine Hoffnung auf Überleben zu haben. Nur eine Losung verband uns: Rache, die Rettung der jüdischen Ehre, der Ehre des jüdischen Volkes. Und mit dieser Losung gingen wir in den Kampf. Wir wußten, daß uns der Tod erwartete. Wir hatten uns gegen eine reguläre Armee aufgelehnt, vor der die ganze Welt zitterte. Für uns alle war es klar, daß wir sterben mußten.

— Haben Sie noch andere Erinnerungen an den Aufstand?

— Diesen Bunker in der Mila 18 haben jüdische Schieber gebaut, Diebe und Lastenträger, die sogenannte Unterwelt. Aber sie wußten von uns, hatten von uns gehört. Sie haben uns von sich aus angeboten, uns dort unterzubringen. Sie traten uns ein paar Kämmerchen ab und versorgten uns mit Essen. Ihre Kämmerchen waren richtig schön, sogar gekachelt und es gab fließendes Wasser. Sie hatten keine Waffen, aber sie wollten sich uns gerne anschließen, um mit uns zu kämpfen. Sie hatten große Achtung vor uns, die Bewohner dieses Bunkers.

— Sie sind auch bis zum Schluß im Bunker geblieben, nicht wahr?

— Ich glaube ja. Ich war damals schon nicht mehr dort, aber eine Kampfgruppe hat sich aus dem Bunker Mila 18 retten können. Sie sind später zum Bunker der Müllkutscher an der Franciszkanskastraße gegangen. Sie hatten einen Jungen namens Jehuda Wegrower bei sich. Jehuda war noch vor dem Aufstand angeschossen worden, sie hatten ihn in die Lunge getroffen, aber er hatte es geschafft zu fliehen. Sie hatten ihn erwischt, als er gerade unsere Plakate an die Mauern klebte. Auf diesen Plakaten riefen wir die Ghettobewohner zum Widerstand auf, keiner sollte sich ergeben oder freiwillig in den Tod gehen, alle sollten kämpfen mit dem, was sie gerade hatten, sei es eine Axt oder ein Stück Eisen. Das war kurz vor dem Aufstand. Als der Aufstand ausbrach, befand sich Jehuda im Bunker an der Milastraße 18. Dann warfen die Deutschen Gasbomben hinein. Wissen Sie, ich bin die einzige, die in diesem Bunker gewesen ist. Sonst nur noch Marek in Polen ... Ich war da ... Ich weiß nicht mehr wie lange, zwei oder drei Tage. Bis Marek kam und unsere ganze Gruppe, die vom »Bund«, herausholte.

— Wissen Sie noch, wann das war?

— Das kann ich nicht genau sagen. Ein paar Tage, bevor der Bunker ausgehoben wurde. Wir sind alle mitgegangen — außer Mejlach Perelman ... Wir waren zu neunt.

— Und warum wolltet ihr mit Marek gehen?

— Warum wir wollten! Soll ich die Wahrheit sagen? Inzwischen darf man das ja — wir waren Mordechaj wegen Mejlach sehr böse. Weil er befohlen hatte, ihm die Waffe abzunehmen und verboten hatte, ihn in den Bunker zu bringen. Er hatte dabei keine böse Absicht, das kann ich heute verstehen, aber damals ... Mejlach war ein wunderbarer Mensch. Ein guter Kämpfer, ein wunderbarer Kamerad, er war intelligent, hatte einfach alle Vorzüge, die man haben kann. Und er meldete sich immer für die schwersten Aufgaben. Nach dem Krieg habe ich seine Schulkameraden getroffen, sie wollten jede Kleinigkeit über ihn hören. Mejlach hatte auch das Tagebuch unserer Gruppe geführt.

— Ist das Tagebuch erhalten geblieben?
— Nein.
— Was ist damit geschehen?
— Mit diesem Tagebuch? Ich hatte für alle kleine Beutel genäht, die man um den Hals tragen und in denen man die persönlichen Dinge aufbewahren konnte. In meinem Beutelchen hatte ich dieses Tagebuch und alle Photos, die mir noch von zu Hause geblieben waren. Ich hatte auch noch die Photos von einem Jungen, der mich gebeten hatte, sie aufzubewahren — wenn er starb, sollten diese Photos erhalten bleiben. Als wir in der Milastraße 29 waren, haben wir uns alle gewaschen, weil es da fließendes Wasser gab. Da waren sogar Betten, und wir hatten so viele durchwachte Nächte hinter uns ... Ich kann mich noch daran erinnern, daß ich sogar einen Schlafanzug fand. Ich zog den Schlafanzug an und hängte das Beutelchen an einen Ständer. Ich wachte von dem Geräusch schwerer Hammerschläge auf, die an die Bunkertüre dröhnten. Wir hatten einen Jungen bei uns, Chaim Frymer, der kannte sich sehr gut in dem Bunker aus. »Hört zu, hier gibt es einen unterirdischen Gang, durch den wir rauskommen können«, sagte er. Und dann gab unser Kommandant den Befehl: »Nicht in den Gang!« Ich hatte das Beutelchen unterdessen vergessen, zumal die Deutschen inzwischen mit Dynamit ein Loch in die Decke gesprengt hatten und wir den blauen Himmel über uns sahen. Die Deutschen warfen Granaten zu uns in den Bunker. Diejenigen, die am nächsten standen — der Kommandant und einige andere — kamen direkt bei der ersten Granate um. Dann wurde Leja getötet. Vor unseren Augen. Chaim befahl uns, jetzt durch den Gang zu fliehen.
— Warum hatte euer Kommandant Levi Gruzalc verboten, durch den Gang zu gehen?
— Er sagte, wir müßten das Feuer auf sie eröffnen.
— Nie weglaufen, immer kämpfen?
— Nie weglaufen ... Aber wir hatten ja gar keine Chance. Wir gingen zum *kiddusch haschem*[13], zur Vernichtung. Aber als wir sahen, wie sie da tot zu Boden fielen, da haben wir den Rückzug angetreten. Sie hatten es auf uns alle abgesehen. Einen nach dem anderen hätten sie umgebracht. Es hatte keinen Sinn, sie waren ja die ersten, die angriffen. Also flohen wir. Chaim ging als letzter in den Gang. Sie schossen ihm noch durch die Jacke. Wir haben einen ganzen Tag in diesem Gang gesessen. Und dann sind wir wieder zur Mila 18 gegangen.

— Erzählen Sie noch etwas über den Bunker Mila 18. An was können Sie sich noch erinnern?

— Ich weiß noch, daß der Bunker aus etlichen kleinen Kammern bestand, die alle bewohnt waren. In unseren Kammern hatten wir keinen Fußboden, nur Erde. Einige Klappbetten und Pritschen standen darin. Ein paar Leute lagen auf der Erde, die anderen auf den Pritschen. Ich habe schon von den »Zimmern« der Unterwelt erzählt, daran kann ich mich noch gut erinnern. Sie luden uns zu sich ein. Sie hatten es sehr schön dort ... Ihre Kammern waren im Vergleich zu unseren Salons. Wir holten uns bei ihnen Wasser. Sie bewirteten uns mit Essen. Im Korridor war eine ganze Küche eingerichtet, da wurde nachts gekocht. Denn der Tag war zur Nacht, die Nacht zum Tag geworden.

— Wer von den Kämpfern war in diesem Bunker?

— Fast unsere ganze Gruppe, sieben Personen. Mejlach war da noch bei uns. Er ist von dort aus zu jener Aktion aufgebrochen. Gruzalc lebte nicht mehr, und Lea und Dawid Hochberg waren nicht mehr da. Diese drei waren schon tot ... In der Milastraße 29 waren auch die Kämpfer aus der Gruppe B umgekommen, die sogenannten Reservisten. Es waren auch noch andere Kämpfer aus dem Bunker in der Mila 29, und eine Gruppe aus der Zamenhofstraße war auch dort.

— War Mordechaj auch dort?

— Ja, und außerdem Jehuda Wegrower, Mordechaj Growas und seine Freundin Margalit.

— Jehuda Wegrower hat den Krieg nicht überlebt?

— Nein. Ich habe schon angefangen, von ihm zu erzählen, aber ich werde seine Geschichte zu Ende erzählen, wenn wir zu unserem Ausstieg aus dem Kanal gelangt sind. Ich versuche mich gerade zu erinnern, wer sonst noch da in der Milastraße 18 war.

— Marek Edelman kam zum Bunker Mila 18 und holte die Bundisten in den Bunker an der Franciszkanska 22?

— Ja. Da war es fürchterlich heiß, denn der Bunker befand sich in einem abgebrannten Haus. Einige Kämpfer hatten den Bunker verlassen. Als wir ankamen, war kaum jemand dort. Sie kamen nach ein, zwei Tagen zurück. Marek war natürlich bei uns, ein paar Leute aus seiner Gruppe und ein paar aus Hanoch Gutmans Gruppe. Nach einiger Zeit schickte Marek unsere ganze Gruppe in einen anderen Bunker, weil die Deutschen allmählich zu uns durchstießen.

Es ist ihnen nicht gelungen, aber Marek meinte, es sei besser, die Kämpfer wegzuschicken, vielleicht würden sie sich in einem anderen Bunker retten können. Zu diesem Zeitpunkt, als der Aufstand schon vorüber war, redeten wir davon, daß wir zu den Partisanen gehen würden, wenn es uns gelingen würde, aus dem Ghetto hinauszukommen.

– Warum sagen Sie, »als der Aufstand schon vorüber war«?

– Wir kämpften doch nicht mehr! Wir hatten keine Waffen mehr!

– Marek hat Ihre Gruppe also in einen anderen Bunker geschickt. Wohin?

– Ich glaube in die Gesiastraße 5. Nicht weit von der Nalewki. In der folgenden Nacht gingen wir in die Franciszkanskastraße 30. Wie ich schon gesagt habe, war ja die Nacht zum Tag gemacht und umgekehrt. Aber da waren unsere Leute nicht mehr. Der Bunker war entdeckt worden, die Menschen umgebracht. Stasiek Brylantensztajn war umgekommen, Berek Sznajdmil ... Nur Janek Bilak hatte überlebt, und aus Gutmans Gruppe – Adolf? Nein, Szlomo Alterman hieß er. Wir kehrten zum Bunker in die Franciszkanska 22 zurück. Aber dieser Bunker war schon völlig zerstört.

– Wie haben Sie erfahren, was in der Milastraße 18 geschehen war?

– Es war, so viel ich mich erinnere, am 8. oder 9. Mai, als aus diesem Bunker eine Gruppe von Kämpfern, die überlebt hatten, zu uns kamen. Merdek Growas war dabei, Jehuda Wegrower, Tamar[14], Pnina Salcmann ... Das sind alle, an die ich mich erinnern kann. Sie haben erzählt. Von ihnen haben wir es dann erfahren. Sie hatten Glück, sie hatten einen Ausgang aus dem Bunker gefunden. Den haben sie genommen und haben dann in einer Sickergrube gesessen und abgewartet, auf diese Weise haben sie sich gerettet.

– Wissen Sie noch, was sie erzählt haben?

– Als die Deutschen anfingen, Gasbomben zu werfen, hat Mordechaj befohlen, daß sich alle gegenseitig erschießen sollten. Aber ob es wirklich so war, das weiß ich nicht. Das hat Merdek Growas erzählt. Teilweise sind sie vergast worden, teilweise haben sie sich umgebracht, das hat er gesagt ...

– Wissen Sie ungefähr, wie viele dort umgekommen sind?

– Das kann ich nicht sagen. Jetzt will ich Ihnen erklären, warum wir zu dem sogenannten Müllkutscherbunker gegangen sind. Dahin, wohin auch Jehuda und die anderen aus der Milastraße gekommen sind. In diesem Bunker gab es einen unterirdischen Graben, der in die Kanalisation führte. Deshalb sind wir dorthin gegangen, denn schon zu diesem Zeitpunkt war die Idee aufgekommen, daß wir versuchen sollten, durch das Kanalsystem aus dem Ghetto hinauszukommen. Wir hatten Kazik Ratajzer hinausgeschickt, er sollte Kontakt mit den Leuten von der Kanalisation aufnehmen.

– Kazik ist also auf die arische Seite gegangen?

– Ja. Sein Aussehen war in Ordnung. Aber jetzt will ich von Szlamek erzählen. Zum ersten Mal habe ich ihn im Bunker auf der Franciszkanskastraße gesehen. Wir waren siebzehn, achtzehn Jahre alt, aber im Vergleich zu uns sah Szlamek aus wie ein Kind.

– Wie alt war er?

– Er war sechzehn, aber er sah viel jünger aus. Es gab noch einen kleinen, der Bruder eines Kämpfers, Lusiek Bones, der war zwölf. Lusiek hatte eine eigene Aufgabe: Er mußte auf der Straße die Flaschen sammeln, die wir dann mit Brennstoff füllten. Wir nannten ihn unseren »jüngsten Kämpfer«, aber er hatte keine Waffe. Szlamek war aber ein Kämpfer mit einer Waffe, ein Mitglied der Organisation.

– In welcher Gruppe war Szlamek?

– Bei Hanoch Gutman, auf dem Gelände der Bürstenmacher[15], da wo auch Mareks Gruppe war. Eine weitere Gruppe war auch dort, zu der Pnina Grynszpan gehörte, das war Hersz Berlinskis Gruppe. Szlamek kam mit uns aus dem ZZ-Bunker[16] zu den Müllkutschern.

– Warum »Müllkutscher«?

– Weil in diesem Haus die jüdischen Arbeiter kaserniert waren, die mit Fuhrleuten vom Land den Müll aus dem Ghetto brachten. Die hatten sich da einen Bunker gebaut.

– Kehren wir zurück zu Szlameks Geschichte.

– Am 10. Mai, noch bevor wir in den Kanal gingen, zog eine mehrköpfige Gruppe los, um den Weg zu erkunden, denn Kazik war nicht zurückgekommen. Als sie in die Kanalisationsrohre steigen wollten, kam ihnen Kazik entgegen. Gemeinsam holten sie uns dann. Der Einstieg zu diesem Kanal war in der Franciszkanskastraße, in der Nähe der Weichsel. Je näher die Kanäle an der Weichsel waren, desto höher waren die Rohre. Da flossen ja die ganzen Abwässer von Warschau durch. Alles wurde doch in die Weichsel geleitet. Als wir hineinstiegen, fanden wir alle, daß der Kanal gar nicht so schrecklich war, wie wir es uns vorgestellt hatten. Ich wußte, wie ein Kanal aussieht, denn ich hatte ja während der Januaraktion die ganze Zeit unter einem solchen Einstieg gesessen.

— Wie groß war Ihre Gruppe, mit der Sie am 10. Mai in den Kanal stiegen?

— Vierzig Leute. Cywia Lubetkin, Icchak Cukierman, der gar nicht am Aufstand teilgenommen hatte, Marek Edelman war bei uns, Szlamek Szuster, Tuwia Borzykwski, Pnina ... Vierzig sind aus dem Kanal gekommen, aber es sind wohl mehr hineingegangen. Ein Teil blieb unten, die sind dort später umgekommen. Szlamek war auch darunter. Wir waren 48 Stunden in dem Kanal. Auf der arischen Seite konnte uns niemand herausholen. Sie suchten jemand, der uns mit dem Auto fortbringen konnte. Später haben sie uns das erklärt, aber damals, als wir da standen, wußten wir überhaupt nicht, was los war. Wir gingen bis zum Einstieg an der Prostastraße und warteten dort ab. Aber das war ein kleiner Einstieg, wir konnten nicht alle dort stehen. Man muß wissen, daß der Einstieg der einzige Ort im Kanal ist, an dem es trocken ist. Unterwegs waren wir die ganze Zeit durchs Wasser gegangen. Die Ratten sprangen uns an, der Kot floß um uns, und dieser Gestank ... Wir hatten Kerzen dabei, aber die brannten nicht, weil kein Sauerstoff da war.

— Wie lange dauerte diese »Wanderung« durch den Kanal?

— Sehr lange. Von der Franciszkanska- bis zur Prostastraße ist es sehr weit. In diesem Kot konnte man nicht aufrecht stehen. Der Kanal war sehr niedrig und wir mußten tief gebückt gehen — die ganze Zeit über. Cywia und Marek beschlossen, uns auf mehrere andere Einstiege zu verteilen. Jehuda Wegrower war bei uns. Erinnern Sie sich noch? Ich habe von ihm erzählt. Er hatte beim Aufstand einen Schuß in die Lunge bekommen, und war dann im Bunker an der Milastraße, als die Deutschen die Gasbomben warfen. Er war sehr geschwächt. Aus eigener Kraft konnte er gar nicht laufen. Im Kanal ging er hinter mir und hielt sich an meinen Hüften fest. Ich mußte Kraft für mich und für ihn aufbringen. 48 Stunden waren wir im Kanal. Er trank von dem Kanalwasser und verlor die Besinnung. Ich hatte ihm gesagt, daß es giftig sei, aber er konnte sich nicht beherrschen. Er dachte, er würde durch das Wasser wieder zu Kräften kommen und sich dann retten können. Im Kanal war es nicht möglich, den Vordermann zu überholen oder an ihm vorbeizukommen.

Was sollten wir machen? Ich sah, daß es mit ihm zu Ende ging. Wir beschlossen, daß wir ihn retten mußten — wir spreizten seine Beine und krochen alle hindurch, es sah aus wie eine Turnübung. Er war über und über mit den Exkrementen bedeckt. Aber er hat es dann bis zum Einstieg geschafft. Fallen konnte er nicht, dafür war es zu eng. Cywia Lubetkin kündigte an, daß sie uns auf mehrere Einstiege verteilen wollte. Nach 48 Stunden hob Kazik den Deckel hoch und ließ uns hinaussteigen. Das war aber eben nach 48 Stunden, und ein Teil der Kämpfer war inzwischen schon zu anderen Einstiegsstellen geschickt worden. Es mußte also jemand ausgeschickt werden, der sie zurückholte. Helas Bruder Szlamek und ein weiter Kämpfer namens Adolf Hochberg standen neben Cywia. »Hört zu, ihr geht los und holt sie hierher!« Sie zögerten eine Sekunde ... Die Bedingungen da im Kanal waren ja unerträglich. Ich bin nicht in der Lage, das zu beschreiben. Es war ... Ich weiß noch, daß ich dem Selbstmord nahe war. Vom Hunger will ich ja gar nicht reden, aber all das andere! Wir waren völlig erschöpft und am Ende. Szlojme Alterman aus Gutmans Gruppe hielt mich noch bei Laune. »Noch ein kleines bißchen«, sagte er, »du wirst sehen, dann kommen wir raus, dann sind wir gerettet.« Und Jehuda hatte so einen starken Lebenswillen! Ihn hatte dieses Kloakenwasser gerettet! Als Cywia sich also an die beiden wandte, überlegte Szlamek erst, und Adolf zögerte auch eine Weile. »Geht los«, sagte Cywia, »wir warten auf euch!« Wir sind rausgekommen, aber Szlamek hat es nicht mehr zurück geschafft. Als sie zurückkamen, waren die Deutschen schon am Einstieg in der Prostastraße ... Wir hatten uns sehr beeilt, einer nach dem anderen kletterte hinaus, und wir legten uns sofort auf die Ladefläche des Lastwagens. Deutsche waren noch keine da. Wir sahen aus wie Leichen. Das waren Leichen, die da aus dem Kanal stiegen, besudelte Leichen!

— Waren Polen in der Nähe, die euch gesehen haben?
— Ja, ja. Wir waren sofort umringt.
— Wieviel Uhr war es?
— Es war morgens. Es war schon hell. Ein schöner Morgen im Mai.
— War nur ein Auto da oder mehrere?
— Eines. Cywia fragte, was mit Szlamek und Adolf werden sollte. »Wir haben noch einen Lastwagen«, antworteten sie. Aber das stimmte nicht, und die anderen sind umgekommen. Szlamek, der

mit Adolf und den übrigen von den anderen Einstiegen zurückkam... Ich weiß nicht, wie es genau war. Ich habe nur gehört, daß die Deutschen alle erschossen haben. Keiner blieb am Leben. Und keiner kennt die Einzelheiten. Es gab keine Zeugen. Vielleicht weiß Kazik noch etwas?

— Wie viele werden bei dieser zweiten Gruppe gewesen sein?

— Nicht so viele. Aber wer weiß, ob alle herausgekommen sind? Vielleicht ist ein Teil im Kanal geblieben. Von uns sind vierzig herausgekommen.

— Und diese vierzig sind auf den Lastwagen gestiegen?

— Ja, alle übereinander.

— Wohin ist der Lastwagen gefahren?

— Aus Warschau hinaus, nach Lomianki.

— Warum nach Lomianki?

— In Lomianki gab es ein Waldstück, das ringsum von einer deutschen Kolonie umgeben war. Dort trafen wir Aron Karmys Gruppe. Sie waren am 29. April herausgekommen. In diesem Wäldchen konnte man nur sitzen, stehend hätte man uns sofort gesehen.

— Wie lange habt ihr euch dort aufgehalten?

— Ich glaube so zwei Wochen, vielleicht zehn Tage.

— Alle, die aus dem Kanal gekommen sind, waren da in dem Wäldchen?

— Nein. Marek und Cywia sind nicht mit in den Wald gekommen. Sie hielten sich auf der arischen Seite versteckt.

— Und Sie wollten gerne in den Wald?

— Ja. Wir bildeten später eine Partisanengruppe in den Wyszkower Wäldern. Aber nach einem halben Jahr wurde ich krank und kehrte nach Warschau zurück. Und als 1944 der polnische Aufstand begann, da habe ich daran teilgenommen.

— Erzählen Sie doch etwas davon.

— Ich war im Bunker an der Zelaznastraße 64. Ich wollte mich mit Marek und einigen anderen dem Aufstand anschließen. In der Zelaznastraße trafen wir einen polnischen Offizier aus der AK, wir wollten gerne als jüdische Gruppe mitkämpfen, aber sie wollten das nicht...

— Was habt ihr dann gemacht?

— Jeder zog auf eigene Faust in den Kampf.

— Hatten Sie eine Waffe?

— Ja, aber nicht von der AK: Ich hatte meine eigene Waffe. Mein

Mann war bei den Barrikaden, und ich sollte mich um die Feldküche kümmern. Wir waren dann auf der Zelazna- und der Twardastraße, auf der Topiel- und Tamkistraße, und schließlich ziemlich lange auf der Wareckastraße.

— Was heißt »wir«?

— Jakubek und ich und zwei Kämpfer, die jetzt in Kanada wohnen, Bronek[17] und Halina[18]. Außerdem noch eine Mutter mit ihrer Tochter. Sie haben beide überlebt, die Tochter lebt hier in Israel.

— Nach dem Aufstand haben Sie Warschau wieder verlassen?

— Nein. Nach dem Aufstand haben wir uns in den Kellern versteckt. Zuerst waren wir an der Sliskastraße, dann in der Siennastraße, im Haus Nummer 38 oder 39. Danach flüchteten wir wieder durch den Kanal, denn wir hatten laute Schläge an unseren Bunker gehört. Wir dachten, es seien die Deutschen, aber es waren Juden, die wußten, daß wir dort drin waren und die uns sagen wollten, daß Warschau befreit war. Weil wir aber solche Angst hatten, daß es Deutsche sein könnten, sind wir in dieser Nacht in den Kanal gestiegen. Und später bin ich dann mit einer Frau über die Trümmer gelaufen. Falkowa heißt diese Frau, sie wohnt heute in Kanada. Wir wollten von den Polen erfahren, was los war, wir konnten nicht glauben, daß Warschau befreit war.

— Sie waren also vom Ende des Aufstands bis zum Januar im Bunker?

— Ja, bis zum 22. Januar 1945.

— Und warum haben sie die Stadt nicht mit den anderen Warschauern gleich nach dem Aufstand verlassen?

— Weil wir Juden vor allen Angst hatten — für uns waren die Deutschen wie die Polen gefährlich.

— Zu wie vielen Personen waren Sie im Bunker auf der Sliskastraße?

— Zu zweiunddreißig.

— Alles Juden?

— Ja. Dieser Bunker wurde entdeckt, und nicht viele sind am Leben geblieben. Sie wurden zwischen den Trümmern umgebracht. Im nächsten Bunker waren wir zu zehnt. Dort war ich mit meinem Mann Jakubek und mit Pnina Grynszpan.

— Wann haben Sie Polen verlassen?

— Im März 1945.

— Wohin sind Sie gegangen?

— Nach Rumänien. Wir waren eine Gruppe: Pnina und Chaim, Kazik mit dieser Journalistin[19] und ich mit meinem Mann.

— Die Journalistin ist wieder nach Polen zurückgegangen?

— Ja, 1947. Sie konnte hier nicht heimisch werden, obwohl sie sich sehr bemüht hat.

— Wann sind Sie nach Israel gekommen?

— Von März bis Oktober 1945 waren wir in Bukarest, dann sind wir über Konstanza nach Israel gefahren. Am 26. Oktober bin ich hier angekommen.

— Haben Sie hier geheiratet?

— Nein. Wir hatten damals im Wald geheiratet. Wir sind einundvierzigeinhalb Jahre zusammen gewesen. Die ganze Hölle hatten wir zusammen durchgemacht. Als mein Mann sein Buch[20] schrieb, habe ich es auf der Maschine abgeschrieben und korrigiert. Um jede Einzelheit haben wir gekämpft. Jakubek war so direkt und gerade heraus, er wollte immer die ganze Wahrheit schreiben, auch das, was nicht so angenehm ist. Er vertrat die Ansicht, daß man nichts verändern dürfe — die Geschichte werde ihr Urteil schon fällen. Aber Antek[21] zum Beispiel war ganz anderer Meinung. Er sagte immer, man dürfe nicht zu schonungslos sein, weil die, die nicht mehr am Leben sind, sich auch nicht mehr verteidigen können.

— Sie haben also mit Ihrem Mann darum gekämpft, daß er bestimmte Fakten auslassen sollte?

— Als ich sein Manuskript abgeschrieben habe, da habe ich hier und da etwas geglättet, aber er war ganz genau, er hat jede Seite durchgelesen und war nicht mit meinen Änderungen einverstanden.

— Das Buch besteht also aus der ursprünglichen Version?

— Ja, absolut.

— Wann hat Ihr Mann das Buch geschrieben?

— Als wir auf der arischen Seite waren, kam Antek zu uns — wir waren zu viert, Halina, Broniek, Jakubek und ich — und gab jedem von uns einen Füller. »Das ist mein Geschenk für euch«, sagte er, »zum Jahrestag der Flucht aus dem Ghetto. Schreibt alles auf, fangt sofort damit an.« Jakubek machte sich damals Notizen, und als wir hier in Israel waren, schrieb er abends, nach seiner schweren Arbeit. Viele Jahre hat er an dem Buch geschrieben, und dann hat das Buch lange beim Verlag Lochamej Hagettaot[22] gelegen. Sie wollten es nicht herausgeben.

- Warum nicht?
- Ich weiß es nicht, irgendeinen Grund werden sie schon gehabt haben. Ich kann es mir denken, aber genau weiß ich es nicht.
- Ist es dann nach dem Tod von Icchak Zukerman herausgekommen?
- Nein, nach Cywias Tod. Icchak ist 1984 gestorben, aber das Buch ist vor seinem Tod erschienen.

Tel Aviv, im Mai 1989

Anmerkungen

1 CISzO — *Centrale Jiddische Schul Organisacje* (jid.): Vereinigung jüdischer Schulen.
2 ORT — *Obestvo rasprostranienija truda sredi Jevrejev* (russ.): Gesellschaft zur Förderung der Berufsausbildung für Juden. Diese Institution entstand 1880 in Petersburg mit dem Ziel, in organisierten Berufsschulen die jüdische Bevölkerung für handwerkliche Arbeiten auszubilden. In Polen war ORT in der Zwischenkriegszeit »Als Gesellschaft zur Förderung von handwerklichen und landwirtschaftlichen Berufen in der jüdischen Bevölkerung« tätig.
3 Sanatorium für jüdische Kinder in Miedzeszyn bei Warschau, das im August 1942 liquidiert wurde.
4 Zukunft Skiff — 1919 gegründete Organisation, die alle Gruppen der jüdischen Arbeiterjugend vereinigte. Mitte der Dreißiger Jahre hatte sie zehntausend Mitglieder. Zukunft war die Jugendorgansiation des Bundes. Das Pendant zur Zukunft war bei der Schuljugend die Organisation Skiff.
5 Zytos, bzw. ZTOS — Die Jüdische Gesellschaft für Sozialversorgung. Sie befand sich im Ghetto an der Nowolipkistraße 25.
6 Ab Januar 1941 entstanden im Ghetto Werkstätten für Schuster-, Schneider- und Tischlerarbeiten sowie andere Handwerke. Oft war Voraussetzung für die Beschäftigung in diesen Werkstätten, daß Maschinen und Werkzeug mitgebracht wurden. Die Produktion der Werkstätten war für die deutsche Wirtschaft bestimmt.
7 Damit wird die letzte Etappe der »Liquidierungsaktion« vom 22. Juli 1942 bezeichnet. Am 6. September 1942 wurde die sogenannte »Allgemeine Registration für die verbliebenen Ghettobewohner« angeordnet. (Vgl. Gespräch mit Adina Blady Szwajgier). Die Selektion, denn das war die Registration in Wirklichkeit, fand in dem Bereich statt, der an den Umschlagplatz grenzte, und zwar in den Straßen Niska, Gesia, Smocza, Mila, Zamenhof und Lubecki, Parysowski-Platz und Stawki. In diesem Kessel, der bis zum 12. September dauerte, wurden Tausende von Menschen getrieben. Während der ersten Tage wurden etwa sechzigtausend Menschen »umgesiedelt«, d.h. sie wurden in Viehwaggons vom Umschlag-

75

platz nach Treblinka deportiert. Die »Lebensnummern« erhielt u.a. der Judenrat, aber auch die Arbeiter in deutschen Fabriken. Alle anderen waren für die Deportation bestimmt. Am 12. September war die »große Liquidierungsaktion im Warschauer Ghetto« abgeschlossen. Im Laufe dieser Aktion, die am 22. Juli angefangen hatte, wurden dreihundertzehntausend Männer, Frauen und Kinder vor allem ins Lager Treblinka II deportiert. Offiziell blieben fünfunddreißigtausend Menschen im Ghetto, die in den Werkstätten beschäftigt waren, wo sie für die Deutschen arbeiteten. Fast ebensoviele Menschen hielten sich im Ghetto versteckt. Das waren die sogenannten »Wilden«, die keine Anstellung und damit auch kein »Lebensrecht« hatten.

8 Einsatztruppe Reinhardt aus Lublin, die die sogenannten Aussiedlungsaktionen im Warschauer Ghetto durchführte.

9 Die Werkstätten von Fritz Schultz und Karl Georg Schultz: neben der Fabrik von W.C. Többens die größte Fabrik im Ghetto. Die Fabrikblocks befanden sich auf der Nowolipie- und der Ogrodowastraße.

10 Alle Arbeiter waren kaserniert, aber die, die außerhalb des Ghettos in sogenannten »Außenstellen« arbeiteten (auf Bahnhöfen, in Rüstungsfabriken, Eisenbahndepots usw.), waren privilegiert.

11 Die Schneiderwerkstatt von W.C. Többens, eine der größten Fabriken im Ghetto, befand sich auf der Lesznostraße 74 und im kleinen Ghetto an der Prostastraße 14. Während der Aussiedlungsaktion im Sommer 1942 zehntausend Menschen als Arbeiter in der Werkstatt registriert. Die Többens-Werke stellten Uniformen für die deutsche Armee her (vgl. Anmerkung 9).

12 Todesmarsch der Gefangenen des Konzentrationslagers Auschwitz zu den Konzentrationslagern auf deutschem Gebiet im Januar 1945.

13 (hebr.): Heiligung des [göttlichen] Namens; bezeichnet die Bereitschaft, das größte Opfer zu bringen, indem man für den Glauben stirbt.

14 Es war nicht möglich, Tamars Familiennamen herauszufinden. Melech Neustadt gibt in seinem Buch Hurban Umered Schel Jehudej Warscha [Vernichtung und Aufstand der Juden in Warschau], Tel Aviv 1947 an, daß Tamar den Angriff auf den Bunker Mila 18 überlebt habe, aber in den Wyszkower Wäldern umgekommen sei.

15 Der riesige Häuserblock zwischen Bonifraterska-, Franciszkanska-, Walowa- und Swietojerskastraße (der nordöstliche Ausläufer der Ghettos). Diese Werkstatt, in der die Bürstenmacher, Metallarbeiter und Elektrotechniker beschäftigt waren, unterstand der Wirtschaftsbehörde der Armee. Auf dem Gelände der Bürstenmacher, an der Swietojerskastraße 34, befand sich während des Ghettoaufstands der Bunker der ZOB.

16 ZZ (Zaklad Zaopatrywania) — Versorgungsabteilung des Ghettos, die von Abraham Gepner geleitet wurde. Sie befand sich auf der Franciszkanskastraße 30.

17 Bronek, Baruch Spigiel.

18 Halina Spigiel, Chajka Belchatowska.

19 Irena Gelblum.

20 J. Putermilch, Baesch Ubascheleg [In Feuer und Schnee. Erinnerungen eines Kämpfers], Beit Lochamej Hagettaot & Hakibutz Hameuchad 1981.

21 Icchak Cukierman.

22 Das Kibbuz der Kämpfer des Warschauer Ghettos sowie der gleichnamige Kibbuzverlag wurden 1948 von den Überlebenden gegründet.

Ich erzähle das jetzt so dahin ...

Ein Gespräch mit Pnina Grynszpan-Frymer

— Lassen Sie uns mit dem Anfang beginnen: Wann sind Sie geboren, wo haben Sie gelebt?
— Ich bin 1923 geboren. Wir waren acht Kinder zu Hause. Ich war die jüngste. Ich war immer das Nesthäkchen. Als ich geboren wurde, waren meine Eltern schon in fortgeschrittenem Alter. Das war eine richtige Sensation, als meine Mutter schwanger wurde — sie war schon weit über vierzig. Bei uns zu Hause wurde ich wie eine Puppe behandelt. Alle liebten mich, taten alles für mich, ich wurde schrecklich verwöhnt.
— Was war Ihr Vater von Beruf?
— Mein Vater hatte ein Fuhrunternehmen. Er hatte ein großes Lastfuhrwerk und Pferde, und er transportierte Waren zu verschiedenen Geschäften; alles mögliche transportierte er.
— Und Ihre Mutter, sie hatte sicher keinen Beruf?
— Nein, sie kümmerte sich um den Haushalt. Eine meiner Schwestern half ihr dabei.
— War Ihre Familie religiös?
— Nicht besonders.
— Was heißt das, »nicht besonders«?
— Meine Mutter sorgte dafür, daß wir einen koscheren Haushalt hatten, denn mein Großvater kam oft zu Besuch, und er war fromm. Mein Großvater wohnte auch in Nowy Dwór, bei seiner Tochter, der Schwester meines Vaters.
— Wovon lebte Ihr Großvater?
— Er war eigentlich der Besitzer des Fuhrunternehmens, das mein Vater leitete. Mein Großvater hatte immer gewollt, daß mein Vater eine gute Ausbildung bekam, er war sehr begabt. Wir hatten eine große Familie. Es war immer lustig bei uns zu Hause. Meine Brüder

79

und Schwestern bekamen viel Besuch von ihren Freunden. Es war
ein offenes Haus. Meine Mutter war so eine richtige jiddische Mam-
me. Als meine Brüder anfingen zu arbeiten, stand meine Mutter
morgens um fünf Uhr auf und lief zur Bäckerei, um frische Brötchen
zu kaufen. Dann machte sie Frühstück für sie. Einer meiner Brüder
wohnte und arbeitete in Warschau. Er kam nur zum Sabbat nach
Hause. Er war in der Buchhaltung einer großen Fayence- und Porzel-
lanfabrik angestellt, die Fabrik befand sich an der Przechodnia 1.
Vielleicht ist Ihnen das gar kein Begriff mehr. Heute ist sicher nichts
mehr davon dort, es hat sich ja alles geändert.

— Wo haben Sie in Nowy Dwór gewohnt?

— In der Mickiewiczstraße 1. Im vergangenen Jahr war ich in Polen und habe mein Elternhaus gesehen.

— War es das erste Mal seit Ihrer Ausreise, daß Sie in Polen
waren?

— Ja, das erste Mal seit 1945, als ich zusammen mit Masza Putermilch und Kazik Ratajzer ausgereist bin.

— Sie sind 1923 geboren. Also haben Sie noch vor dem Krieg die
Schule beendet?

— Oh ja, das ist eine besondere Geschichte! Ich war noch sehr
klein, aber als ich sah, daß andere Kinder in die Schule gingen, wurde ich so neidisch, daß ich beschloß, mit ihnen zu gehen. Eine Cou-
sine von mir nahm mich am ersten Tag des Schuljahres mit in die
Schule, es gefiel mir sehr gut. Die Namen wurden vorgelesen, und
ich hörte den Namen »Papier, Frajda«. Nun ist mein Mädchenname
Papier, Pnina Papier. Aber Papier Frajda war nicht da, und ich faßte
mir einfach Mut und behauptete, daß ich das sei. So habe ich mich
in die Schule gemogelt. Ich weiß noch, daß alle Kinder an diesem
Tag zur Synagoge marschierten, wo Rabbi Neufeld eine Ansprache
für uns hielt. Ich war ganz glücklich, und zu Hause lachten alle und
konnten es gar nicht glauben, daß ich so etwas fertig gebracht hatte.
Am nächsten Tag nahm ich Heft und Bleistift und ging zur Schule.
Ich ging unter dem Namen Papier Frajda zur Schule. Vielleicht war
sie in einer ganz anderen Klasse, diese Frajda?

— Was für eine Schule haben Sie besucht?

— Die Volksschule; es war eine jüdische Schule, aber die Unterrichtssprache war polnisch. Der Direktor der Schule war ein Pole.

— Wurde dort auch Jiddisch unterrichtet?

— Nein. Einmal in der Woche hatten wir jüdischen Religionsunterricht, aber auch auf polnisch, und einmal in der Woche hatten wir hebräischen Sprachunterricht.

— Haben Sie zu Hause jiddisch gesprochen?

— Ja. Alle sprachen jiddisch, aber meine Eltern konnten auch polnisch. Irgendwann haben sie in der Schule festgestellt, daß ich keine Geburtsurkunde abgegeben hatte. Aber ich hatte überhaupt keine. Also mußte man nachträglich eine Geburtsurkunde anfertigen, und dabei wurde ein Jahr draufgeschlagen. Als Geburtsjahr ist darin 1922 angegeben. Bis auf den heutigen Tag habe ich in allen Papieren diesen Fehler. Wenn es zehn Jahre wären, dann hätte ich vielleicht etwas daran ändern lassen, aber für dieses eine Jahr lohnt es ja nicht die Mühe. 1935 oder 1936 habe ich die Volksschule abgeschlossen. Zu Hause wurde ich immer noch wie ein kleines Mädchen behandelt, ich war sehr behütet. Abends durfte ich nirgends hingehen.

— Sind Sie nach der Volksschule auf eine andere Schule gegangen?

— Nein. Das war es ja gerade! Ich wollte gerne weiter lernen, aber zu Hause behandelte man mich wie ein kleines Kind, und ich sollte noch ein Jahr warten. Außerdem war eine weitere Ausbildung ja auch mit Kosten verbunden — ich hätte nach Warschau fahren müssen, weil es in Nowy Dwór kein Gymnasium gab. Unterdessen brach der Krieg aus. Ich fühlte mich schon erwachsen genug, um mich selbständig zu machen. Ich verkündete, daß ich nach Warschau zu meinem Bruder ziehen wollte. Schließlich beschloß die ganze Familie, nach Warschau überzusiedeln.

— Warum?

— Weil wir immer mehr von den Deutschen bedrängt wurden: Sie schikanierten die Juden entsetzlich, nachts holten sie die jungen Leute zur Zwangsarbeit. Wir verkauften unser Haus, das heißt den Hausrat, und die Wertgegenstände gaben wir einem Polen zur Aufbewahrung. (Diesen Polen haben wir nie wiedergesehen.) Und im Oktober oder vielleicht auch erst im November 1939 fuhren wir dann nach Warschau. Wir zogen bei Dawid ein. Aber da war es sehr eng, und einer meiner Brüder nahm sich eine eigene Wohnung für sich, seine Frau und seine Kinder. Es gab ja schon Enkel in unserer Familie! Meine Schwester nahm sich auch eine eigene Wohnung, in die sie mit Mann und Kind zog. Einige Monate später hatten wir den Eindruck, daß die Lage in Nowy Dwór ruhiger geworden war. Wir dachten, daß wir vielleicht wieder nach Hause zurückkehren könnten, und zwei meiner Brüder fuhren nach Nowy Dwór, um dort die Lage zu erkunden. Sie mieteten eine Wohnung und nahmen eine Arbeit an. Dann ließen sie meinen Vater nachkommen. In Warschau wurde es unterdessen immer schlimmer, sowohl mit der Arbeit als auch was die allgemeinen Lebensumstände anging. Es wurde immer enger von allen Seiten. Kurz darauf war schon das Ghetto eingerichtet, und die Armbinden waren Pflicht. Schließlich wurde das Ghetto abgesperrt. Mein Vater flehte, wir sollten nach Hause kommen. Nun, da nahmen wir von meinem Bruder Dawid Abschied und fuhren wieder nach Nowy Dwór, ins Ghetto, das sich in Piaski[1] befand.

— Sie wohnten mit Ihrer Mutter in der Wohnung Ihres Bruders Dawid, die sich auf dem Gelände des geschlossenen Ghettos befand. Wie sind Sie hinausgekommen?

— Das war in der Tat sehr schwierig. Aber einmal kamen Juden zum Schmuggeln aus Nowy Dwór. Unser Aussehen war in Ordnung, ziemlich arisch. Da haben sie uns mitgenommen. Meine Mutter und ich kleideten uns so, daß wir wie polnische Bäuerinnen aussahen. Wir sind mit den Schmugglern zusammen im Zug bis nach Nowy Dwór ins Ghetto gefahren. Es hat alles geklappt.

— Sie haben also das Warschauer Ghetto gegen das Ghetto in Nowy Dwór eingetauscht. Was für ein Tausch war das?

— Ich war sehr froh, daß wir wieder zurück waren, denn ich traf meine Freunde und Freundinnen aus der Schule wieder. Aber das Leben gefiel mir ganz und gar nicht. Es war so wenig Platz, alles war schrecklich eng. Jeden Tag wurden Juden zur Arbeit nach Modlin geholt. Ich ging natürlich auch zur Arbeit. Ich hatte mich freiwillig gemeldet, weil ich nicht zu Hause sitzen wollte.

— Was für eine Arbeit war das?

— Es war etwas mit Holz, ich weiß es nicht mehr ganz genau, aber ich glaube, wir mußten Balken aufschichten. Bei Tagesanbruch verließen wir das Ghetto. Wenn wir abends zurückkamen, mußten wir an der deutschen Wache vorbei. Ich hatte den Flicken nur vorne, aber man mußte ihn auch auf dem Rücken haben. Ein Gestapomann, der Wache stand, kam auf mich zu und schlug mich ins Gesicht wegen dieses Flickens. Ich erzählte den Eltern nichts davon, als ich nach Hause kam, aber ich beschloß, nicht mehr zur Arbeit zu gehen. Im Sommer habe ich meinen Eltern gesagt, daß ich nicht mehr im Ghetto von Nowy Dwór bleiben wollte und daß ich mit den Schmugglern zurück nach Warschau wollte. Dann kam der Befehl von den Deutschen, daß alle Juden ihre Habseligkeiten auf die Straße stellen sollten – Möbel, Kleidung, alles, was sich in ihren Wohnungen befand – und dann zur Weichsel hinuntergehen mußten. Dort würden sie für eine bestimmte Quarantänezeit[2] bleiben müssen, hieß es. Als ich davon hörte, sagte ich meinen Eltern und Brüdern, es sei höchste Zeit zu fliehen, weil sich dort etwas Schreckliches anbahnte. Ich wollte sie überreden, nach Legionów zu gehen und dort abzuwarten, aber sie hörten nicht auf mich, ich war ja immer noch das kleine Mädchen. Wenn ich aber solche Angst hätte, sagten sie, dann könnte ich ja mit den Schmugglern nach Legionów fahren. »Dort wartest du dann ab, und dann kommst du entweder nach Nowy Dwór zurück oder fährst nach Warschau.« Und was ist passiert? Alle Juden wurden an die Weichsel geholt. Sie befahlen ihnen, nackt in den Fluß zu gehen. Und dann jagten sie sie ins Lager nach Pomiechówek[3]. Die Alten erledigten sie auf der Stelle, die Kranken auch ... Ich erfuhr das alles in Legionów von den Schmugglern und machte mich sofort auf nach Warschau zu meinem ältesten Bruder.

– Was passierte mit Ihrer Familie?

– Ein Teil meiner Familie war in Pomiechówek, und zwei meiner Brüder, die die Selektion überstanden hatten, hatten die Deutschen zur Arbeit im Ghetto behalten.

– Können Sie genau sagen, wer aus ihrer Familie im Lager in Pomiechówek war?

– Meine Eltern, mein Großvater, der Vater meines Vaters, und meine Schwester Malka mit ihren Kindern.

– Und der Mann Ihrer Schwester?

– Ihn haben sie nach der Selektion auch im Ghetto gelassen. Mein Bruder Zysiek[4] war auch in Pomiechówek. Dort passierten entsetzliche Dinge. Sie töteten die alten Menschen, sie töteten die Kinder und die Kranken. Die Deutschen ließen sie nicht arbeiten, sie brachten die Juden dort einfach um. Meine Mutter hat im Lager Flecktyphus überlebt, sie hat die Krankheit natürlich vor den Deutschen verborgen. Der »Judenrat« vom Ghetto in Nowy Dwór versuchte, jeden Tag ein paar Lebensmittel nach Pomiechówek zu schmuggeln. Mein Schwager hat es geschafft, meinen Vater und meine Schwester mit ihren Kindern herauszuholen.

– Und Ihre Mutter und Ihr Großvater?

— Meinen Großvater haben sie getötet. Meine Mutter blieb mit Zysiek, meinem jüngsten Bruder im Lager. Als sie schon fast alle Juden in Pomiechówek umgebracht hatten, trieben sie die, die noch am Leben waren, nach Legionów. Unterwegs machten die Deutschen riesige Feuer und befahlen den Juden, über diese Feuer zu springen — solche Folterqualen dachten sie sich aus. Meiner Mutter und Zysiek ist es irgendwie gelungen, aus Legionów zurück ins Ghetto nach Warschau zu kommen. Sie können sich vorstellen, wie groß meine Freude war, als ich sie wiedersah.

— Waren Sie bei der großen Umsiedlungsaktion im Juli und August 1942 in Warschau?

— Oh ja, gewiß. Ich werde Ihnen erzählen, wie es war: Meine Mutter und Zysiek kamen kurze Zeit später als ich in Warschau an. Wir arbeiteten in der Werkstatt Landau[5] auf der Gesiastraße. Mein Bruder Mendel arbeitete schon lange als Schreiner in derselben Werkstatt. Er sorgte dafür, daß Zysiek und ich dort ebenfalls Arbeit bekamen. So waren wir in Sicherheit, denn wir arbeiteten ja für die Deutschen — wir bauten Schränke für sie. Diese Firma hieß Ostdeutsch[6] oder so ähnlich, den genauen Namen habe ich vergessen.

— Wie war es mit der Wohnung? Habt ihr alle zusammen gewohnt?

— Ich wohnte mit Zysiek und meiner Mutter an der Nowolipiestraße 40.

— Was hat Ihre Mutter gemacht?

— Meine Mutter war zu Hause.

— Und Dawid?

— Dawid verkaufte Porzellan und Fayencen an die Polen, die ins Ghetto kamen, und sie nahmen die Ware mit auf die arische Seite. Meine Schwägerin war auch zu Hause, sie hat nicht gearbeitet. Mein Vater wollte, daß Zysiek und ich auch zurückkämen, aber Dawid behielt uns in Warschau. Nun, und dann bekamen wir die Arbeit bei Landau, und meine Mutter kehrte nach Nowy Dwór zurück.

— Also war Ihre Mutter während der großen Umsiedlungsaktion nicht mit Ihnen zusammen?

— Ja, so war es. Damals, bei der Umsiedlung, bei der »Reinigung des Schultz-Geländes«, wie das genannt wurde, da war meine Mutter schon nicht mehr bei uns. Die Deutschen sperrten die Straßen ab und machten eine Treibjagd. Ich war gerade zu Hause, ich war nicht bei der Arbeit. Zysiek und Mendel waren in der Werkstatt. Dawid

war auch nicht zu Hause. Dawids kleine Tochter war bei ihrer Großmutter an der Karmelickastraße, ich war mit meiner Schwägerin zusammen. Ich weiß nicht mehr, warum ich zu Hause war. Auf einmal
hörten wir, die Straße sei abgesperrt und die Umsiedlung fange jetzt
an. Wir sollten die Wohnungen verlassen und hinaus auf die Straße
kommen.
  — Können Sie sich noch an das Datum erinnern?
  — An das Datum kann ich mich nicht mehr genau erinnern, aber
es war im Sommer. War es Juli oder August? Ich kann es nicht mehr
sagen. Ich sagte zu meiner Schwägerin, ich würde lieber nicht
die Wohnung verlassen. Wir hörten das Gebrüll der Deutschen.
»Komm, schließen wir uns irgendwo ein, verstecken wir uns!« sagte
ich. Aber meine Schwägerin wollte nicht. »Nein, sie werden kommen und uns umbringen«, meinte sie. Wir mußten aus der Wohnung. Alle gingen hinaus. Wir hörten sie die Treppen hinunterlau-
fen. »Komm, wir müssen runter, unbedingt!« Ich ließ mich überreden und ging mit meiner Schwägerin. Sara hieß sie. Wir gingen nach
unten — die ganze Straße war voller Menschen. Wir reihten uns ein.
  — Hatten Sie irgendwelches Handgepäck?
  — Nein, gar nichts. Wir hatten nichts. Als wir da in der Reihe
standen, erblickte ich einen Freund von mir, Heniek Rotszajn. Er
war Ghettopolizist. Er war in die Nowolipiestraße gekommen, weil
er fürchtete, sie würden mich holen. Er entdeckte mich da in der
Reihe mit meiner Schwägerin zusammen. Er wollte sofort zu
Landau laufen und einen der Werkstattleiter bitten, mich aus der
Reihe zu holen. Ich hatte dort ja Arbeit, deshalb war ich geschützt,
weil ich doch für die Deutschen arbeitete. Ich sagte zu meiner
Schwägerin: »Sara, denk dran, wenn der Vorarbeiter kommt, dann
sag ihm, daß du Zysieks Frau bist!« Zysiek arbeitete ja auch bei
Landau. Sara hatte Angst, das wollte sie nicht sagen. Und Dawid,
Saras Mann war zu diesem Zeitpunkt bei Saras Mutter an der
Karmelickastraße. Als er von der Aktion auf der Nowolipiestraße
erfuhr, kam er sofort gelaufen und erkannte uns schon von weitem.
Kurz darauf kam Heniek, der Polizist, mit einem von Landau
zurück. Sie waren zu den Deutschen gegangen, und der Vorarbeiter
hatte gesagt, er müsse mich herausholen, weil ich für die Arbeit
gebraucht würde. Als sie zu uns kamen, sagte ich ihm, Sara sei die
Frau von Zysiek. Aber er antwortete, er dürfe nur mich herausholen ... So wurde ich gerettet, mich hat er herausgeholt. Als mein

Bruder Dawid sah, daß sie seine Frau deportieren wollten, ist er freiwillig mitgegangen.

– Und sie sind zusammen auf den Umschlagplatz gekommen?

– Ja. Dawid dachte, er könne Sara retten, wenn er mit ihr ging. Er dachte, sie könnten zusammen aus dem Waggon springen.

– Aber es ist ihnen nicht gelungen?

– Nein, sie konnten nicht hinausspringen. Sie haben sich nicht retten können. Ihr Kind ist bei der Großmutter geblieben.

– Ist ihr Kind gerettet worden?

– Nein. Ihr Kind ist mit der Großmutter gegangen, bei der Blockade der Karmelickastraße. Aber das war etwas später, sie sind nach Treblinka oder Auschwitz deportiert worden.

– Sie sind dann zu Ihrer Arbeit in der Werkstatt zurückgekehrt?

– Ja. Ich war an der Gesiastraße einquartiert. Wir durften uns von dort nicht entfernen. Meine Schwester Adela wohnte damals im kleinen Ghetto an der Prostastraße, zusammen mit ihrem Mann und ihrer Schwiegermutter. Mein Schwager arbeitete als Zuschneider bei Toebbens. Als meine Schwester von der Selektion auf der Nowolipiestraße hörte, bekam sie große Angst um mich. Sie fragte überall nach mir und fand mich dann schließlich in der Gesiastraße. Irgendwie hatte sie es geschafft, ins große Ghetto, wo ich lebte, herüberzukommen. Ich weiß noch, daß sie mir etwas zu essen brachte. Einige Tage später war eine Blockade an der Nalewkistraße, und mein Bruder Mendel, der auch bei Landau arbeitete, wurde mit Frau und Kindern zum Umschlagplatz gebracht. Zysiek und ich blieben bei Landau in der Gesia 30. Damals, als der Kessel war[7], da wohnten wir, die Arbeiter von Landau, schon an der Milastraße.

– Können Sie sich an die genaue Adresse erinnern?

– Ich glaube, es war Mila 6. Ich wollte auch noch hinzufügen, daß mein Cousin aus Nowy Dwór[8] auch in dieser Werkstatt Arbeit bekommen hatte. Er hat später auch im Ghettoaufstand mitgekämpft. Damals, während wir an der Mila wohnten, wurde unsere erste Fünfergruppe organisiert, eine Fünfergruppe, die aus künftigen Ghettokämpfern bestand. Bei Landau gab es eine Gruppe von »Haschomer Hazair«. Landaus Tochter[9] gehörte auch zu dieser Gruppe. Sie hatte ihre ganzen Freunde aus der »Haschomer Hazair« bei dieser Arbeit untergebracht, und deshalb waren sie alle geschützt. Damals arbeiteten Josef Kaplan, seine Freundin Miriam Heinsdorf und Josek Farber in dieser Fabrik – sie waren alle später in der Kampforganisation. Wenn Sie von diesem ersten Aufstand im Ghetto im Januar 1943 gehört haben, dann wissen Sie, daß diese Gruppe von »Haschomer Hazair« damals den Kampf geführt hat. In dieser Werkstatt da spürte ich, daß sich etwas unter diesen jungen Leuten tat. Einer von ihnen, Josek Farber, sprach oft mit mir und erwähnte häufig, daß er so müde sei, weil er die ganze Nacht nicht geschlafen habe. Dann habe ich ihn gefragt: »Was war denn los, daß du nicht geschlafen hast?« und er hat geantwortet: »Ich war diese Nacht im Kanal.« — »Was hast du denn da im Kanal gemacht?« fragte ich darauf. »Ach, ich wollte von einer Straße in eine andere, da bin ich durch den Kanal gegangen.« — »Was ist mit dir los, hast du den Verstand verloren? Was soll das heißen — du gehst angezogen in den Kanal?« Da hat er bloß gelacht. Ich wußte also, daß sich irgend etwas tat. Ein paar Tage lang hat mir Josek solche Geschichten erzählt. Schließlich habe ich zu ihm gesagt: »Weißt du, ich habe das Gefühl, daß ihr hier etwas vorbereitet. Du bist mit Miriam und mit Josef Kaplan befreundet. Ich möchte auch gerne mitmachen.« Da hat er wieder bloß gelacht. Und er wollte mir nicht genau sagen, um was es ging. Unterdessen gab es eine Treibjagd bei Landau selbst. Ich weiß noch, wie ich zum Speicher rannte, um mich zu verstecken, und mich ein Ukrainer oder Lette von hinten packte und mich in eine Reihe draußen schleifte. Ich stand da auf der Straße unter all den Menschen, all den Arbeitern, und sie fingen an, uns zu selektieren: die einen nach links, die anderen nach rechts. Mir befahlen sie, nach rechts zu gehen, aber ich wollte unbedingt nach links. Ein Ukrainer riß mich mit Gewalt auf die rechte Seite. Die auf der linken Seite sind dann ins Lager gekommen. Ich weiß noch, daß ein Rabbiner dabei war, Blumenfeld[10] hieß er. Er ging zu einem der Deutschen und bat, wieder freigelassen zu werden, er sei sehr krank. Da nahm der Deutsche seine Pistole und erschoß den Rabbiner auf der Stelle. Das hat mich so erschüttert! Hier sind all diese Arbeiter, dachte ich bei mir, und sie stehen so gleichgültig herum und haben solche Angst. So viele Juden sind hier, wir könnten doch einfach die Deutschen angreifen!

— War das Ihre erste Erfahrung mit einer solchen Situation?

— Ja, das war das erste Mal. Es waren ja nur ein paar Deutsche, vielleicht fünf. Wir hatten zwar keine Waffen, aber wir hätten sie einfach erdrücken, ersticken können. Ich weiß nicht, was man hätte tun können — aber nicht sich ergeben! Das war der Punkt, an dem ich innerlich begann, mich aufzulehnen. Wir waren so hilflos, von unserer Seite gab es keinen Widerstand. Ich sprach hinterher mit Josek Farber darüber. Er war damals schon in der Kampforganisation, aber ich wußte nichts davon. »Was soll aus uns werden?« fragte ich ihn. »Wir sind hilflos, aber wir leisten auch überhaupt keinen Widerstand, und dabei erwartet uns doch so oder so der Tod.« Einer der Arbeiter bekam dieses Gespräch mit. Ich weiß nicht, ob Sie schon einmal auf den Namen Hirsch Berlinski gestoßen sind, er war in der Organisation »Poale Zion«. Berlinski war in der Leitung der ZOB. Eines Tages kam Hirsch in der Fabrik auf mich zu und begann ein Gespräch mit mir. Er fragte nach meiner Familie. Ich erzählte ihm, daß von meiner ganzen Familie nur noch mein jüngster Bruder Zysiek und ich im Ghetto zurückgeblieben waren. Daß außerdem noch mein Cousin Litman mit seiner Mutter Chajale da war. Berlinski sagte, er würde sich gerne an einem Abend mit mir in meiner oder seiner Wohnung treffen, um mit mir zu reden. Als wir uns nach ein paar Tagen trafen, sagte er mir, er habe mein Gespräch mit Josek Farber gehört. »Du mußt wissen, daß wir hier kleine Fünfpersonengruppen organisieren«, sagte er mir. »Du hast deinen Bruder und deinen Cousin, wenn du noch zwei junge Leute finden kannst, haben wir schon eine neue Fünfergruppe. Wir werden lernen, mit Waffen umzugehen.« Und dann haben wir diese Fünfergruppe organisiert.

– Wer war noch in Ihrer Gruppe?

– Zwei junge Arbeiter, die ich empfohlen hatte. Der eine hieß Wocawski, der andere Blumsztajn. Beide arbeiteten bei Landau. Ich kann mich an ihre Vornamen nicht mehr erinnern, aber das steht alles in meinem Buch. Ich erzähle das jetzt so dahin, weil ich mich nicht mehr so gut erinnere. Einmal in der Woche hatten wir Versammlung. Wir lernten verschiedene Dinge – alles nur theoretisch, weil wir weder Schußwaffen noch Granaten hatten. Ich kann mich noch an die nächste Deportationsaktion im Januar 1943 erinnern, als ich es nicht schaffte, mich zu verstecken. Zysiek hatte sich versteckt, aber ich mußte mit Josek Litman hinunter in die Reihe. Sie trieben uns zum Umschlagplatz. Und auf dem Weg dorthin begann die Gruppe von »Haschomer Hazair«, Josek Farber, Lilka, das war Landaus Tochter Margalit, und andere, zu schießen und Granaten zu werfen[11]. Josek Kaplan war schon nicht mehr bei ihnen. Die Gestapo war kurz davor bei Landau aufgetaucht und hatte ihn mitgenommen. Er wurde schrecklich gefoltert, hat aber niemanden verraten. Schließlich haben die Deutschen ihn umgebracht. Und damals, als wir zum Umschlagplatz unterwegs waren, da wurde Landaus Tochter im Kampf erschossen.

— Können Sie sich noch erinnern, was dann auf dem Umschlagplatz geschah?

— Ja natürlich. Wir standen auf dem Platz und warteten darauf, in den Zug zu steigen.

— Gab es eine Selektion?

— Nein. Sie trieben alle wie Vieh in die Waggons. Schließlich waren alle Waggons voll, und wir blieben zurück — für uns war kein Platz mehr da. Sie sagten uns, daß wir mit dem nächsten Transport deportiert würden. Mein Cousin und ich beschlossen zu fliehen. Wir entfernten uns aus der Reihe und rannten zum Keller eines großen Hauses auf der Niskastraße. Es war gräßlich in diesem Keller — voller Leichen und sterbender Menschen, die stöhnten und um Wasser flehten.

— Waren das Menschen, die vom Umschlagplatz geflüchtet waren?

— Offenbar ja. Sie waren geflohen und hatten sich dort versteckt. Sie konnten nicht hinaus auf die Straße, weil der ganze Bereich umstellt war. Als es dunkel wurde, beschlossen wir, diesen Keller zu verlassen: Wir hatten Angst, daß wir dort auch sterben würden. Auf der Straße trafen wir Josek Farber und ein paar andere von »Haschmer Hazair«. — »Haltet euch an mich!« sagte Josek. »Wir bleiben jetzt als Gruppe zusammen. Wir müssen ins oberste Stockwerk dieses Hauses, dann überlegen wir, was wir weiter machen.« Wir hoben die Türen aus und schoben sie bis zu den Fenstern des benachbarten Hauses. Über diese Türen wollten wir hinüberkommen, wie über einen Steg. Das Risiko war sehr hoch — wir konnten umkommen, weil die Deutschen uns bemerkten, aber wir konnten auch einfach abstürzen. Aber es klappte, wir kamen hinüber. Wir gelangten in ein Zimmer, das vollgepackt war mit wunderschönen Möbeln, die die Werterfassung[12] dort zusammengetragen hatte. Wir versteckten uns in den Schränken. Es war so kalt, daß wir Angst hatten zu erfrieren. So mußten wir dort bis zum Morgen aushalten. Am nächsten Morgen verschwanden wir aus dem Gebäude. Auf der Straße trafen wir einen vom Werkschutz, einen Juden. Wir baten ihn, uns zu helfen hinauszukommen. Wir gaben ihm Geld

89

und er brachte uns hinaus. Mit Josek Litman zusammen bin ich dann wieder zur Milastraße gegangen. Wie Farber hinausgekommen ist, weiß ich nicht mehr. Auf der Milastraße traf ich meinen Bruder Zysiek wieder, der sich während dieser zwei Tage der Januaraktion in einem Keller versteckt gehalten hatte. Kurze Zeit später traf ich mich wieder mit Berlinski. Da gab es die Fabrik Landau schon nicht mehr, die war aufgelöst worden. »Jetzt werden wir als Kampfgruppe kaserniert«, sagte er mir. Eines Nachts wechselten wir dann über Dachböden und Dächer ins Gelände der Bürstenmacher an der Swietojerskastraße 34 über. Marek Edelman war der Kommandant dieses Bereiches.

— Ab wann waren Sie auf dem Gelände der Bürstenmacher?

— Das muß Ende Januar, Anfang Februar 1943 gewesen sein. Ich war mit Zysiek und Josek Litman in einer Gruppe. Berlinski war der Anführer der Gruppe. Wir lebten da wie eine Familie, aber wir durften das Gelände nicht verlassen[13]. Avram Diamand war der einzige in unserer Gruppe, der offiziell Arbeit hatte, er arbeitete in der Küche der Werkstatt. Manchmal bekam ich eine Ausgeherlaubnis. Eines Tages als ich Ausgang hatte, traf ich im Ghetto Leute, die im Dezember[14] aus dem Ghetto in Nowy Dwór geflüchtet waren. Von ihnen erfuhr ich, daß meine ganze Familie deportiert worden war. Mein Bruder Mates hätte sich retten können. Der Leiter seiner Arbeitsstelle wollte ihn schon aus dem Transport holen, aber Mates wollte seine Familie nicht im Stich lassen. »Wenn du meine Eltern herausholen kannst und meine Schwester mit ihrem Mann und ihrem Kind — in Ordnung«, hatte Mates gesagt. »Aber wenn du sie nicht retten kannst, dann fahre ich mit ihnen.« Und da sind alle deportiert worden.

— Bitte erzählen Sie doch, wie Sie Marek Edelman kennengelernt haben.

— Das war damals, als ich mit der Gruppe bei den Bürstenmachern einquartiert wurde.

— Welche Erinnerungen haben Sie an dieses Treffen?

— Ich kann mich erinnern, daß ich zu Mareks Gruppe geschickt wurde. Marek war Kommandant auf dem Gelände, und Jurek Blones war Kommandant unserer Gruppe. Ich sollte Brandbomben und Granaten mitbringen. Ich weiß auch noch, daß Marek bei uns Nachtalarm auslöste, um zu sehen, wie lange wir brauchten, um zum Angriff bereit zu sein. Ich lernte Marek näher kennen. Ich freundete mich mit seiner Gruppe an und ging oft zu ihnen. Marek war eiskalt und sehr mutig. Er war der Verantwortliche, deshalb fühlte ich mich in seiner Nähe in Sicherheit. Ich kann mich erinnern, daß wir schon während des Aprilaufstandes, nach der Liquidierung des Geländes der Bürstenmacher, ins Zentrum des Ghettos übergewechselt sind, zum Bunker an der Franciszkanskastraße 22. Marek hat diesen Wechsel organisiert. Er hat drei Gruppen hinübergebracht: meine, bzw. die Gruppe von Hirsz Berlinski, die »Dror«-Gruppe von Henoch Gutman und seine eigene, die »Bund«-Gruppe. Als wir endlich dort angekommen waren, ging ich zu Marek, ich war ganz niedergeschlagen. Da sagte er zu mir: »Pnina, du sollst wissen, daß ich für dich sorgen werde, du bist unter meiner Aufsicht, also hab keine Angst.« Das weiß ich noch genau. Marek war ein paar Mal hier bei uns in Israel, und ich habe ihn immer daran erinnert. Ich fühlte mich stark neben ihm. Vor kurzem war ich in Polen und habe mit ihm telefoniert. Wir haben uns nicht getroffen, denn ich habe ihn in Lodz gesucht, aber er war währenddessen in Warschau. Ich bin nach Polen gefahren, nur um alle die Lager zu sehen und um Nowy Dwór zu besuchen. Ich bin ja seit der Befreiung nicht mehr da gewesen. Chaim, mein Mann, hat mir nie erlaubt, dorthin zu fahren. Er hatte Angst um mich, denn es hatte da einen schrecklichen Fall gegeben: Die Polen hatten einen jüdischen Mann aus Nowy Dwór getötet, als er wieder in sein Haus zurückkehren wollte. Ich weiß nicht, ob ich jetzt, 1988, nach Nowy Dwór gefahren wäre, wenn ich damals, 1945, noch einmal dagewesen wäre. Ich wollte auch eigentlich nicht nach Polen fahren, doch die ganze Zeit quälte mich dieser Gedanke, daß ich nie von dem Haus, in dem ich geboren bin, Abschied genommen hatte.

— Haben Sie Ihr Haus in Nowy Dwór wiedergefunden?

— Nein. Dort steht jetzt ein Neubau. Wir wohnten an der Hauptstraße von Nowy Dwór, neben der Kirche und dem Park — es war eine sehr schöne Umgebung. Als Kind bin ich sehr gerne in diese Kirche gegangen. Ich hatte polnische Freundinnen und Freunde, und mit ihnen ging ich zur Prozession — das fand ich wunderbar. Ich bin mit Tadek, einem Polen[15], nach Nowy Dwór gekommen. Er wollte nicht, daß ich alleine dorthin fuhr. In einem Haus, ganz in der Nähe der Stelle, an der wir früher gewohnt hatten, sah ich eine Frau, die im zweiten Stock am Fenster stand. Ich fragte sie, wer sie sei, und sie antwortete, ihr Name sei Andzia. Dann stellte ich mich vor. Und sie konnte sich noch an mich erinnern ... Ich hatte sie nicht erkannt, aber was stellte sich heraus — daß sie bei uns als Dienstmädchen gearbeitet hatte! Aber wissen Sie, ich habe es nie verwinden können, daß sie mich nicht einmal für eine Minute hereingebeten hat, daß sie nicht im geringsten daran interessiert war, zu mir herunterzukommen. Aber sie redete mit mir, sie zählte mir alle Mieter auf, die in unserem Haus gewohnt hatten.

— Am Fenster haben Sie sich also unterhalten?

— Ja. Ich stand unten. Das war ein sehr unangenehmes Erlebnis für mich.

— Wir haben eben den Faden verloren, als wir über die Fünfergruppen gesprochen haben. Sie haben erzählt, daß Sie einen Lehrer hatten. Wer hat Ihnen beigebracht, mit der Waffe umzugehen?

— Das war Hirsch Berlinski. Und später, als wir schon bei den Bürstenmachern waren, da hatten wir einen Jungen in unserer Gruppe, der Soldat bei der polnischen Armee gewesen war.

— Wie hieß er?

— Abram Stolak.

— Können Sie sich noch an irgendwelche Aktionen vor dem Aufstand erinnern?

— Ja, wir haben Geld für unsere Gruppen gesammelt.

— Wie ging das?

— Man mußte einfach reiche Juden finden, die ihr Geld behalten hatten, weil sie meinten, daß sie sich so in Sicherheit bringen könnten. Wir baten sie erst im Guten, aber manchmal half das nicht, dann haben wir ihnen das Geld mit Gewalt abgenommen.

— Wie habt ihr das gemacht, mit Gewalt?

— Nun, das war sehr unangenehm. Wir durchsuchten sie, manchmal sperrten wir sie ein, manchmal drohten wir sogar, sie umzubringen. Wir erklärten ihnen, daß sie am Schluß doch deportiert würden, warum wollten sie uns also ihr Geld nicht geben? Aber sie meinten, alle Juden würden nur unsretwegen sterben[16].

— Hatten Sie eine Waffe?

— Ich hatte keine Waffe. Nur die Jungen hatten Waffen, die Mädchen bekamen Granaten und Brandbomben. Eine Pistole bekam ich erst am Ende des Aufstands, als mein Bruder verwundet wurde — das war seine Pistole.

— Vielleicht kommen wir jetzt einmal zum Aufstand selbst. Können Sie sich noch an den ersten Tag erinnern?

— Der Aufstand fing im Zentrum des Ghettos am 18. April an. Wir hatten Informationen, daß die Deutschen ins Ghetto einmarschieren wollten. Ich erinnere mich noch daran, daß wir alle an den Fenstern standen und Ausschau hielten. Das Tor des Hauses, das dem Eingang zum Gelände der Bürstenmacher am nächsten stand, war vermint. Dafür hatte die Gruppe von Henoch Gutman gesorgt. Als die Deutschen in das Gelände marschierten, entsicherte Kazik die Mine und sie ging hoch. Ein paar kamen um, und es gab eine ganze Menge Verletzter. Das hatten sie natürlich überhaupt nicht erwartet![17] Sie mußten den Rückzug antreten. Und obwohl wir wußten, daß den Deutschen so gut wie kein Schaden zugefügt worden war, freuten wir uns trotzdem sehr. Als sie am nächsten Tag kamen, waren sie schon besser vorbereitet — sie kamen mit Panzern. Da mußten wir aus den Fenstern auf sie schießen, Granaten und Brandbomben werfen.

— Wie viele Flaschen mit Brandbomben hattet ihr?

— Eine und eine Granate. In der einen Hand die Flasche mit der Brandbombe, in der anderen die Granate. Ein paar Flaschen und Granaten blieben im Vorrat ... Soweit ich mich erinnere, mußten wir das Gelände der Bürstenmacher zwei Tage später verlassen. Wir konnten dort nicht mehr die Stellung halten, denn alles stand in Flammen. Die Deutschen richteten Artilleriefeuer auf uns. Wir mußten uns in den zentralen Bunker zurückziehen, der vorher vorbereitet worden war.

— Wo war dieser Bunker?

— Auch auf der Swietojerskastraße[18].

— Ist in diesen ersten Tagen des Kampfes einer aus Ihrer Gruppe umgekommen?

— Nein, aus meiner nicht. Aber als wir über die Dachböden zum Bunker an der Swietojerska flüchteten, da fanden wir Michal Klepfisz — er war tot. Später gingen wir dann ins Zentralghetto[19]. Es war sehr schwer, denn die Häuser standen alle in Flammen. Wir erstickten fast an dem Rauch, und unsere Haare fingen Feuer.

— Wie groß war die Gruppe, mit der Sie sich zurückgezogen haben? — Vielleicht dreißig Leute.

— Wer führte die Gruppe an?

— Jeder Kommandant führte seine Leute. Hirsz führte unsere Gruppe. Die Zehnergruppen trafen sich unterwegs, denn jeder von ihnen mußte aus einer anderen Richtung, d.h, aus einem anderen

Haus kommen. Wir hatten Lappen um die Füße gewickelt, um keinen Lärm zu machen, denn die deutschen Posten durften uns ja nicht bemerken. Wir gingen natürlich nachts. Wir mußten über die Mauer klettern, um ins Zentralghetto zu kommen.

— Wie war es, als ihr euch zum Bunker an der Franciszkanskastraße 30 schleichen mußtet — ist dabei jemand umgekommen?

— Ja. Einer unserer Kämpfer ist getötet worden.

— Erinnern Sie sich noch, wer es war?

— Ich weiß noch, daß er Zwi hieß. Er war aus der Gruppe von Praszker.

— Schließlich kamt ihr dann im Bunker an der Franciszkanska 30 an.

— Ja. Dort warteten wir auf eine Nachricht von Cywia Lubetkin. Wir wollten wissen, was wir weiter tun sollten. Ich weiß noch, daß das Haus schon in Flammen stand. In diesem Keller-Bunker war es ziemlich eng. Es gab Wasser, und wir fanden ein wenig Proviant. Wir aßen und legten uns dann hin — wir alle waren völlig erschöpft. Nach einiger Zeit wachte ich auf, mir war schwindlig und ich fühlte mich ganz schwach. Ich begann, mich zu übergeben. Ich hatte einfach eine Rauchvergiftung, weil das Haus über uns ja brannte. Ich schaffte es noch, Josek zu wecken, dann verlor ich die Besinnung. Im Bunker entstand ein Durcheinander, wir hatten alle schon eine beginnende Vergiftung. Es war ganz früh am Morgen, da wurde es im Ghetto schon gefährlich. Wieder mußten wir über Mauern klettern. Aber ich hatte keine Kraft mehr. Josek und Zysiek haben mich getragen, dann haben sie mich wie einen Kartoffelsack auf die andere Seite geworfen.

— Wo befand sich der Bunker, zu dem ihr wolltet?

— Das war bei den Honigleuten.

— Was heißt das?

— Ich weiß es nicht. Vielleicht handelten sie mit Honig? An welcher Straße war es? Ich glaube, es war Gesia 6. Wir waren dort eine Nacht, vielleicht auch zwei, dann kehrten wir zur Franciszkanska 30 zurück.

— Hattet ihr schließlich Kontakt mit Cywia bekommen?

— Ja. Noch als wir an der Franciszkanskastraße waren, war jemand gekommen, der uns von Cywia den Befehl überbrachte, uns in kleinere Gruppen aufzuteilen, weil wir nicht alle zusammen in einem Bunker sein konnten. Da bin ich dann von dort mit einer Gruppe zur Gesiastraße gegangen. Von jeder Gruppe gingen zwei mit. Bei mir waren noch Masza, Josek Litman, Berek und Schlojmele. Als wir an der Gesia ankamen, wollten sie uns nicht hineinlassen. Sie hatten Angst.

— Waren dort auch Mitkämpfer?

— Nein, Kämpfer waren keine da. Aber wir haben den Leuten in dem Bunker gesagt, daß wir mit Gewalt eindringen würden, wenn sie uns nicht hereinließen. Da ließen sie uns natürlich herein, und sie waren sogar sehr nett zu uns. Nach ein, zwei Nächten, wie gesagt, kehrten wir zur Franciszkanska zurück, denn wir wollten nicht von den anderen so isoliert sein. An der Franciszkanskastraße erfuhren wir dann, daß die Deutschen den Bunker entdeckt hatten, und daß es zum offenen Kampf gekommen war, das heißt, die Ghettokämpfer waren auf die Straße hinausgekommen.

— Wer war beim Angriff der Deutschen im Bunker an der Franciszkanskastraße?

— Marek war mit seiner Gruppe da, mein Bruder mit Berlinskis Gruppe, meine Gruppe. Alle, die nicht zur Gesiastraße gegangen waren.

— Ist bei diesem Kampf jemand umgekommen?

— Henoch Gutman und mein Bruder wurden schwer verletzt. So viel ich mich erinnere, war Jurek Grynszpan von der PPR auch verwundet. Aus Mareks Gruppe ist Stasiek Brylantensztajn umgekommen, außerdem wurden Berek Sznajdmil, der auch beim »Bund« war, und Josek[20] aus Gutmans Gruppe getötet. Bevor sie Josek erschossen, hatte er zu den Deutschen gesprochen, er hatte ihnen durchs Fenster zugeschrien, daß wir uns so oder so rächen würden[21]. Die Situation in diesem Bunker war entsetzlich: die Verwundeten litten schrecklich, und die Deutschen waren in der Nähe. Sie wollten uns mit Dynamit in die Luft jagen. Da beschlossen wir, durch einen unterirdischen Gang in einen anderen Bunker zu gehen. Vor allem wollten wir die Verwundeten an einen anderen Ort bringen. Bei der Begleitung der Verwundeten sind ein paar von unseren Jungen umgekommen. Darunter war auch Szanaan Lent, ein sehr schöner, mutiger Junge, der hier in Israel geboren war. Außerdem noch einer vom »Bund«, an den Namen kann ich mich nicht mehr erinnern. Als wir die ersten Verwundeten in den Tunnel schieben wollten, hörten wir, daß die Deutschen anfingen zu schießen. Alle unsere Verwundeten sind umgekommen[22].

– In dem Tunnel?

– Ja. In diesem Grabengang. Die Deutschen warfen Gasbomben, und unsere Leute sind einfach erstickt.

– Was ist mit den übrigen geschehen?

– Wir drückten und stopften sofort alles, was uns in die Hände fiel, in den Eingang des Tunnels, damit wir nicht in dem Bunker erstickten. Dann warteten wir dort bis zum Abend ab. Die Deutschen versuchten, uns in die Luft zu jagen, aber es gelang ihnen nicht. In der Nacht dann gingen wir, das heißt der Rest von uns, der überlebt hatte, in den Bunker der Müllkutscher. Cywia kam dort zu uns, sie war in der Milastraße 18 gewesen. Sie kam mit Chaim Frymer, meinem späteren Mann – das war meine erste Begegnung mit ihm. Ich weiß noch, daß ich gerade Wache stand, als Chaim in den Bunker kam. Ich fragte ihn nach der Parole, und er wollte nicht antworten, er hat bloß gelacht. Ich hatte damals schon die Pistole meines Bruders und machte Anstalten, ihn zu erschießen. Ich dachte, er sei einer von den Juden, die uns an die Deutschen verraten wollen. Schließlich rief ich jemanden zu Hilfe, und alle lachten über mich und erklärten, daß er einer von uns sei. Dann kam Cywia, und die Kommandanten, das waren Cywia, Marek und Berlinski, berieten untereinander. Sie überlegten, was wir weiter tun sollten. Sie beschlossen, ein paar Leute durch den Kanal auf die arische Seite zu schicken, wo sie mit Icchak Cukierman Kontakt aufnehmen sollten.

– Wer ist damals hinüber auf die arische Seite gegangen?

– Josek Litman ist gegangen, Janek Bilak vom »Bund«, Jurek Blones und noch einer. Aber sie kamen sehr schnell zurück, denn die Einstiege waren alle von Deutschen bewacht. Cywia wollte mit ihren Leuten am Morgen zur Mila 18 zurück. »Du bist zwar meine Kommandantin«, sagte Chaim zu ihr, »aber diesem Befehl werde ich nicht folgen!« Cywia war einverstanden, tagsüber war es sehr gefährlich, durchs Ghetto zu gehen, und sie blieben bei uns im Bunker. Genau an diesem Tag ist der Bunker in der Milastrasse aufgeflogen. Man kann also sagen, daß Chaim Cywia das Leben gerettet hat. Wenn sie zur Mila zurückgegangen wären, dann wären sie mit Mordechaj und den anderen umgekommen. Cywia hat nie vergessen, daß sie es Chaim zu verdanken hat, daß sie dem Tod entronnen ist.

– Wann haben Sie von dem Angriff auf den Bunker an der Mila 18 erfahren?

– Ich habe davon gehört, als wir in den Kanal gehen sollten.

— Wissen Sie noch, wer von denen, die sich aus der Milastraße hatten retten können, bei Ihnen im Kanal war?

— Tosia Altman und Juda Wegrower, die beiden waren verwundet.

— Was haben sie von den Ereignissen an der Milastraße erzählt?

— Sie sagten, daß die Deutschen den Bunker entdeckt hatten. Sie wußten, daß es keinen Ausweg gab. Als sie schon das Gas im Bunker spürten, da haben sie Cyankali genommen — diejenigen, die welches hatten. Tosia und Juda sind beim Angriff verwundet worden. Ich sehe noch Tosia vor mir, wie sie gekrümmt dasitzt und sich den Kopf hält. Tosia war dann nur in Lomianki bei uns, danach ist sie nach Warschau gefahren, sie hat sich nicht den Partisanen angeschlossen. Juda ist in Lomianki gestorben, dort ist er auch begraben. Er ist bestimmt an dem Kanalwasser gestorben, das er getrunken hatte, er hatte sich einfach nicht zusammennehmen können.

— Kehren wir zum Ghetto zurück. Was geschah weiter?

— Die Kommandanten hatten also beschlossen, zehn Leute durch den Kanal auf die arische Seite zu schicken. Aus jeder Gruppe wurden einige ausgesucht. Aus meiner Gruppe waren das Abram Stolak und ich, aus der »Bund«-Gruppe schickte Marek Jurek Blones, seine Schwester Guta, seine Freundin Fajgele[23] und Jureks jüngeren Bruder Lusiek, und Abrasza Blum war noch dabei. Diese Gruppe sollte auf der arischen Seite eine Basis bilden und auf die nächsten Gruppen warten. Alle zusammen sollten wir dann später zu den Partisanen gehen. Als ich hörte, daß ich in den Kanal gehen sollte, daß ich in dieses dreckige Wasser springen mußte, da war ich sehr unglücklich. Meine Freundin Bronka Manulak aus meiner Gruppe sagte: »Pnina, du mußt dich besser anziehen, damit du ordentlich aussiehst, wenn du herauskommst.« Sie ging zu Masza und sagte: »Komm, du hast so einen hübschen Rock an, gib ihn Pnina, damit sie nicht so abgerissen herumläuft.« — »Aber sie geht doch sowieso ins Wasser,« sagte Masza, »da kann es ihr doch völlig egal sein, welchen Rock sie anhat?« ... Ich hatte große Angst. Aber schließlich gingen wir in den Kanal.

— Wer war der Anführer?

— Jurek Blones. Er hatte die Adresse, zu der wir gehen sollten. »Sag mir doch die Adresse«, bat ich ihn, »vielleicht müssen wir sofort fliehen, wenn wir auf der arischen Seite herauskommen, und wir verlieren uns. Wo soll ich dann hingehen?« Aber er durfte die

Adresse nicht preisgeben. Ich hatte große Angst. Im Kanal hatte jeder seine eigene Waffe. Mit Kerzen in der Hand gingen wir durchs Wasser. Wir gingen und gingen, und plötzlich hörten wir Geräusche. Ich war sicher, daß wir gleich auf Deutsche stoßen würden, denn wir wußten ja, daß die Einstiege bewacht waren. Wer sollte sonst hier sein? Das konnten ja nur die Deutschen sein. Aber nach einiger Zeit hörten wir polnische Worte und unser Kennwort: »Jan«. Wir waren Kaziks Gruppe[24] begegnet! Kazik war zuvor im Ghetto gewesen und hatte uns in den Bunkern gesucht. Er war in der Franciszkanskastraße gewesen, hatte dort aber niemanden gefunden. Kazik war schon so ratlos gewesen, daß er sich umbringen wollte.

– Mit wem war Kazik dort im Kanal?

– Mit Installateuren, Polen[25] waren das, denn Kazik kannte sich mit dem Weg nicht sehr gut aus. Soweit ich mich erinnere, war auch jemand namens Rysiek[26] dabei. Ob er Pole oder Jude war, weiß ich nicht. Sie waren zu viert. Als Kazik uns nicht finden konnte, wollten diese Installateure ihn schon da lassen und gehen. Da hat Kazik sie einfach mit seiner Waffe gezwungen. Er hat gesagt, er würde sie umbringen, wenn sie nicht mit ihm gingen.

– Die Installateure waren unbewaffnet?

– Ja. Sie waren dafür bezahlt worden, daß sie ihn führten. Endlich trafen wir uns dann also. Sie können sich sicher vorstellen, was das für eine Begegnung war! Kazik sagte uns, daß alle Gruppen im Ghetto benachrichtigt werden müßten: Alle sollten durch den Kanal herauskommen, er würde unterdessen Lastwagen auftreiben, die uns in den Wald bringen würden. Aus unserer Zehnergruppe sind zwei ins Ghetto zurückgegangen, um die restlichen Kämpfenden herauszuholen. Einer von ihnen war Szlamek Szuster. Wir warteten im Kanal auf Kaziks Kennwort. Er wollte die Wagen organisieren, aber das war nicht einfach. Krzaczek[27] hat ihm auf der arischen Seite geholfen. Wir warteten ganze achtundvierzig Stunden. Etwa fünfzig Leute sind aus dem Ghetto herausgekommen, darunter auch Josek Litman und die Überlebenden aus dem Milabunker. Wir waren nicht mit allen Gruppen im Ghetto in Kontakt, deshalb hatten wir nicht alle benachrichtigen können. Wir saßen also achtundvierzig Stunden dort im Kanal! Wir waren völlig erschöpft: ohne Essen, ohne Wasser, ohne frische Luft, und die Verletzten ... Es war schrecklich im Kanal. Einige wollten sich umbringen. Achtundvierzig Stunden Warten! Marek und Cywia beschlossen, die Leute in zwei Gruppen aufzuteilen und unter verschiedenen Einstiegen warten zu lassen. Wenn die Deutschen uns entdeckt hätten — dann hätten sie alle sofort umgebracht. Deshalb haben wir uns dann getrennt[28]. Dann hörten wir ein Klopfen an dem Kanaldeckel. Kazik öffnete den Einstieg. »Rauskommen!« rief er. Die Lastwagen standen auf der Straße.

— Wieviele Wagen waren es?

— Zwei[29]. Wir krochen hinaus auf die Straße. Wie sind wir da hinausgekommen? Es war ein Wunder. Mit letzter Kraft quälten wir uns diese Leiter hoch auf die Straße. Sie zogen uns wie Lappen aus dem Loch. Ich war ganz mit Geschwüren übersät. Wir konnten einander nicht mehr erkennen, als wir auf den Lastwagen lagen — so schrecklich sahen wir aus. Die Deutschen waren in der Nähe. Wir mußten die Klappe schließen und schnell verschwinden. Viele haben es nicht mehr geschafft. Etwas mehr als dreißig Leute vielleicht sind herausgekommen. Der Rest blieb im Kanal. Sie haben es am nächsten Tag versucht, aber die Deutschen bewachten den Einstieg. Alle, die noch unten waren, hatten sich an dieser einen Stelle versammelt, und wollten auf gut Glück hinaus. Zurück ins Ghetto konnten sie ja auch nicht mehr. Als sie herauskamen, gab es eine Schießerei. Sie haben zurückgeschossen! Aber alle sind sie zu Tode gekommen, alle. Kein einziger ist gerettet worden ... Und wir wurden nach Lomianki[30] gebracht.

— Wissen Sie noch, wie sich die Leute auf der Straße verhalten haben?

— Ja. Polen standen da herum, sie haben zugesehen und uns angestaunt.

— Angestaunt?

— Ja, aber nicht als Kampfgruppe, das wußten sie ja nicht, sondern wegen des Zustands, in dem wir waren, als wir herausgekrochen kamen.

— Hatten Sie Waffen dabei?

— Ja, aber wir haben unsere Waffen nicht so offen gezeigt, als wir herauskamen. Erst im Auto hat Kazik gesagt, daß jeder, der eine Waffe hat, diese in Bereitschaft halten sollte. Wir mußten an einem deutschen Wachposten vorbei und über eine Brücke über die Weichsel. Nun, es hat alles geklappt.

— Hatten die Lastwagen ein Verdeck?

— Nein, sie waren offen.

— Wie seid ihr an dem Wachposten vorbei gekommen?

— So weit ich mich erinnere, hatte einer von uns eine deutsche Uniform an. Er salutierte, und da haben sie uns durchgewinkt[31].

— Und dann seid ihr wohlbehalten nach Lomianki gekommen?

— Ja …

— Ist einer nach Warschau zurückgefahren, um zu erkunden, was mit denen passiert war, die im Kanal zurückgeblieben waren?

— Möglicherweise ja, ich weiß es nicht mehr genau[32]. Wir waren nur kurze Zeit in Lomianki, vielleicht zehn Tage. Dann sind wir in die Wyszkower Wälder zu den Partisanen gegangen.

— Bis wann waren Sie bei den Partisanen?

— Bis zum Juli 1944.

— Dann sind Sie nach Warschau zurückgekehrt?

— Ja, zum polnischen Aufstand in Warschau.

— Wie sind Sie zurückgekommen?

— Wir hatten eine Kontaktperson, Lodzia, die kam mit einem Polen namens Stach in die Wyszkower Wälder. Sie sollten mich und Chaim mit nach Warschau nehmen. Aber der Kommandant unserer Gruppe, Dov Szniper, bestimmte, daß er selbst nach Warschau gebracht wurde, während Chaim im Wald seine Stelle einnehmen sollte. Ich wollte eigentlich nicht fahren, ich wollte mich nicht auf der arischen Seite versteckt halten müssen, ich hatte kein Vertrauen zu den Leuten. Ich protestierte, aber es nützte nichts. Chaim gab schließlich nach, und ich fuhr mit Dov nach Warschau. Wir gingen dort in eine Wohnung an der Rakowieckistraße 24, wo sich schon zwei von der jüdischen Kampforganisation versteckt hielten, und zwar waren das Chana Fryszdorf und Janek Bilak vom »Bund«. Als der polnische Aufstand losbrach, kam die Besitzerin der Wohnung zu uns und sagte, wir müßten verschwinden. Wir waren zu viert, bewaffnete Mitglieder der Kampforganisation — wo sollten wir hingehen? Ich wollte nicht hinausgehen. Wenn die Deutschen kommen sollten, dann war doch wenigstens noch ein unterirdischer Gang da, in dem wir uns verstecken konnten. Aber als Juden konnten wir doch nicht hinaus auf die Straße gehen! Aber die anderen beschlossen hinauszugehen. Auf der Straße schlossen wir uns einer großen Gruppe Polen an, die mit Bündeln bepackt irgendwoher kamen. Hanka, die selbst aus Warschau war, bestimmte, daß wir mit ihnen gehen sollten. Nach kurzer Zeit stellte sich heraus, daß diese Leute von den Deutschen in die Szuch-Allee zur Gestapo geführt wurden.

— Als ihr euch der Gruppe angeschlossen habt, da habt ihr nicht gesehen, daß sie von Deutschen eskortiert wurden?

— Doch, gesehen haben wir das schon, aber wir hatten uns ja absichtlich unter diese Gruppe gemischt, damit die Deutschen uns nicht wahrnahmen. Nicht genug damit, daß wir Juden waren, wir hatten auch noch Waffen! Janek sagte, er wollte seine Waffe wegwerfen, solche Angst hatte er. Er hatte so ein hundertprozentig jüdisches Aussehen. »Wenn du deine Waffe wegwerfen willst«, sagte ich zu ihm, »dann kannst du sie auch mir geben. Ich werde meine Pistole nicht wegwerfen.« Hanka hatte keine Waffe. Sie war im achten Monat schwanger, ihr Mann war im Wald umgekommen. Als wir an der Szuch-Allee angekommen waren, stellten wir fest, daß wir in die Falle gegangen waren. Dov hat geschossen — und sie haben ihn sofort umgebracht. Sie haben uns also zur Gestapo geholt, und ich hatte zwei Pistolen bei mir[33]! Ich wußte nicht, was ich tun sollte. Ich spielte mit dem Gedanken, genauso zu handeln wie Dov, damit sie mich nicht quälen und foltern würden, und damit ich ihnen nicht am Ende verraten würde, wer ich war. Sie befahlen uns, auf den Hof der Gestapo zu gehen. Ich wickelte die beiden Pistolen in mein Nachthemd und ließ dieses Bündel draußen vor dem Gestapogebäude liegen. — Die Deutschen hatten uns befohlen, alle Sachen auf der Straße zu lassen. Nach einiger Zeit jagten sie uns wieder auf die Straße hinaus, wo wir warten sollten. Sie wollten die Kennkarten überprüfen, aber ich hatte natürlich keine Kennkarte. Statt dessen hatte ich einen kleinen Topf mit Trockenerbsen, darin hatte ich Fotos meiner Familie und eine kleine Uhr versteckt, die ich von meiner Mutter bekommen hatte. Als der Gestapomann auf mich zukam, sagte ich zu ihm: »Ich habe meine Kennkarte nicht dabei, als ich aus dem Haus gelaufen bin, da war ich so durcheinander, daß ich nur das hier mitgenommen habe, um etwas zum Essen zu haben.« Er lachte und ging weiter. Dann kam ein anderer Gestapomann aus dem Gebäude und sagte, er brauche vier Frauen und zwei Männer, die mit Bahren zu den Barrikaden gehen sollten, um verwundete Deutsche zu holen. Und er suchte mich dafür aus! Ich wurde in das Gebäude geholt, dort bekam ich eine weiße Schürze und ein weißes Tuch mit dem roten Kreuz. Als mich dieser Deutsche so fertig eingekleidet sah, befahl er mir, die Haare ganz unter das Tuch zu schieben. Wie muß ich da ausgesehen haben! Die Deutschen warnten uns davor, Fluchtversuche zu unternehmen, ihre Soldaten in den Schützengräben würden uns sofort erschießen. »Darauf warte ich ja bloß!« sagte ich zu mir selbst. Wollte ich denn zur Gestapo zurück? Da wäre es mir noch lieber, auf der Straße erschossen zu werden. Das Töpfchen mit den Erbsen warf ich weg, und die goldene Uhr stopfte ich mir unters Mieder. Bei den Barrikaden entdeckten wir keinen einzigen verwundeten Deutschen. Die polnischen Aufständischen wollten schon auf uns schießen, aber ich rief, wir seien auch Polen, wir wollten zu ihnen auf die andere Seite, um am Aufstand teilzunehmen. Und sie haben uns geholfen! Ich weiß noch gut, wie glücklich ich damals war!

— War Hanka bei Ihnen?

— Nein. Sie war bei der Gestapo geblieben. Die Deutschen haben alle Männer, die dort waren, umgebracht, und die Frauen haben sie freigelassen. Sie sind dann zu einem Unterschlupf in der Zone der Aufständischen gegangen. Mich nahmen die polnischen Aufständischen mit in ihre Kommandantur. Sie fragten mich, wer ich sei. Nun, da ich ja unter Polen war, sagte ich, ich sei Jüdin. Ich erzählte ihnen, daß ich eine Woche vor dem Aufstand aus dem Wald nach Warschau gekommen war, und daß ich im Ghettoaufstand mitgekämpft hatte. Sie glaubten mir nicht, und ich hatte natürlich keine Papiere, um das zu beweisen. Sie kamen zu dem Schluß, daß ich eine Spionin sein mußte, die mit der Gestapo kollaborierte. Sie beschlossen, mich zu erledigen. Sie brachten mich ins Gefängnis, in irgendeinen Keller — in meinem Leben hatte ich noch nicht so etwas Ekelhaftes gesehen. Ich wurde täglich verhört, und jeden Tag mußte ich ihnen immer aufs neue meinen Lebenslauf erzählen. Ich berichtete ihnen, daß wir im Wald Kontakt mit Leuten von der AK gehabt hatten, aber sie glaubten mir kein Wort. Ich hatte einen Fehler gemacht, als ich ihnen gesagt hatte, daß ich Jüdin war — und dabei hatte ich mich schon in Sicherheit und gerettet gewähnt, als ich der Gestapo entronnen war!

— Wie endete diese »Untersuchungshaft« im Mokotower Gefängnis?

— Zu einem der Verhöre kam ein Offizier, der in Modlin gedient hatte. Ich sagte wieder meinen Lebenslauf auf. Ich erzählte, daß ich aus Nowy Dwór sei, nannte meinen Namen und erwähnte, daß mein Bruder Telefonist in Modlin gewesen war. Und dieser Offizier kannte meinen Namen — es war wie ein Wunder! Er hat mich gerettet! Die AK ließ mich frei, ich mußte aber bei einer ihnen bekannten jüdischen Familie wohnen, und sie kündigten an, daß sie mich jeden Tag kontrollieren würden. Meine Ankunft jagte der Familie einen furchtbaren Schrecken ein. Es stellte sich heraus, daß einer der Söhne der Besitzerin von der AK festgenommen worden war : sie warfen ihm Kollaboration mit den Deutschen vor. Da ich von der AK zu ihnen geschickt worden war, dachte die Familie natürlich, ich sei deren Spion.

— Waren Sie lange dort?

— Fast bis zum Ende des Aufstands. Bei diesen Leuten traf ich auch Stach, der im Wald unser Kommandant gewesen war. Durch ihn bekam ich eine Uniform der AL und begann, für sie als Kontaktperson zu arbeiten.

— Und nach dem Aufstand?

— Nach dem Aufstand habe ich Warschau nicht verlassen. Wo sollte ich auch hingehen — mit diesem Aussehen! Ich hatte Angst. Ich versteckte mich mit Masza und Jakub[34] in einem Bunker, bis zum Januar blieben wir da.

— Wann haben Sie Polen verlassen?

— Im März 1945.

— Wie sind Sie hinausgekommen?

— Unsere Gruppe hatte Icchak Cukierman vorausgeschickt. Wir sind illegal ausgereist. In Lublin bekamen wir Papiere, in denen stand, daß wir Jugoslawen seien, die aus dem Konzentrationslager kämen und auf dem Weg nach Hause seien. Zuerst sind wir durch die Tschechoslowakei nach Rumänien gefahren. Dort waren wir ein halbes Jahr, dann sind wir nach Israel gekommen[35].

— Werden Sie vielleicht noch einmal nach Polen kommen?

— Nein.

Tel Aviv, im Mai 1989

Anmerkungen

1 Das Ghetto im ärmsten Stadtteil Piaski entstand Anfang 1941. Das Gebiet wurde mit einem Holzzaun und Stacheldraht eingezäunt. Im Mai 1941 lebten viertausend Juden in Nowy Dwór. Nach der Selektion im Ghetto behielten die Deutschen 750 Personen zur Zwangsarbeit zurück, die übrigen trieben sie in das Ge-

fangenenlager in Pomiechówek. Ab Mitte 1941 wurde Nowy Dwór zur Sammelstelle für Juden auf dem Weg zur Deportation in die Vernichtungslager. Die Juden
aus Czerwinsk, Wyszogród, Zakroczymie und anderen Städten der Gegend wurden zwischenzeitlich im Ghetto von Nowy Dwór untergebracht. Am 20.11.
1942 begann die Liquidierung des Ghettos. Alle Transporte von dort gingen nach Auschwitz. Die letzten verließen Nowy Dwór am 12.12.1942. Vgl. M. Grynberg,
Zydzi w rejencji ciechanowskiej 1939-1942, Warszawa, PWN 1984, S. 58-60.

2 Im Mai 1941 gaben die Deutschen in Nowy Dwór bekannt, daß sich alle Bewohner des Ghettos einer Desinfektion unterziehen müßten. Den Juden wurde befohlen, ihre Häuser zu verlassen und allen möglichen Hausrat auf die Straße zu stellen. Vgl: Pnina Grynszpan-Frymer, Jamejnu Haju Halejlot [Unsere Nächte waren
Tage], Beit Lochamej Hagettaot & Hakibutz Hameuchad 1984, S. 38.

3 »Als die Bewohner des Ghettos den Befehl der Deutschen ausgeführt und ihre
ganze Habe hinaus auf die Straße gestellt und ihre Häuser leer hinterlassen hatten, wurde ihnen befohlen, sich auszuziehen. Dann wurden sie, Männer und
Frauen gemeinsam, nackt zu der Stelle getrieben, wo Narew und Weichsel zusam-
menfließen, und mußten sich im Fluß waschen. Dort geschahen schreckliche
Dinge: manche wurden gefoltert und ermordet, Frauen wurden vergewaltigt, viele fanden den Tod im Fluß. Diejenigen, die nach der Desinfektion nach Nowy
Dwór zurückkehrten, fanden nichts mehr von ihrem Besitz vor. Ihr ganzes Hab
und Gut, das sie hatten hinaus auf die Straße stellen sollen, war gestohlen. Die
Menschen wurden auf den Marktplatz der Stadt gejagt, wo eine Selektion vorge-
nommen wurde. Wenige Hundert wurden für arbeitstauglich befunden, diese
durften ins Ghetto zurückkehren. Darunter waren mein Bruder Matis und Mosche, Malkas Mann, die beiden hatten ihre Auswahl dem Brauereidirektor Pelzer
zu verdanken. Die anderen, etwa viertausend Menschen, darunter auch meine Eltern und andere Familienangehörige, wurden nach Pomiechówek getrieben, was
im Grunde ein Vernichtungslager war.« P. Grynszpan-Frymer, op. cit., S. 38

Das Gefangenenlager Pomiechówek in der Nähe von Nowy Dwór Mazowiecki
existierte seit März 1941. Die Juden aus den umliegenden Ortschaften wurden im
Juli 1941 dort inhaftiert. So selektierten die deutschen Faschisten am 7. Juli 3 250
Juden aus Nowy Dwór und trieben sie in das Lager. Zu diesem Zeitpunkt befanden sich etwa sechstausend Juden in dem Lager. Anfang September 1941 wurden
die überlebenden Juden aus dem Lager geholt und unter Begleitung von Polizei
und SS-Leuten an die Grenze des Generalgouvernements deportiert. Insgesamt
wird die Zahl der Gefangenen von Pomiechówek auf fünfzigtausend geschätzt,
die Anzahl der Ermordeten auf fünfzehntausend. Vgl. P. Grynszpan-Frymer, op.
cit., S. 79-86.

4 Vgl: Biogramme, Papier Zygmunt.

5 Pnina begann im Herbst 1941 als einzige Frau unter achtzig Arbeitern in der
Werkstatt Landau zu arbeiten. Die Tischlerei, die von ihrem Besitzer aus der Vor-
kriegszeit, Aleksander Landau, geleitet wurde, befand sich an der Gesiastraße 30.
Landau unterstützte die ZOB. In seiner Fabrik versteckte er die Aktivisten von
Haschomer Hazair. Vgl.: P. Grynszpan-Frymer, op. cit., S. 45.

6 Ostdeutsche Bautischlerei-Werkstätte — an der Gesiastraße 75-79.

7 Siehe Fußnote 6 des Gespräches mit Masza Glajtman Putermilch.

8 Vgl. Biogramme: Litman Josef.

9 Vgl. Biogramme: Landau Emilka, Margalit.

10 P. Grynszpan-Frymer, op. cit., S. 54: Rabbiner Blumental.

11 Bei den Kämpfern, die am 18. Januar auf dem Weg zum Umschlagplatz zur Selbstverteidigung griffen, waren: Josek Farber, Tosia Altman, Miriam (Freundin von Josek Kaplan), Margalit Landau. Pnina erfuhr später, daß Mordechaj Anielewicz auch daran beteiligt gewesen war. Vgl: P. Grynszpan-Frymer, op. cit., S. 60.

12 Von der Kommandantur der SS und der Gestapo eingerichtete Behörde, in der die Besitztümer der deportierten Juden gesammelt und ins Reich geschickt wurden. Die Magazine der Werterfassungsstelle befanden sich in den Gebäuden Nr. 4-20 an der Niskastraße. Im Sommer 1942 waren dort bis zu fünftausend Juden angestellt.

13 Blumsztajn und Wocawski aus Pninas Fünfergruppe gingen nicht zum Gelände der Bürstenmacher, weil sie »die Lust verloren hatten«, aktiv zu sein. Pninas Gruppe bestand ähnlich wie die anderen Gruppen aus zehn Personen: Alek Erlich, Jur Górny, Bronka Manulak aus Lódz, Abram Stolak, Stefa, Szaanan Lent, Zysiek Papier, Josef Litman und Pnina Papier. Pnina teilte ein Zimmer mit Zysiek, Bronka und Josek, im zweiten Zimmer wohnten Berlinski, Górny und Erlich, die übrigen waren im dritten Zimmer. Sie ernährten sich von Brot mit Marmelade, Tee und Ersatzkaffee. Die Männer hatten zu diesem Zeitpunkt schon Waffen: Pistolen, Granaten und Molotowcocktails, die sie selbst hergestellt hatten. Nachts klebten sie Flugblätter und Plakate an die Stellen, die die Juden morgens auf ihrem Weg zu den Werkstätten passierten. Auf solche Unternehmungen gingen sie jeweils zu zweit. Sie zogen Gummischuhe an oder umwickelten ihre Schuhe mit Lappen, um sich möglichst leise bewegen zu können. Sie lernten auch den Umgang mit Waffen. Vgl: P. Grynszpan Frymer, op. cit., S. 62-64.

14 Die Menschen, die Pnina traf, waren wahrscheinlich Mitglieder des Judenrates von Nowy Dwór, die für ihre Kollaboration mit den Deutschen ins Warschauer Ghetto anstatt nach Auschwitz gebracht worden waren. Das war der letzte Transport aus dem Ghetto von Nowy Dwór (am 12.12.1942), mit zweiundvierzig Mitgliedern des Judenrates und ihren Familien.

15 Tadeusz Rajszczak — polnischer Verbindungsmann der ZOB auf der arischen Seite.

16 Bei einer solchen Aktion zur Geldbeschaffung für die Kampfgruppen nahmen Abram Stolak, Hirsch Berlinski, Zysiek Papier, Pnina Papier, Josek Litman und Erlich teil. Mit maskierten Gesichtern schlichen sie sich nachts über die Dachböden zu dem Bunker, auf den Diamand sie hingewiesen hatte. Als sie dorthin gelangten, waren sie von dem Komfort verblüfft, den sie dort vorfanden: Der Bunker hatte einen Stromanschluß, war hübsch möbliert, die Wände waren gekachelt, und es gab ein Radio. Die Kämpfer bemühten sich, die Bewohner des Bunkers zu überreden, ihren Besitz der Organisation zu überlassen, weil die Deutschen ihnen ja doch alles abnehmen würden. Berlinski führte die Verhandlungen. Unterdessen durchsuchte Pnina die Frauen (bei einer fand sie Diamanten) und die anderen die Männer (bei denen sie Gold und Geld fanden). Auch die Zimmer wurden durchsucht. Als die Juden im Bunker protestieren wollten, drohte Berlinski ihnen mit der Waffe. Später kaufte Bluma, die Frau von Hirsch Wasser, für dieses Geld Waffen auf der arischen Seite. Vgl: P. Grynszpan-Frymer, op. cit., S. 68-70.

17 Das geschah am 20. April. Das verminte Tor befand sich in der Nähe der Wache an der Ecke Swietojerska- und Walowastraße. Die Kämpfer des Aufstands hatten den kleinen Platz vermint. Der Angriff der Abteilungen Stroops erfolgte etwa um fünfzehn Uhr. Stroop persönlich führte den Sturm seiner dreihundert Soldaten starken Abteilung an. Die Aufständischen ließen sie bis an das Tor kommen, dann brachten sie die Mine zum Explodieren. Bei dieser Aktion kamen zweiundzwanzig Deutsche ums Leben. Vgl: B. Mark, Powstanie w getcie warszawskim [Der Aufstand im Warschauer Ghetto], Idisz Buch 1963, S. 63-64.

18 Der zentrale Bunker der Bürstenmacher befand sich an der Swietojerskastraße 34. Vgl: P. Grynszpan-Frymer, op. cit., S. 77.

19 Die Kämpfer waren zwei Tage lang in dem Bunker an der Swietojerskastraße. Danach wurden drei Gruppen ausgewählt, die ins Zentralghetto überwechseln sollten. Das waren Mitglieder der Gruppen Dror, Bund und Poale Zion Linke. Die zionistische Jugendorganisation Hanoar Hazioni unter der Führung von Jakub Praszker blieb auf dem Gelände der Bürstenmacher. Vgl. P. Grynszpan-Frymer, op. cit., S. 78-79.

20 Bei dem Kämpfer handelt es sich um Abram Ejger. Vgl. Biogramme.

21 Den Bunker an der Franciszkanskastraße 30 überließen die Juden am 1. Mai den Deutschen. Die Ghettokämpfer entschieden sich zum Kampf, obwohl die Deutschen ihnen versprochen hatten, daß sie am Leben bleiben würden, falls sie sich ergäben. Berek ging als erster aus dem Bunker, er kam sofort um. Dem zweiten gelang es noch, eine Granate zu werfen, bevor er erschossen wurde. Mehrere Deutsche kamen bei dem Kampf um. Josek (Abram Ejger) schoß und warf Granaten vom ersten Stock. Er wurde verwundet und stürzte aus dem Fenster. Die Deutschen durchbohrten seinen Körper mit ihren Bajonetten. Die Deutschen zogen sich zurück, aber es war klar, daß sie zurückkommen würden. Vgl: P. Grynszpan-Frymer, op. cit., S. 82.

22 Szanaan Lent eröffnete das Feuer auf die herankommenden Deutschen. Pnina stand am Eingang des Bunkers, als sie sah, daß ihr Bruder verwundet war. Sie versuchte, ihn hereinzuziehen, aber schaffte es nicht. Bei diesem Schußwechsel wurden Lent und Zysiek, Pninas Bruder, getötet. Vgl: P. Grynszpan-Frymer, op. cit., S. 83

23 Fajgele: Wadka Peltel.

24 Antek Cukierman, Zygmunt Frydrych Tadek Szejngut und Kazik Ratajzer (Simcha Rotem) kamen zu dem Schluß, daß für die Kämpfer des Aufstands eine Flucht aus dem Ghetto nur durch die Abwässerkanäle möglich war. Sie machten sich also auf die Suche nach Leuten, die in den Kanälen arbeiteten. Die beiden ersten, die sie fanden, lehnten ab, weil sie sich davor fürchteten, ins Ghetto zu gehen. Am fünften Tag, nachdem Kazik das Ghetto verlassen hatte, hatte er immer noch keinen Erfolg. Antek drohte ins Ghetto zurückzukehren, wenn sie nicht bald eine Möglichkeit fänden. Auf der arischen Seite halfen den Aufständischen Krzaczek und — gegen reichliche Bezahlung — der König der Schmalzer. Nach einer Woche war der Fluchtplan fertig. Sie beschlossen, von dem Haus des Schmalzerkönigs aus zu starten; diesem wiederum hatten sie gesagt, es handele sich um eine Aktion der AK zur Rettung der Polen, die vom Ausbruch des Aufstands im Ghetto überrascht worden seien und nicht mehr hinauskämen. In der Nacht vom 7. auf den 8. Mai ging eine Gruppe mit Zygmunt Frydrych durch die

Kanäle zum Ghetto. Sie kehrten aber wieder zurück, weil die Deutschen die Einstiege beschossen und mit Granaten bewarfen. Vom 8. auf den 9. Mai wurde eine zweite Gruppe organisiert, die von Kazik angeführt wurde. Mit dabei war Rysiek Maselman, ein Freund von Tadek Szejngut, der sich schon seit einiger Zeit auf der arischen Seite verbarg. Zwei Installateure, Tadek und Kostek [Krzaczek] blieben zurück, um Lastwagen für einen angeblichen Möbeltransport zu organisieren. Wegen der starken Wasserströmung war es schwer, in den Kanälen zu gehen und die beiden Kanalarbeiter wollten schon zurückgehen, aber Kazik drohte ihnen mit der Waffe. Im Ghetto verließ er den Kanal durch einen Einstieg, der sich zwischen Stawki und Niskastraße, wenige Meter von der Zamenhofstraße befand. Rysiek blieb unten und sorgte dafür, daß die Kanalarbeiter dablieben. In einem Bunker traf Kazik auf zwei Männer und eine verletzte Frau. Sie hatten nicht mehr genug Kraft, um mit ihm zu gehen. Im Bunker an der Franciszkanskastraße 22 war niemand mehr. Er suchte in Nalewki-, Mila- und Zamenhofstraße nach den Aufständischen, aber fand nur verkohlte Leichen. Völlig resigniert kehrte er zum Kanal zurück. Auf dem Rückweg hörte er Stimmen — das waren Kämpfer aus dem Ghetto. Vgl. S. Rotem, op. cit., S. 52-57.

25 Nach B. Mark hießen die polnischen Kanalarbeiter Waclaw Sledziewski und Czeslaw Wojciechowski. Vgl. B. Mark, op. cit., S. 128, 131.

26 Vgl. Biogramme: Maselman, Rysiek.

27 Vgl. Biogramme: Gaik, Wladyslaw.

28 Nach einiger Zeit wurde der Haupteinstieg geöffnet und ein paar Eimer Suppe wurden in den Kanal hinabgelassen. Diejenigen, die in der Nähe der Eimer waren, konnten sich stärken. Vgl: P. Grynszpan-Frymer, op. cit., S. 88.

29 Ein Wagen nahm diejenigen mit, die am 10. Mai an der Prostastraße aus dem Kanal gekommen waren. Vgl. S. Rotem, op. cit., S. 59. Vgl. das Gespräch mit Marek Edelman in diesem Buch: »Es waren zwei Wagen da. Einer fuhr leer wieder davon.«

30 Am 10. Mai um fünf Uhr morgens. Kazik und Rysiek Maselman warten auf Tadek Szejngut und Krzaczek, die mit den geliehenen Lastwagen kommen sollten. Sie stehen auf der Straße, in der Nähe des Kanaleinstiegs Prostastraße. Im neun Uhr sind immer noch keine Wagen da. Sie sind sich im klaren, daß es ein großes Risiko ist, die Leute um diese Zeit aus dem Kanal zu holen, aber sie wissen auch, daß die da unten zum Tode verurteilt sind, wenn sie sie nicht herausholen. Sie haben überhaupt keine Waffendeckung. Um zehn Uhr kommt ein Lastwagen mit Kostek (Krzaczek), Jurek, Rysiek und Wacek (das waren Jungen, deren Aussehen in Ordnung war). Einige hundert Meter von dem Einstieg entfernt, an der Zelaznastraße, war die deutsch-ukrainische Wache des kleinen Ghettos. Die Jungen verdeckten den Einstieg und halfen den Leuten heraus. Krzaczek saß in der Fahrerkabine. Schaulustige sammeln sich um den Einstieg. »Da kommen die Katzen raus«, ist der Kommentar eines Zuschauers. Ein polnischer Polizist geht auf die deutsche Wache zu. Kazik folgt ihm und fordert ihn in energischem Ton auf umzukehren. »Das ist eine Aktion der polnischen Untergrundbewegung«, erklärt er. Die Gefahr wird durch die wachsende Menge der Schaulustigen immer größer. Etwa nach einer halben Stunde sagt Rysiek, daß jetzt alle herausgekommen sind. Kazik beugt sich in den Kanal und fragt, ob noch jemand unten ist. Keiner antwortet. Kazik gibt den Befehl, den Deckel wieder hinunterzuklappen. Über drei-

ßig Menschen sind auf dem Lastwagen. Als der Wagen losgefahren ist, gibt Cywia Kazik den Befehl, den Wagen anzuhalten, weil eine weitere Gruppe aus dem Ghetto in einem Seitenkanal wartet. Kazik weigert sich. Er sei der Kommandant bei dieser Operation. Es wäre unklug und falsch, jetzt noch weiter zu warten, weil die Deutschen jeden Augenblick kommen könnten, sagt er. Außerdem ist der Wagen voll, und der zweite Lastwagen ist nicht gekommen. »Wenn wir die Leute in den Wald gebracht haben, kommen wir zurück und versuchen, die anderen herauszuholen«, sagte Kazik. Vgl. S. Rotem, op. cit., S. 58-59.

31 Kazik stand auf dem Lastwagen. Krzaczek saß neben dem Fahrer. Auf der Brücke sah Kazik, daß die Deutschen jeden einzeln kontrollierten. Im letzten Augenblick befahl er umzukehren. Sie fuhren dann über eine andere Brücke und passierten einen anderen Wachposten. Vgl. S. Rotem, op. cit., S.59-60.

32 Rysiek, Jurek und Wacek fuhren von Lomianki nach Warschau. Als sie nach mehreren Stunden noch nicht wieder zurück waren, beschloß Kazik, zur Prostastraße zurückzukehren. Aus der Straßenbahn sah er einen Menschenauflauf am Bankowy-Platz. Er stieg aus und mischte sich unter die Menge. Rysiek und Jurek lagen tot auf dem Pflaster. Aus den Gesprächen der Leute, die zufällig Zeugen gewesen waren, entnahm er, daß die Deutschen hundert Meter von dem Einstieg entfernt gewesen waren, als die Juden aus dem Kanal kamen. Die Deutschen schossen auf die, die herauskamen, und sie schossen in den Kanal hinein. Die Ghettokämpfer verteidigten sich, aber alle wurden getötet. Rysiek und Jurek waren angeblich von einer Polin erkannt worden, die sie bei der ersten Aktion gesehen hatte. Vgl: S. Rotem, op. cit., S. 60-61.

33 Als die Gestapomänner anfingen, die Leute zu untersuchen, fanden sie bei Janek Bilak eine Pistole. Sie erschossen ihn auf der Stelle. Vgl. P. Grynszpan-Frymer, op. cit., S. 119.

34 Jakubek Putermilch. In dem gleichen Schutzbunker befanden sich Chajka Bechatowska und Baruch Spigel. Vgl: P. Grynszpan-Frymer, op. cit., S. 131.

35 P. Grynszpan-Frymer, op. cit., S. 146: Wir erreichten Palästina Ende Oktober 1945 auf dem Dampfschiff »Transylwania«. Anstelle von 400 Passagieren waren 1200 auf dem Schiff. In Haifa erwarteten uns viele Menschen. [...] Wir wurden vom Hafen aus sofort ins Kibbuz Jagur gebracht.

Wir waren doch einfach gemeine Soldaten

Ein Gespräch mit Aron Karmi

— Können Sie vielleicht zu Anfang etwas über Ihr Elternhaus, Ihre Familie erzählen?

— Ich komme aus einer kleinen Stadt, aus Opoczno, bis 1939 war das der Bezirk Kielce. Während des Krieges wurde das Städtchen dann dem Bezirk Lódz zugeschlagen. Wir wohnten über der Bäckerei, die meinem Vater gehörte. Wir waren zu sieben, fünf Kinder und meine Eltern. Unser Familienname war Chmielnicki: Mein Vater Eliezer Chmielnicki, meine Mutter Esther, vier Söhne und drei Töchter. Mein ältester Bruder ist 1935 hierher nach Israel ausgewandert — Zew bzw. Wolf Chmielnicki. Er kam als Sportler zur Makkabiade und ist hiergeblieben.

— Lebt Ihr Bruder Zew noch?

— Ja, er lebt noch. Mein anderer Bruder, Moszek, hat mit mir den Holocaust erlebt, wir waren zusammen im Zug nach Treblinka, aber er hat nicht überlebt. Er brachte mir bei, wie man aus dem Zug springt, und selbst ist er dann beim Herausspringen verunglückt; er ist mit dem Kopf gegen einen Telegraphenmast geschlagen. Er hat noch zwei Wochen gelebt.

— Ist er vor oder nach Ihnen herausgesprungen?

— Nach mir, ich war ja der Jüngere.

— Kehren wir doch noch einmal zur Vorkriegszeit zurück. Waren Ihre Eltern religiös?

— Ja, unsere Familie war religiös, aber nicht übertrieben. Wir waren zum Beispiel Mitglied bei »Gordonia« und gingen auch in den Turnverein.

— Ihr Vater hatte nichts dagegen?

— Nein, gar nichts. Samstags gingen wir mit dem Vater in die Synagoge. Einmal in der Woche, nicht jeden Tag — die Religiösen gehen ja jeden Tag.

— Stammten Ihre Eltern auch aus Opoczno?

111

— Nein, sie sind in Konskie geboren, das ist nicht weit von Opoczno.

— Können Sie sich an Ihre Großeltern erinnern?

— An meine Großväter nicht, aber an eine Großmutter erinnere ich mich gut, sie ist bei uns im Haus gestorben, das war noch vor dem Krieg. Meine Eltern nannten mich Aron nach meinem Großvater väterlicherseits.

— Wurde bei Ihnen zu Hause jiddisch gesprochen?

— Zu Hause? Mit den Eltern sprachen wir jiddisch und polnisch. Polnisch sprachen wir deshalb, weil wir ja einen Laden mit Backwaren hatten. Die ganze Kundschaft war polnisch. Sie kamen aus den Dörfern zum Markt in die Stadt. Mit meinen Brüdern sprach ich hebräisch.

— Wie viele Juden lebten vor dem Krieg in Opoczno?

— Etwas über dreitausend.

— War die Bäckerei Ihres Vaters im jüdischen Stadtteil?

— Auf der Grenze. Unser Haus markierte den Anfang des jüdischen Stadtteils. Die Berek-Joselewicz-Straße war die Hauptstraße im jüdischen Viertel von Opoczno.

— Welche Schule haben Sie besucht?

— Ich war auf verschiedenen Schulen. Erst zwei oder drei Jahre lang im *Cheder*[1], dann auf einer polnischen Schule und schließlich auf einer staatlichen Schule, die nur jüdische Schüler hatte. Die Unterrichtssprache war allerdings in allen Fächern polnisch. Es war eine kleine Schule, die im Haus Esterka untergebracht war. Von dort ging ich dann auf den *Tarbut*[2], wo ich einige Fächer auf hebräisch lernte. Ich hatte gerade mit der Berufsschule angefangen, als der Krieg ausbrach.

— Wann sind Sie der »Gordonia« beigetreten?

— Damals wollte ich zu den Pfadfindern, ich war acht Jahre alt. Meine Brüder haben mich mitgenommen. Es gab dort viel Unterhaltung, wir machten Spiele, es wurden Treffen organisiert — wie bei den Pfadfindern. Und danach lernten wir hebräisch und sangen Lieder über Palästina.

— Und unterdessen kam der Krieg.

— 1938 kamen Flüchtlinge aus Deutschland an. Eine Familie war in unserem Haus untergebracht, und sie erzählten uns, wie die Deutschen sind. Als dann die Deutschen in Opoczno einmarschierten, war die Angst sehr groß. Vom ersten Tag an wurden die Juden auf der Straße überfallen. Man nahm sie mit und zwang sie zu Arbeiten in der Stadt. An manchen Tagen trugen diese Menschen die Spuren von schrecklichen Prügel, wenn sie von der Arbeit zurückkamen. Anfang 1940 dann wurde die Armbinde Pflicht. Das Ghetto existierte noch nicht, aber es gab schon den »Judenrat« und das jüdische Viertel.

– Waren das die gleichen Straßen, in denen die Juden auch vor dem Krieg gewohnt hatten?

– Ja. Diejenigen, die außerhalb dieses Bereichs gewohnt hatten, mußten umziehen. Später wurde der ganze Bereich dann mit Stacheldraht eingezäunt und mit einem Schild versehen: »Judenviertel – Zutritt verboten!« Und das war dann das Ghetto. So weit ich mich erinnere, war es am 8. Mai 1940. Der »Judenrat« wurde einen Monat nach dem Einmarsch der Deutschen gebildet. Ich erinnere mich daran, daß sofort drei Geschäftsleute festgenommen wurden und von ihnen zwanzigtausend Zloty Kriegszuschuß verlangt wurde, weil die Juden den Krieg verschuldet hätten.

– Welche Geschäftsleute waren das?

– Mein Vater Eliezer Chmielnicki, Mosze Kacenelenbogen, und der dritte war ein Icchak Chmielnicki, der aber nicht mit uns verwandt war.

– Warum haben die Deutschen gerade diese drei ausgesucht?

– Sie nahmen die drei wichtigsten Geschäftsleute der Stadt. Kacenelenbogen machte Geschäfte mit den Bauern – er kaufte das Korn und verkaufte es an die Mühlen, Iccak Chmielnicki hatte einen sogenannten »Vulkan«, das war eine Glashütte, und eine Kalkgrube.

– Was geschah mit den Geschäftsleuten?

– Von irgendwoher tauchte so ein »Macher« auf, einer, der alles irgendwie erledigen konnte. Er ging zum Kommandanten der Gestapo und sagte: »Gebt mir die drei Juden, ich bring' euch das Geld. Die haben ihren Schrecken gehabt, und werden jetzt zu den Einwohnern gehen und das Geld einsammeln.« Damit hat er sie überzeugt. Und dem Kommandanten gefiel dieser Einfall.

– Wissen Sie noch, wie er hieß?

– Mordechaj Rosental. Er sprach fließend deutsch, denn er hatte mal in Deutschland gelebt und war als Händler nach Opoczno gekommen. Mit diesen drei Juden zusammen nahm er innerhalb von acht Stunden das Geld ein. Danach gab ihm der Gestapokommandant den Auftrag, eine Liste der zwanzig reichsten, wichtigsten Ju-

den der Stadt aufzustellen. Das war der »Judenrat«. Die Deutschen
konnten ja selber niemanden aussuchen, weil sie keinen kannten.
— War Ihr Vater auch im »Judenrat«?
— Ja. Es waren Ärzte darin, und Fromme und Leute aus der Poli-
tik. Der Vorsitzende war Fredlewsi.
— Wie verhielt sich der »Judenrat« in Opoczno?
— Ganz gut. Nun, natürlich nicht hundertprozentig, aber im
Vergleich zu anderen Städten verhielten sie sich bis 1942 ganz an-
ständig. Danach war es anders.
— Was heißt das, »anders«?
— Als die Deutschen mit den Hinrichtungen, den Erschießungen
angefangen haben, da sah die Sache ganz anders aus. Vorher hatte
man sich loskaufen können, man konnte für Geld jemand anderen
zur Arbeit gehen lassen, später war es schwieriger. Der »Judenrat«
begann, intensiver mit den Deutschen zusammenzuarbeiten, es ging
ja gar nicht anders.
— War Ihr Vater bis zum Schluß im »Judenrat«?
— Nein. Er wurde später herzkrank. Bis 1942 war er im »Judenrat«.
— Haben Sie im Ghetto gearbeitet?
— Ja, bei meinem Vater in der Bäckerei. Jeder Jude hatte eine Lebensmittelkarte, auf die bekam er pro Tag siebzig Gramm Schwarz-
brot. Und dieses Brot habe ich gebacken. Andere Juden aus Opoczno gingen zum Torfstechen. Es gab ein paar Außenstellen, da wurde
für die Deutschen gearbeitet. Die Leute beim Torfstechen arbeiteten
barfuß, sie holten sich Typhus und eine Epidemie brach aus. Zu dem
Zeitpunkt existierte das Ghetto bereits. Als die Juden, die außerhalb
dieses Viertels gelebt hatten, umgesiedelt wurden, da nahm jede Familie im Ghetto eine Familie bei sich auf. Dann gab es noch die
Flüchtlinge aus Wielun, Lodz und Plock. Zu der Zeit waren etwa 4
500 Juden im Ghetto. Lebensmittel gab es nicht, weil sie uns ja eingesperrt hatten. Die hygienischen Verhältnisse waren schrecklich, deshalb gab es auch Typhus. Beim Torfstechen wurden Juden auch von
Volksdeutschen erschlagen. Da war einer, der kam mit einem großen Hund, der kam nur, um zu schlagen; er hat vielen Juden die
Arme und Beine gebrochen. Da wollten die jüdischen Arbeiter nicht
mehr zur Arbeit gehen. Zu dem Zeitpunkt konnte man sich nicht
mehr loskaufen, also sind sie weggelaufen.
— Wissen Sie noch, wann das war?

– Das war im Juni 1942. Die Gestapo kam und befahl den jüdischen Polizisten, alle zu verhaften, die von der Arbeit geflohen waren. Und die Polizisten gingen hin und nahmen sie fest. Es waren etwa zwanzig. Sie wurden zur Synagoge geführt. Da war das Gefängnis. Es war etwa sechs oder sieben Uhr abends, als sie verhaftet wurden. In der Stadt hieß es, sie würden erschossen. Ihre Familien gingen zur Synagoge und benachrichtigten die Häftlinge. Da traten sie die Bretterverschläge nieder und flüchteten. Am nächsten Tag kam die deutsche Polizei, um sie festzunehmen, aber da war keiner mehr da. Alle waren sie geflüchtet. Die jüdischen Polizisten holten die SS, die dann etwa zweihundert Menschen in der Stadt erschossen hat.

– Diese Leute wurden ganz willkürlich ausgewählt?

– Ja, einfach so, von der Straße, aus den Häusern, zweihundert Menschen!

– Haben Sie sich damals versteckt?

– Ja. Unsere ganze Familie hat sich versteckt. Die SS kam aus Tomaszów, und sie holten sich diesen »Macher«, Mordechaj Rosental. Er sollte die zwanzig Flüchtlinge für sie auftreiben, aber Rosental sagte nein. »Ich werde das nicht tun, weil ich weiß, was ihr mit ihnen macht!« sagte Rosental. Da haben sie die zweihundert geschnappt, aber Rosental ist ihnen irgendwie entkommen. Drei Tage später kam er zurück ins Ghetto. Genau an diesem Tag war Moritz in der Stadt, so ein Verbrecher von der Polizei. Moritz traf Rosental in der Gemeinde und befahl ihm, mitzukommen. Sie gingen die Treppe hinunter, und als sie auf der letzten Stufe angekommen waren, schoß Moritz Rosental mitten ins Herz. Einfach so ... Bevor wir umgesiedelt wurden, verkleinerten sie das Ghetto. Es gab immer weniger Lebensmittel, und es wurde immer gefährlicher. Wir, die Jungen, wir wußten genau, was uns erwartete. Im Frühling 1942 hatten wir die Untergrundzeitungen aus Warschau bekommen.

– Was für Zeitungen?

– »Slowo Modych« (Wort der Jugend), das war eine Zeitschrift der »Gordonia«, Eliezer Geller war dafür verantwortlich.

– Das war Ihr späterer Anführer im Aufstand?

– Ja. Geller berichtete in dieser Zeitung von Ponary[3] und rief zum Widerstand auf, er forderte alle auf, zu kämpfen. Ein Freund von mir, der Sohn meiner Hebräischlehrerin, hatte diese Zeitung zu Hause in einem geheimen Verschlag versteckt. Seine Mutter machte

Seife, die sie verkaufte, und diese Seife versteckte sie an der gleichen Stelle. Sie wohnten an der Grobelnastraße. Als die Deutschen das Ghetto verkleinerten, mußten diese Leute in aller Eile in eine andere Wohnung und vergaßen dieses Versteck. Die Deutschen durchsuchten alle Häuser und fanden die Seife und die Zeitung. Die Zeitung brachten sie nach Radom auf die Polizeistation und suchten dann nach den Verbrechern. Der »Judenrat« wollte ihnen Geld geben, um sie damit zu bestechen, aber die Gestapo wollte den haben, der diese Zeitung gemacht hatte. Da meldete sich der Vater dieses Jungen. Sie nahmen ihn fest. Sie prüften seine Schrift und stellten fest, daß er es nicht sein konnte. Wir hatten inzwischen diesen Jungen — er hieß übrigens Aba Lebendiger — aus der Stadt geschafft. Wir brachten ihn erst zu einem Polen nach Skaa, dann nach Czestochowa. Dann meldete sich seine Schwester bei der Gestapo. Und obwohl sich herausstellte, daß auch sie es nicht geschrieben haben konnte, holten die Deutschen Abas Vater, seine Schwester und seinen jüngeren Bruder und erschossen sie. Alle drei. Zwei oder drei Wochen später, am 27. April 1942, verhafteten sie in der Nacht dreißig Leute, größtenteils stadtbekannte zionistische und kommunistische Aktivisten. Der Kommandant der polnischen Polizei, Zawadzki, ging in der Nacht mit der Liste von Haus zu Haus und verhaftete die Leute. Sie nahmen sie mit in die jüdische Gemeinde. Drei von ihnen — jeder zehnte — wurden nach Tomaszów ins Gefängnis gebracht, danach kamen sie nach Auschwitz. Die übrigen siebenundzwanzig wurden erschossen, ganz in der Nähe, am Fluß. Einer der siebenundzwanzig, der auch bei »Gordonia« Mitglied war, wurde bei der Erschießung nur verwundet. Er robbte sich zum Krankenhaus, das befand sich nur 100 oder 200 Meter vom Fluß. Davon erfuhr Moritz, keiner weiß wie und warum. Er ging ins Krankenhaus und tötete diesen Verwundeten in seinem Krankenhausbett. Dann kam die Aussiedlung. Aus den Untergrundzeitungen wußten wir, daß die Einsatzgruppen von Ort zu Ort gehen und die Aussiedlung durchführen. Wir wußten, daß sie immer näher kamen. Die Menschen begannen, Unterschlüpfe einzurichten, ein paar gingen aufs Land zu Polen. Sie wollten sich retten. Wir wohnten ja ganz am Rande des Ghettos, wie ich erzählt habe. Der Stacheldraht führte durch unseren Garten. Das Nachbarhaus war schon auf der anderen Seite. In diesem Haus war das Kino, vor dem Krieg war dort die Feuerwache gewesen. Ich kannte alle Ein- und Ausgänge dieses Kinos, und wir faßten folgenden Plan: Wenn etwas passieren sollte, würden wir in dieses Kino gehen und dort so lange wie nötig bleiben. In der Bäckerei hatten wir einen Bunker, dort versteckte sich meine ganze Familie. Nur mein Vater verbarg sich nicht, er hatte eine Karte, die bescheinigte, daß er zur Arbeit gebraucht wurde. Meine Mutter und meine anderen Geschwister gingen also in den Unterschlupf an der Bäckerei, und wir, das waren mein Bruder Moszek, ein Cousin aus Lódz und ich, wir deckten diesen Unterschlupf mit Holz zu und verzogen uns selbst ins Kino.

– Wann war die Aktion?

– Am 22. September versteckten wir uns im Kino, denn wir wußten, daß am nächsten Tag die Strafexpedition zu uns kommen würde. Und so war es auch. In der Frühe kreisten sie die Stadt ein.

– Woher wußte man in der Stadt so genau, daß die Einsatztruppen am 23. September kommen würden?

– Am Tag zuvor waren sie in Tomaszów gewesen, und außerdem wußte die jüdische Polizei Bescheid. Am 23. September gingen sie dann durchs Ghetto und brüllten, daß alle auf den Kilinski-Platz kommen müßten. Dort auf dem Kilinski-Platz hatte vor dem Krieg immer der Pferdemarkt stattgefunden. Und alle gingen dorthin auf diesen Platz, fast die ganze Stadt. »Wer sich versteckt, wird getötet«, hieß es. Und wir hörten diese Schreie und die Maschinengewehre. Wir saßen schon seit der vorhergehenden Nacht im Kino, unter der Leinwand. Es verging eine Nacht, es verging ein Tag, und das, was im Ghetto vor sich ging war das reine Grauen. In der zweiten Nacht ging uns das Wasser aus, und wir hatten großen Durst. Hungern kann man, aber auf Wasser kann man einfach nicht verzichten. Deshalb schlich ich mich in dieser zweiten Nacht heimlich durch das Fenster hinaus. Ich ging nach Hause, in die Bäckerei. Alles stand offen, es herrschte ein großes Durcheinander. Es war offensichtlich, daß die Deutschen gekommen waren und das Haus durchsucht hatten. Das Holz, mit dem wir den Bunker abgedeckt hatten, lag verstreut herum, niemand war mehr da... Wir beschlossen, noch einen Tag im Kino zu bleiben. Am folgenden Tag feierten die Deutschen das Ende der Aktion: Opoczno *judenrein!* »*Ot nekuda ahat judenrein*«[4]. Ihr Anführer hielt eine Rede für die Offiziere, die Soldaten und die Ukrainer. Und wir dort im Kino, wir hörten jedes Wort. Nein, das kann man gar nicht wiedergeben... In diesem Kino konnten wir auch nicht länger bleiben, es war niedrig und eng, und die Ratten liefen auf uns herum. Wir wußten nicht, ob es Tag oder Nacht war — die ganze Zeit war es dunkel. Der Lärm auf der Straße war der einzige Anhaltspunkt für uns.

— Ihr wart also zwei Nächte und drei Tage in dem Kino?

— Ja. Und im Ghetto waren nur noch der »Judenrat« und die Polizei zurückgeblieben. Noch zwei Blocks mit zweihundert Menschen: die Mitarbeiter vom »Judenrat« und die *chijunim*, die Unverzichtbaren. Wir gingen die Berek-Joselewicz-Straße hinunter in Richtung »Judenrat«. Vor dem Gemeindehaus stand ein jüdischer Polizist, der machte uns mit der Hand ein Zeichen, daß wir nicht näher kommen sollten. Wir versteckten uns. Wir sahen eine Patrouille der Gendarmerie: Sie suchten immer weiter nach Leuten die sich versteckt hielten, und wenn sie jemanden erwischten, brachten sie ihn sofort um. Später traf ich dann im Gemeindehaus meinen Vater, meine Mutter und meine Geschwister wieder. Mein Vater hatte am zweiten Tag den Bunker in der Bäckerei geöffnet. Der »Judenrat« hatte nämlich eine Liste aller »notwendigen« Personen gemacht, die dann die Erlaubnis bekommen sollten, mit ihren Familien im Ghetto zu bleiben. Aber weder ich noch mein Bruder waren auf der Liste. Als ich auf meinen Vater zuging, brach er in Tränen aus und rief: »*Oj leaba sheroe et habanim chozrim we lo jahol laazor lachem.*«[5] Was sollte ich jetzt tun? Wir mußten sofort fliehen. Mein Bruder und mein Cousin versteckten sich im Ghetto, ich ging zu einem Polen. Er war schon zwanzig Jahre bei uns in der Bäckerei angestellt. Er sprach jiddisch mit uns. Immer wieder hatte er gesagt: »Wenn ihr in Not seid, kommt zu mir, ich werde euch helfen!« Er wollte mir auch helfen, aber er bekam einen fürchterlichen Schrecken, als er mich sah ... Die Deutschen brachten die Polen ja um, bei denen sie Juden fanden, solche Fälle waren auch bei uns in der Stadt vorgekommen. Aber dieser Pole wohnte in der Nähe des Friedhofs, da war ein Haus, in dem die Leichen gewaschen wurden. Dort ging ich also hin. Ich saß auf dem Dachboden und wartete. Ich weiß nicht mehr, auf was ich wartete, aber ich wartete. Wahrscheinlich wartete ich auf einen besseren Tag. Stasiek, dieser polnische Mitarbeiter meines Vaters, brachte mir Milch und warmes Essen, aber er hatte schreckliche Angst. Und ich saß nachts da mit all den Toten. Am nächsten Tag berichtete Stasiek, im Ghetto würde geschossen, ich konnte also nicht heraus. So vergingen einige Tage. Eines Tages kam mein Vater für ein Begräbnis. Er brachte mir einen Spaten mit, und ich ging dann mit meinem Vater zusammen wieder ins Ghetto zurück. An diesem Tag hatte die Gestapo verkünden lassen, daß alle, die sich bisher versteckt gehalten hatten, herauskommen konnten und auch auf die Liste gesetzt würden. So war es dann auch tatsächlich. Es stellte sich heraus, daß sich sehr viele Personen versteckt gehalten hatten, einige kamen sogar aus den Dörfern zurück. Wir waren dann noch vier Monate im Ghetto. Bis zur nächsten Aussiedlungsaktion am 5. Januar. Zwei Wochen vor dem 5. Januar kam die Gestapo an und sagte: Nun, jetzt habt ihr den Krieg überlebt. Ihr habt es geschafft. Jeder, der einen Angehörigen in Palästina hat, darf ausreisen. Es gibt einen Austausch: Für jeden Deutschen geben wir zehn Juden, sagten sie. Es kursierten sogar Witze, daß sie noch Polen zu Juden machen würden, weil von uns so wenige übriggeblieben waren. Dieser Trick funktionierte. Viele Menschen, die mit arischen Dokumenten auf dem Land gelebt hatten, kamen und meldeten sich für diesen Austausch. Nach all diesen Verbrechen, nach den Ermordungen, den Aussiedlungen — war das nicht unlogisch, konnte man ihnen da glauben? Was meinten sie denn mit diesen zweihundert Leuten? Was sollte diese Zahl? Wollten sie ausgerechnet für diese zweihundert ein Wunder wirken? Nun, man wollte ihnen gerne glauben... Alle trugen wir uns auf der Liste ein. Wir hatten ja Familie hier in Palästina, ein Bruder von mir lebte schon hier. Manche trugen sich einfach bei fremden Familien mit ein. Am 5. Januar sagten sie uns, wir dürften nur fünf Kilo Gepäck mitnehmen, weil in den Waggons nicht viel Platz sei. Was kann man da schon mitnehmen, in einem Fünf-Kilo-Bündel? Mit diesem Gepäck gingen wir dann zu den Fuhrunternehmen.

— Diese Wagen fuhren vom Ghetto aus ab?

— Ja. Die Fuhrleute brachten uns nach Ujazd. Das ist ein kleines Dorf zwischen Opoczno und Koluszki, in der Nähe von Tomaszów. Nur zwei SS Männer und polnische Polizisten waren dabei, keine Ukrainer und keine deutschen Soldaten. Damals glaubten wir noch... In Ujazd war die zentrale Sammelstelle, wo die Juden aus den anderen umliegenden Ortschaften hingebracht wurden — diejenigen, die auch nach Palästina zum »Austausch« fuhren!

— Wie viele Menschen waren in Ujazd?

— Zwei große Wagen aus Opoczno: 450 bis 500 Personen, etwa zweihundert Familien. Ich weiß nicht, wie viele es insgesamt waren. Gegen Abend kamen wir in Ujazd an. Es war ein goßes Dorf. Wir gingen durch ein Tor, das hinter uns verschlossen wurde. Dann sahen wir, daß es dort von Deutschen und Ukrainern wimmelte. Wir hatten eine erste böse Ahnung, daß wir in eine Falle gegangen waren und daß unser Ziel bestimmt nicht Palästina sein sollte. Aber wir wollten weiter daran glauben, wir wollten weiter leben! Also warteten wir ab. Uns wurde gesagt, wir müßten die Nacht hier verbringen, und am nächsten Morgen käme unser Zug. Der Zug käme und würde uns nach Westen bringen, nach Deutschland und dann in die Schweiz, wo der Austausch stattfinden würde, erzählten sie uns. Diese Nacht verbrachten wir also sitzend in Ujazd, denn zum Hinlegen reichte der Platz nicht aus.

— Wo wart ihr untergebracht?

— Das waren verlassene polnische Bauernhäuser, die speziell für die Juden »hergerichtet« waren. In jedes Haus stopften sie etwa zwanzig Menschen.

— Konnte man von dort fliehen? Hat es jemand versucht?

— Nein, das war nicht möglich. Das ganz Gelände war von Ukrainern eingekreist, die sich an ihren Feuern wärmten. Ein einziger versuchte zu fliehen, sie haben ihn sofort umgebracht. Und am Morgen dann hieß es schon: »schnell, schnell«; Stöcke und Peitschen und Gewehrkolben tauchten auf, und immer »schnell, schnell«, wir mußten uns in Fünferreihen aufstellen. Und wir marschierten los. Der Marsch zur Eisenbahn führte drei Kilometer durch den Schnee. Der Schnee war ganz trocken, er knirschte, wenn man drüber ging. Wir mußten uns in schnurgeraden Reihen halten. Das erste Opfer war der Rabbiner aus unserer Stadt. Wir rannten weiter, immer zu fünft in einer Reihe, und die Deutschen fingen an zu schießen. Der Rabbiner hielt sich nicht genau in seiner Reihe, da ging ein Deutscher zu ihm und sagte: »He, du machst hier ein Durcheinander!« Er trat ihn und schoß eine ganze Salve aus seinem Schmeisser auf ihn ab. Ich sah das Blut im Schnee — dieses Rot und Weiß ... Wieder ging es mir durch den Kopf: Kann das wirklich ein Austausch sein? Das ist bestimmt eine Falle. Ich hörte Schüsse hinter mir. Jeder dachte, die Schüsse gelten ihm. Wir duckten uns, wir machten uns ganz klein und liefen, wie Hunde, wie Katzen, wie verstörte Tiere — wie soll ich das beschreiben? Drei Kilometer liefen wir so. Einige blieben tot auf der Strecke. Am Bahnhof bekamen wir den Befehl, uns in einer Reihe aufzustellen. Der Zug war noch nicht da. Wir mußten unsere Bündel auf die Erde legen und zehn Schritte von den Bündeln weg nach vorne gehen. Manche hatten ein wenig Geld oder Schmuck und Familienfotos in den Bündeln. Wenn sie sich dann zu ihrem Gepäck umdrehten, erschossen die Deutschen sie sofort. Das war das nächste Zeichen für uns. Es war zwar schon in Ujazd klar, daß diese Reise nicht nach Palästina gehen würde, aber wir konnten immer noch nicht begreifen, warum sie das taten. Warum bringen sie uns fort? Sie hätten uns doch einfach auf der Stelle erschießen können! Als sie da auf dem Bahnhof die Leute umbrachten, da hörten wohl alle auf, an Palästina zu glauben, oder fast alle. Einige sagten: Wir müssen bloß durchhalten! Mit ihrem kleinen Restchen Hoffnung gaben sie den übrigen ein wenig Trost. »Wir werden sehen, aus welcher Richtung der Zug kommt«, sagten wir uns. »Wenn er von Osten kommt, und wir nach Westen fahren, dann können wir noch Hoffnung haben. Aber wenn er von Westen kommt, und wir in den Osten fahren, dann wird das unsere letzte Reise sein.« Also warteten wir. Jeder Augenblick war wie eine Stunde, jede Stunde wie ein Tag. Es war kalt, wir hatten nichts zu essen, die vorhergehende Nacht hatten wir nicht geschlafen. Nun, schließlich kam der Zug. Ich weiß nicht mehr, ob er von Osten oder Westen kam. Als sie uns im Ghetto in den Listen eingetragen hatten, da hatte es geheißen, wir würden mit einem Personenzug fahren. Aber der Zug, der für uns kam, war ein Güterzug. Ukrainische Wachleute sprangen aus dem Zug. Da war uns schon alles klar! Nun, aber jetzt war es zu spät, jetzt war nichts mehr zu machen, wir konnten nur noch warten. Auf den Befehl »*Die ganze Scheisse heraus!*«[6] stellten sich die Ukrainer im Spalier auf, die Zugtüren standen weit offen. Dann schieben sie uns hinein, so viele wie hineinpassen, den Rest zerren sie herein. Und so zerren und reißen sie, bis der Waggon zum Bersten gefüllt ist. Als der Waggon ganz voll war, kam ein SS Mann mit seinem Schmeisser und beschrieb damit einen Kreis in der Luft, schoß aber nicht. Die Menschen wichen zurück. Dann brüllte er dem Ukrainer zu: Los, bring noch mehr her! Etwa 120 bis 130 Menschen waren im Waggon. Sie schlossen die Türen, wir waren eingesperrt. Und dann brach drinnen diese schreckliche Tragödie los: Schreie, Krämpfe, Heulen ... Aber davon habe ich schon berichtet ...

    — Bitte erzählen Sie weiter ...

    — Was soll ich erzählen ... Der Waggon stand viele Stunden lang da. Wie viele Stunden — ich weiß es nicht. Nicht weil keine

Uhren dagewesen wären, das war keine normale Zeit, die verging. Das läßt sich nicht erklären. Wir standen ganz lange dort, vielleicht auch nur kurz. Die nächsten Waggons kamen an, wurden beladen, bis schließlich der ganze Zug zur Abfahrt bereit war. Als er sich in Bewegung setzte, fingen die Fragen wieder an. »Wohin fahren wir?« Wir fuhren nach Koluszki, in Richtung Westen. Wieder eine schwache Hoffnung. Und wenn sie uns doch austauschen ... Im Waggon spielte sich eine Tragödie ab. Eine Mutter erstickte ihren kleinen Säugling. Die Leute, die neben ihr standen, wollten ihr das Kind entreißen, aber sie ließ es nicht zu: Soll es hier sterben, und nicht im Gas! Wir wissen schon, wo es hingeht — nach Treblinka. Aber wir fahren doch nach Westen! Vielleicht geht es doch nicht nach Treblinka? Die Leute schreien: Laßt das nicht zu, laßt sie doch nicht das Kind ersticken! Sie schreien durcheinander: Ich habe Geld bei mir, was soll ich mit dem Geld? Wir fahren in den Tod! Was hab' ich denn mein ganzes Leben lang gemacht? Ich hab' Geld gemacht, und was mache ich jetzt mit dem Geld? ... Der Zug bleibt zuweilen stehen, mal um Kohlen, mal um Wasser aufzunehmen. Jedesmal, wenn der Zug anhält, kommen Ukrainer herein und plündern. »Geld her, los, Geld her!« schreien sie. »Wenn nicht, wird geschossen!« Daß wir nach Treblinka fahren, ist jetzt allen klar. Aber erst, wenn wir in Koluszki sind, sagen wir, dann wissen wir es genau. Wenn wir nach Lódz kommen, dann ist noch Hoffnung. In Koluszki bleibt der Zug stehen. Wir spüren, daß draußen etwas vor sich geht, die Lokomotive wird abgekoppelt und auf die andere Seite geschoben. Diejenigen, die an den kleinen Fenstern stehen, sagen, die Lokomotive müsse Wasser aufnehmen. Aber es ging gar nicht um Wasser — die Lokomotive wurde an der anderen Seite angehängt. Und dann fahren wir von Koluszki nach Warschau, Malkinia — und Treblinka. Es geht nach Osten. Von diesem Moment an gibt es keine Zweifel mehr. Alle wissen Bescheid — es gibt nichts mehr zu hoffen ... Wir fahren nach Treblinka. Alle stehen mit ihren Familien zusammen. Ich war auch bei meiner Familie.

— Wer von Ihrer Familie war mit Ihnen im Waggon?

— Mein Vater, meine Mutter, mein älterer Bruder. Einer meiner Brüder war in Rußland, der andere hier in Palästina. Und mein dritter Bruder war dort, Mosze. Mosze hatte schon in der Armee gedient, er war Oberzugführer. Und meine Schwestern waren da — die eine war älter als ich, die beiden anderen jünger.

— Wie alt war die kleinste Schwester?
— Sie war neun. Die zweitjüngste dreizehn. Und Bracha, die älteste, war schwanger. Ihr Mann stand neben ihr. Wir standen alle zusammen, die ganze Familie. Moszek überlegte, was wir tun sollten. Ganz laut sagte er: »Jetzt gibt es nichts mehr zu verbergen, jetzt kann man es offen sagen: Wir fahren nach Treblinka.« Mein Vater wandte sich an uns und sagte: »Ich bin schon fünfzig Jahre alt. Manche sterben in diesem Alter. Ich kann mich viel leichter damit abfinden als ihr. Ihr seid jung, ihr müßt es versuchen. Versucht, aus dem Waggon zu springen. Wenn es euch gelingt, komme ich ins Paradies. Wer eine Seele Israels rettet, der rettet eine ganze Welt.« Mein Vater sprach uns damit Mut und Trost zu. »Das ist die letzte Chance«, sagte Mosze. »Heute abend kommen wir nach Warschau, und von Warschau nach Malkinia sind schon Wachen an der Strecke aufgestellt. Hier kann man noch hinausspringen.« Er erklärte es uns, denn er war Soldat gewesen und wußte, wie man es machen mußte. Es war so schrecklich. Ich kann gar nicht davon erzählen. Es fällt mir so schwer, auf polnisch davon zu reden, ich finde die Worte nicht. Was heißt flüchten? Was heißt versuchen? Was heißt ... Zuerst kam der Abschied von der Familie. Wie ließen wir sie zurück? Wohin würden sie kommen? Auf all diese Fragen gab es keine Antwort. Aber wir faßten den Entschluß. Wir nahmen von allen Angehörigen Abschied. Als ich zu Bracha, meiner älteren Schwester, kam, brach sie in Tränen aus: »Dieses Kind, das noch gar nicht auf der Welt ist, es hat doch niemandem etwas getan, warum muß es sterben?« Da versagten mir die Kräfte, und ich sagte: »Ich bleibe!« Und der Zug fährt, und die Zeit schrumpft und schrumpft, die Zeit, die wir noch vor uns haben. Mein Vater bestand darauf, wir sollten hinausspringen. Unser Cousin aus Lódz war bei uns, wir waren also zu dritt. »Wenn ihr springt«, sagte mein Vater, »dann kann uns vielleicht jemand rächen!« Die Tatsache, daß ich lebe, habe ich nur meinem Vater zu verdanken. Wir selbst hatten diesen Mut gar nicht, wenn also mein Vater nicht gewesen wäre ... Während mein Vater so immer weiter auf uns einredete, fragte meine Mutter: »Wo schickst du sie denn hin? Was ist denn mit ihren kleinen Schwestern?« Das war meine Mutter, verstehst du? Wir bleiben zusammen! Aber mein Vater fing wieder an, da begriff meine Mutter, sie zog ihr Geld heraus und nahm von uns Abschied. Sie nahm auch das Geld unserer kleinen Schwestern. Sie gab es uns drei, dann segnete sie uns für den Weg...

Wir machten uns zum Springen bereit. Aber wie sollten wir es anstellen? Vor den kleinen Fenstern waren Eisenstäbe. Und den Platz an den Fenstern hielten die mit den kräftigsten Ellenbogen besetzt. Die Schwachen, die kaum noch atmen konnten und um ein wenig frische Luft bettelten, kamen nicht an die Fenster heran. Wir kündigten an, daß wir springen würden. Wir forderten andere auf, mit uns hinauszuspringen. Wir sagten, wir müßten uns beeilen, wir dürften keine Zeit verlieren. Jetzt sei es noch möglich. Da boten die, die während der ganzen Fahrt keinen ans Fenster gelassen hatten, uns ihre Hilfe an.»Ihr kommt mir nach!« sagte Moszek zu uns. Er stützte sich auf die Schultern der Leute und bewegte sich über ihren Köpfen zum Fenster hin. Es war, als schwimme er. Alle stützten ihn und halfen ihm vorwärts zu kommen. So gelangten wir zum Fenster.

— Wie viele hatten sich entschlossen, mit euch zu fliehen?

— Ich kann genau sagen, wie viele vor mir gesprungen sind. Wie viele nach mir kamen, kann ich nicht sagen. Ich war der zweite, und Moszek der dritte. Bevor wir sprangen, mußten wir die Gitter herausreißen. Alle halfen mit vereinten Kräften. Ich bin sicher, daß sich vor uns schon andere an diesen Gittern versucht hatten. Uns ist es gelungen. Wir hatten nicht viel Kraft, aber wir schafften es. Wir stellten die Gitter auf den Boden. So war es wie eine kleine Leiter, über die man zum Fenster gelangen konnte. Dann erklärte Mosze uns noch mal alles genau. »Paßt gut auf, man muß mit den Füßen zuerst abspringen. Ihr haltet euch an diesem eisernen Stab über dem Fenster fest, dreht den Körper hinaus bis ihr mit dem Bauch auf dem Fensterrand liegt. Dann schiebt ihr euch nach draußen und stoßt euch mit aller Kraft ab, damit die Beine bloß nicht unter die Räder der Eisenbahn kommen.« Jeder, der es so machte, wie Mosze es erklärt hatte, schaffte es. Diejenigen, denen es nicht so beigebracht wurde, hatten nicht immer Glück. Eine Frau aus unserer Stadt, Jofka Kacenelenbogen, sprang heraus und der Zug riß ihr beide Beine ab. Sie starb am nächsten Tag neben den Gleisen, Polen haben sie dort gefunden. Ich sprang als zweiter, aber der vor mir mußte es zweimal probieren, denn er hatte einen langen Mantel an, und er verhedderte sich immer wieder in den Mantel. Erst beim zweiten Versuch sprang er, der Edelstam. Moszek hatte uns noch etwas erklärt: Wir hatten die ganze Zeit über Schüsse gehört. Jeder dritte Waggon hatte so ein Abteil mit Wächtern. Sie schossen einfach an den Fenstern entlang.»Hört ihr diese Salve?« sagte Moszek.»Und noch eine — und noch eine. Jetzt kommt eine Pause, denn nach drei Salven muß das Gewehr neu geladen werden. Also müssen wir nach der dritten Salve springen. »Wir warteten, und dann sprang nach jeder dritten Salve einer hinaus. Ich warf erst meinen Mantel hinaus, dann sprang ich. Vorher hatte ich mit Moszek verabredet, daß ich da bleiben würde, wo ich landete, und daß er dorthin kommen würde. Unsere Parole war die Melodie eines Liedes »Jak dobrze nam zdobywac góry (Wie schön ist es, den Gipfel zu erreichen)«. Das sollte Moszek pfeifen. Es war schon Nacht. Wie eine Katze landete ich in einem Graben voll Schnee. Der Schnee machte mich sofort hellwach. Ich stand da und wartete und wartete . . . Nach einiger Zeit kam mir der Gedanke, es sei vielleicht nicht so gut da zu stehen, denn die Nacht war ziemlich hell. In der Nähe war ein Birkenhain, ein ganz junges Wäldchen. Dort wartete ich und horchte auf die Melodie. Aber Moszek kam nicht. Nach dem Krieg erst erfuhr ich, daß Moszek gegen einen Telegraphenmast gestürzt war und mit der Wunde am Kopf bis nach Opoczno gegangen war. Jede Nacht ging er ein paar Kilometer, tagsüber vesteckte er sich in einem Wald. So kam er schließlich an. In Opoczno ging er zu Bolek Kosowski, einem früheren Schulkameraden. Aber Bolek konnte ihn nicht bei sich verstecken, deshalb ging Moszek in den Wald, und Bolek bracht ihm täglich etwas zu essen. In der Nähe wohnte eine Familie namens Jakóbek. Sie gingen hinter Bolek her, spionierten ihm nach. Sie entdeckten, daß sich dort im Wald drei Juden versteckten: Einer aus Lódz, Moszek und Lutek Lerer, unser Cousin. Hier in Israel wohnt Franka Kacenelenbogen. Sie war in der Scheune bei Adamek versteckt und hat aus dieser Scheune beobachtet, wie drei Polizisten kamen und die drei umgebracht haben. Nach dem Krieg hieß es, Jakóbek habe sie verraten. Ich weiß nicht, ob es aus Neid auf Adamek war, der Geld dafür bekam, oder ob andere Gründe eine Rolle spielten. Niemand weiß es. Aber so haben es Polen nach dem Krieg erzählt.

— Sie haben also nicht weiter auf ihren Bruder gewartet. Was haben Sie dann gemacht?

— Nein, mein Bruder kam ja nicht. Ich hatte nur eine Adresse in Warschau.

— Die Adresse von Eliezer Geller?

— Ja. Ich wußte nicht, wie ich nach Warschau kommen sollte. Ich ging zum erstbesten Bauern — ich mußte ja auch etwas essen und trinken. »Gebt mir etwas zu essen«, sagte ich, »Ich gebe euch Geld dafür.« Da gab er uns etwas.

— Sie sagen »uns«. Sie waren also nicht allein?

— Rosenzwajg aus meinem Waggon war noch bei mir. Der Bauer brachte uns Wurst, Brot, Wodka und Tee. Wir gaben ihm Geld und schliefen ein. Und während wir da schliefen, nahm er uns das ganze Geld aus den Taschen, er nahm alles, was wir hatten. Als wir aufwachten, wußten wir nicht, was wir tun sollten. »Hör zu«, sagten wir zu dem Bauern, »wir sind aus dem Zug nach Treblinka gesprungen.« Wir konnten ja nicht gut sagen: »Du hast uns bestohlen«. Das hätte ja nichts genützt. »Sag uns, wo wir ein, zwei Tage bleiben könnten, oder sag uns, wie wir nach Warschau kommen.« Da schickte er uns zu einem anderen Bauern in der Nähe. Dieses Dorf hieß Welbinów.

— Wie weit war es von dort bis Warschau?

— Zwanzig Kilometer. Dieser andere Bauer versteckte Juden, er wohnte in Podkowa Lesnia. In der Nacht gingen wir zu ihm. Das war ein guter Bauer. Er gab uns zu essen, dann erklärte er uns den Weg zum Bahnhof. Er gab mir ein Tuch und ein bißchen Watte, damit ich mich so zurechtmachen konnte, als führe ich zum Zahnarzt. Damit man bloß mein Gesicht nicht sehen konnte. Der andere sah wie ein Pole aus, ganz ungefährlich. Nun, also fuhren wir mit dem Zug nach Warschau. Und da in Warschau ... Soll ich die ganze Geschichte erzählen?

— Bitte erzählen Sie uns doch noch, wie Sie ins Ghetto gekommen sind.

— Es war sehr schwierig, in Warschau ins Ghetto zu kommen. Am einfachsten war es über eine Außenarbeitsstelle. Dafür mußte man aber Papiere haben. Die mußte man erst mal machen lassen. Also verschaffte ich mir die Papiere. Aber das ist eine lange Geschichte ... Jedenfalls wurde ich eines Tages in der Szuch-Allee eingesperrt.

— Sie wurden von der Gestapo gefaßt? Wie ist das passiert?

— Ich war damals zum ersten Mal in meinem Leben in Warschau. Ich brauchte ein Versteck und wurde zur Dlugastraße 9 geschickt. Diese Adresse bekam ich von dem Polen, der mir die Papiere gemacht hat. Dort an der Dlugastraße wohnte eine alte Frau, die Nachtlager vermietete. Sie fragte mich, wie lange ich bleiben wollte. »Ich weiß noch nicht«, antwortete ich, »vielleicht einen Tag, vielleicht zwei.« Dann sagte sie mir, ich müsse mich anmelden, um eine Lebensmittelkarte zu bekommen. Ich sagte ihr, ich sei müde, ob sie mich nicht anmelden könne.

— Wußte Sie, daß Sie Jude sind?

— Ja, aber darüber hatten wir gar nicht gesprochen. Sie hat mich selbst beim Hauswart angemeldet. Und ich lief jeden Morgen um das Ghetto herum, um herauszufinden, wie man hineingelangen könnte. Als ich am dritten Tag aus dem Haustor kam, packte mich jemand am Nacken und brüllte:»Stehenbleiben, du Hund! Wo kommst du her?« Ich versuchte mich loszureißen, aber es gelang mir nicht. Kurz darauf kam die Polizei. Diese polnischen Polizisten haben mich dann festgenommen. Sie brachten mich aufs Revier. Ich hatte diese gefälschten Papiere dabei, in denen stand, ich sei aus Plock. Ich wußte, daß Plock bombardiert worden war, und daß sie deshalb meine Angaben dort nicht nachprüfen konnten.

— Was für Papiere waren das?

— Eine Arbeitskarte. Ich übernachtete dann dort auf dem Revier und wurde am nächsten morgen zur Gestapo in die Szuch-Allee gebracht. Dort war ich sechs Tage. Jeden Tag, alle sechs Tage lang, wurde ich geschlagen. Mir rann das Blut aus den Ohren, aus der Nase, aus allen Wunden. Nach den Verhören konnte ich mich kaum bis zur Zelle schleppen. Ich mußte drei Stockwerke in den Keller hinuntergehen, dort waren die Zellen für die Juden. Wenn sie einen Juden mit falschen Papieren auf der arischen Seite erwischten, dann steckten sie ihn in diese Zellen. Und aus dieser Zelle wurden jeden Sonntag die Leute ins Ghetto, in die Zelaznastraße 103[7] zur Erschießung gebracht. Ich wußte nicht, was das hieß, Zelazna 103, ich wußte überhaupt nichts, denn ich war ja zum ersten Mal in Warschau. Als sie mich am ersten Tag in diese Zelle brachten, waren dort etwa sieben Personen. Jeden Tag kamen zwei, drei neue hinzu. Wir alle wurden täglich verhört. Diejenigen, die die Verhöre führten, hatten Bretter in der Hand, damit schlugen sie dem Verhörten auf den Kopf:»Sag, woher hast du die Papiere?« — »Ich weiß es nicht«, sage ich. »Wer bist du?« Ich sage, daß ich Cholawski heiße, denn darauf lauten meine Papiere. Als sie mich ordentlich durchprügelten, da wußte ich, daß es keinen Ausweg gab, ich mußte mich ergeben. Da sagte ich ihnen, ich sei ein »Mischling«, ein Halbjude, das hatten mir die Leute in meiner Zelle geraten. Als ich ihnen sagte, daß ich ein Mischling sei, hörten sie auf, mich zu schlagen. Das war

schon gut — daß das Prügeln aufgehört hatte. Einmal täglich bekamen wir etwas zu essen: Ersatzkaffee und Kartoffelschalen. (Die Polen bekamen die Kartoffeln.) So ging es sechs Tage lang. Wir wurden kahlgeschoren, sie nahmen uns die Kleidung weg und gaben uns gestreifte Gefangenenkleidung. Schließlich kam der Sonntag. Ich weiß noch, wie wir in der Zelle saßen und sangen: »*Ta ostatnia niedziela* (Dieser letzte Sonntag)«. Am nächsten Tag wurden wir alle in einem Auto der SS, einem offenen Lieferwagen, ins Ghetto gebracht. Wir saßen in der Mitte, und rings um uns standen Deutsche mit Gewehren. Wir waren alle so schwach, daß keiner von uns an Flucht dachte, wir konnten unsere Arme kaum rühren.
— Wie viele wart ihr in dem Wagen?
— Wir waren dreiundzwanzig. Es waren auch Polen dabei, Leute, die Geschäfte in Warschau hatten. Ich hörte Gespräche zwischen ihnen. Sie waren Polen, ein Großvater war Jude gewesen. Bis zur dritten Generation holten sie die Leute. Keiner gab zu, Jude zu sein, deshalb dachte ich, ich sei der einzige richtige Jude. Wir kamen zur Zelaznastraße. »*Schnell, schnell!*« hieß es wieder. Wir mußten uns vor einer Mauer aufstellen. Am Fuß der Mauer lagen Leichen. Sie hatten noch keine Zeit gehabt, sie wegzuräumen. Aber sie befahlen uns nicht, mit dem Gesicht zur Mauer zu stehen, wir mußten uns so aufstellen, daß unsere Gesichter ihnen zugewandt waren. Der Älteste von ihnen nahm unsere Papiere. Eine Gruppe bewaffneter Polizisten war auch da. So standen wir da. Und wir können kaum stehen, es ist kalt, wir sind halb verhungert und geschwächt. Alle zittern. Wieder ist jede Minute so lang wie eine Stunde. Ich weiß noch, daß ich die Augen geschlossen hatte. Ich mußte stehen, aber ich wollte nicht sehen müssen. Ich wollte nicht sehen, wie sie die Gewehre entsichern. Der Oberste liest das Urteil, mir wird ganz heiß, in Strömen fließt mir die heiße Flüssigkeit von meinem Kopf herab. Ich höre, wie er sagt: »Melde gehorsamst, Herr Brandt, *das ist dreiundzwanzig Michlinge.*«[8] — »Aha, Mischlinge!« sagt Brandt. Dann geht er die Reihe ab und fragt jeden von uns: »Name!« Einer sagt Pacholski, der zweite, Krzyanowski, der dritte Krakowski, der vierte Leszczynski . . . »Alle mit ›ski‹« sagt Brandt darauf. »Ihr wart bisher noch keine Juden, ihr müßt erst noch lernen, was das heißt, Jude sein!« Er hat uns gerettet, dieser Brandt.

* * *

Unser letztes Gespräch endete damit, daß dieser Brandt also dreiundzwanzig Juden das Leben gerettet hat. Kehren wir noch einmal
zu der Zeit zurück, als Sie sich in Warschau versteckt hielten. Bevor
die polnische Polizei Sie zur Szuch-Allee brachte.

— Nun, da fuhr ich hierhin und dorthin, ich war in Opoczno ...
— Erzählen Sie doch bitte von dieser Reise.

— Als wir noch im Ghetto in Opoczno waren, rief mein Vater seine Söhne zu sich und sagte:»Hier im Keller ist Geld vergraben.« Das
Geld war in Einmachgläsern an drei Stellen versteckt.»Wenn einer
von euch am Leben bleibt,« sagte mein Vater,»dann kann er sich retten. Und um sich zu retten, braucht man Geld.« Also fuhr ich dorthin. Ich weiß nicht, woher ich die Kraft dazu nahm — damals nach
Opoczno zu fahren! Ich hatte doch niemanden mehr dort! Ich fuhr
auch dieses Mal wieder als zahnkranker Bauer mit einem Tuch um
den Kopf. Gegen Abend kam ich mit dem Zug dort an. Ich ging zu
Stasiek, der bei uns in der Bäckerei gearbeitet hatte. Ich habe schon
von ihm erzählt, er wohnte ja in der Nähe des jüdischen Friedhofs.
Ich wollte ihn um Hilfe bitten. Er sagte mir, das Ghetto werde von
der Polizei bewacht. Nachts gab es dort Patrouillen und tagsüber
waren Arbeiter damit beschäftigt, alle von den Juden hinterlassenen
Gegenstände hinauszubringen. Wer dort gefunden wurde, wurde
sofort erschossen. Stasieks Schwester hatte einen Freund namens
Romek. Er war so ein stadtbekannter Draufgänger. In der Nacht
ging ich mit diesem Romek ins Ghetto. Fünf Stunden lang gruben
wir in der gefrorenen Erde. Ein Glas holten wir heraus. Die anderen
ließ ich da. Vielleicht war ich nicht der einzige, der noch lebte; vielleicht würde ich auch selbst noch einmal etwas nötig haben? Ich gab
Romek etwas von dem Geld.»Vielleicht ist es dir nicht genug«, sagte
ich,»aber für mich ist es lebenswichtig, weil ich mir sonst keine Papiere machen lassen kann.« Ich hatte Angst, daß er mich erschießen
würde, deshalb zeigte ich ihm die Stelle, wo das zweite Glas vergraben war, und ich sagte ihm, das sei für ihn. Er glaubte mir und gab
sich damit zufrieden.

— Also hat Romek sich hinterher seinen Teil ausgegraben?
— Ich weiß es nicht genau, aber ich nehme es an. Ich habe ihn
nicht mehr wiedergesehen.

— Wissen Sie, was mit dem dritten Glas geschehen ist?
— Nein, ich weiß es nicht und ich will es nicht wissen. Als ich
mich von Romek verabschiedete, hatte ich auf jeden Fall große

Angst, daß ich nicht lebend hinauskommen würde. Ich sagte ihm, daß ich noch in derselben Nacht nach Warschau zurückkehren würde, aber ich fuhr nicht. Vielleicht wollte er mir gar nichts Böses tun, aber ich ging lieber kein Risiko ein. Diese und die folgende Nacht verbrachte ich bei jemandem, der am Fluß wohnte. Er hatte vor dem Krieg Fahrräder repariert. Er hat sehr viel für mich getan. An diesem Tag war er sehr wichtig für mich.

— Und danach sind Sie mit dem Zug nach Warschau zurückgefahren?

— Ja. Ich hatte da diese Frau namens Chlopikowa kennengelernt. Ich weiß nicht, ob das ihr richtiger Name war. Sie wohnte am Markt 15. Sie stellte bei sich in der Wohnung die Papiere her, sie besaß alle Stempel. Alles was sie brauchte, war ein Foto.

— Ilana Zuckerman hat mir erzählt, daß Sie bei jemandem in der Wohnung waren, als die Gestapo kam.

— Ja, das war gerade bei dieser Frau Chlopikowa. Ich war erst später an der Dlugastraße 9.

— Können Sie uns davon erzählen?

— Ja natürlich. Das alles geschah noch bevor ich nach Opoczno fuhr. Diese Frau Chlopikowa machte die Papiere für mich. Ihr Mann machte Schmuggelgeschäfte mit dem Ghetto, Wurst und Schnaps schmuggelte er, und zwar durch ein Loch in der Mauer. Und eines Tages, als ich gerade bei ihnen war, da haben ihn die Deutschen erwischt. Einer kam und berichtete davon. Sie hatten zwei Wohnungen. Sie selbst wohnten im ersten Stock, im zweiten Stock hatten sie eine leere Wohnung, die mit einem Vorhängeschloß verschlossen war. Was sollten sie also jetzt mit diesem Adam, d.h. mit mir, machen?

— Wußte sie, daß Sie Jude sind?

— Natürlich! »Komm mit!« befahl sie mir, und sperrte mich dann in der Wohnung im zweiten Stock ein. Ich wußte, daß die Deutschen zur Hausdurchsuchung kommen würden. Aber in dieser Wohnung war nichts — bloß ein Tisch und ein paar Stühle, auf dem Tisch lag eine Armeedecke, außerdem war noch ein Schrank in der Wohnung.

— Also keine Möglichkeit, sich zu verstecken.

— Ja. Es war abends. Die Fenster mußten verhängt sein, aber sie wohnten nicht ganz oben, deshalb waren die Fenster einfach nackt. Und durch das Fenster konnte ich die Deutschen und den Mann dieser Chlopikowa sehen. Wo sollte ich mich verstecken, was sollte ich bloß tun? Da blieb nur der Schrank. Ich öffnete ihn. Darin waren Würste, Tücher, solche Sachen ... Ich dachte mir, wenn sie schon eine Durchsuchung machen, dann werden sie zuerst in den Schrank sehen. Mein Blick fiel wieder auf die grüne Armeedecke. Es gibt doch den Verdunkelungsbefehl! erinnerte ich mich plötzlich. Ich ging also zum Fenster, breitete die Decke aus, hielt sie an den Enden fest und stellte mich auf das untere Ende. So stand ich auf der Fensterbank. Ich hörte sie in die Wohnung kommen. Sie schließen auf und kommen herein. Sie reden mit diesen Deutschen. Und dieser Jeruminiak — jetzt ist mir sogar sein Name wieder eingefallen! — sagt zu ihnen:»Ich gebe euch den Wodka und die Wurst ...« Er legte Geld auf den Tisch, um sie zu bestechen. Und es ist ihm gelungen!

— Wie lange haben Sie da vor dem Fenster gestanden?

— Wie lange? Einen Monat! Ich weiß es nicht mehr genau. Vielleicht waren es fünfzehn, vielleicht zwanzig Minuten. Nach einiger Zeit kamen die beiden Polen in die Wohnung und küßten mich ab. »Wie bist du bloß auf diese Idee gekommen? Wir haben schon gedacht, jetzt ist es mit uns allen aus! Wenn du das überlebt hast, dann wirst du den ganzen Krieg überleben!« Am nächsten Tag bin ich dann nach Opoczno gefahren.

— Ja, das haben Sie erzählt. Wie ging es dann aber weiter an diesem Sonntag auf der Zelaznastraße 103?

— Nun, dieser Brandt befahl, daß wir zur Werterfassung gebracht werden sollten. Da sollten wir für die Deutschen arbeiten. Wir wurden zur Niskastraße gebracht. Es war ein riesiges Gebäude, in der Mitte war ein großer Hof. Jeder von uns bekam ein Schildchen mit einer Nummer. Als wir da waren, unterhielt ich mich ein wenig mit den Juden dort. Sie sagten mir, welches Glück ich hätte, eine solche Nummer zu bekommen. Für eine solche Nummer bezahlte man damals zweitausend Zloty.

— Ja, und eine solche Nummer hieß doch, daß Sie »legal« im Ghetto angestellt waren und nicht »wild« dort herumliefen?

— Ja, ich war angestellt, sogar gut angestellt. Es gab dort viel Arbeit für die Juden. Aber ich hatte es ja nicht auf eine gute Stelle abgesehen, sondern wollte zu Eliezer Geller kommen. Ich fragte, wann wir zur Arbeit gehen würden. »Früh am Morgen«, hieß es.

— Wo waren Sie untergebracht?

— In ein und demselben Block. Alle Arbeiter von der Werterfas-

131

sung wohnten da. Ich ging sofort in die Küche, die für den ganzen Block zuständig war. Ich hatte mir überlegt, daß ich in der Küche vielleicht Leute von der Organisation antreffen würde. Dort fragte ich dann so nebenbei, ob jemand Eliezer kenne, er sei mein Cousin, aber ich wisse nicht, wo er zu finden sei. Ich hatte die Hoffnung, daß er auf diese Weise erfahren würde, daß ich ihn suchte. In der Frühe mußte ich zur Arbeit gehen. Auf der Toilette bemerkte ich, daß ein Brett unter dem Fenster herausgerissen war. Jemand mußte auf diesem Weg nach draußen geflüchtet sein. Ich riß noch ein weiteres Stück von dem Brett ab und stieg durch das Fenster hinaus. Ich befand mich jetzt auf der Niskastraße, außerhalb des Blocks der Werterfassung. Ziemlich viele Menschen waren auf der Straße unterwegs. Im Morgengrauen brachen sie zur Arbeit auf. Tagsüber waren die Straßen im Ghetto dann leer. Ich sah eine Frau vorbeigehen, die ein Brot in der Hand hielt. Ich ging zu ihr und fragte sie, woher sie dieses Brot habe, wo hier denn eine Bäckerei sei. Eine Bäckerei sei an der Niskastraße 5, sagte sie mir. Ich ging dorthin und sagte zu dem Burschen dort: Ich bin gerade aus der Szuch-Allee gekommen, du siehst doch, in welchem Zustand ich bin (mein Kopf war geschoren, und ich war zum Skelett abgemagert). Ich würde gerne einen Tag oder zwei hierbleiben, bis ich meinen Cousin gefunden habe.

— Warum sind Sie ausgerechnet in die Bäckerei gegangen?

— Weil ich von Hause aus Bäcker war.»Dafür, daß ich bei dir wohnen kann, arbeite ich auch für dich«, sagte ich zu ihm. Er lachte laut los, ich sah wirklich nicht wie ein Arbeiter aus. Während unseres Gesprächs kam der Vater dieses Burschen herein, er war der Besitzer der Bäckerei, sein Name war Gefen. Er hatte ein Hörrohr, weil er schlechte Ohren hatte. Sein Sohn Pawel schrie ihm zu, ich käme gerade aus der Szuch-Allee und wollte bei ihnen arbeiten. Sein Vater lachte.»Nimm ihn mit nach oben, gib ihm etwas anzuziehen und zu essen.« Als ich mich dann gewaschen und angezogen hatte, war ich ein anderer Mensch.

— Warum sind Sie von der Werterfassung weggelaufen? Dort hätten Sie doch versuchen können, mit Eliezer Kontakt aufzunehmen?

— Ich glaubte den Deutschen nicht. In der Bäckerei erwähnte ich auch wieder meinen Cousin. Zwei Tage später sagte Pawel, ich könnte einen Schutzbunker unter der Bäckerei bauen, wenn ich mich erkenntlich zeigen wollte. Sie arbeiteten jede Nacht ein paar Stunden daran.

— Wie sah dieser Schutzbunker aus?

— Unter der Bäckerei war ein Keller. Der Eingang zum Keller war zugemauert, aber unter dem Backofen in der Bäckerei befand sich ein getarnter Zugang zum Keller. Es mußte Erde herausgeschleppt werden, das war sehr viel Arbeit. Ich begann, mitzuarbeiten, aber meine Hilfe war nicht von langer Dauer, denn nach drei Tagen kamen zwei Soldaten von der ZOB und fragten nach Aron Chmielnicki. Der Bäcker wußte nicht, was los war, er fürchtete, es seien Spitzel. Aber sie sagten ihm, ich würde bei ihnen in guten Händen sein, mein Cousin habe sie geschickt, mich zu holen. Mir sagten sie: »Eliezer Geller hat uns gesagt, wir sollten dich holen.« Sie hatten sogar einen Brief bei, den ich früher einmal aus Opoczno an Eliezer geschrieben hatte. Ich verabschiedete mich von der Familie des Bäckers und ging mit den beiden.

— Wo wurden Sie dann hingebracht?

— Sie nahmen mich mit zum Gelände der Bürstenmacher. Geller war Kommandant der »Gordonia«-Gruppe an der Swietojerskastraße 32.

— Wie viele Personen waren in dieser Gruppe?

— Etwa zehn bis zwölf. In der Nähe war noch eine Gruppe, eine organisierte Kommune. Das war die Reservegruppe. Sie warteten auf Waffen.

— Und Gellers Gruppe hatte zu diesem Zeitpunkt schon Waffen?

— Aber natürlich! Jeder hatte eine Waffe. Eine Aufnahme in die Gruppe war nur möglich, wenn es eine Waffe für das neue Mitglied gab. Als ich zu Geller kam, nahm er mich sofort in eine bewaffnete Gruppe auf. Das war ein großer Tag für mich!

— Das war im Februar 1943, nicht wahr? Bitte erzählen Sie uns doch von Ihrer Begegnung mit Geller.

— Ja, das war im Februar. Und die Begegnung? Am ersten Abend nahm mich Geller zu seinem Nachtlager mit. Wir redeten die ganze Nacht. Er wollte genau wissen, was geschehen war: mit dem Vater, der Mutter, den Schwestern, mit der ganzen Stadt ... Ich war der erste, der ihm in allen Einzelheiten erzählen konnte, was geschehen war. Auf diese Weise konnte er die ganze Tragödie seiner Familie nachvollziehen. Ich wollte meinen Bericht abkürzen, aber er protestierte ... »Nein, nein — erzähl weiter!« sagte er, »Ich möchte alles wissen.« Und ich erzählte ihm alles. »Hör zu,« erklärte er, als ich schloß: »unsere Gruppe hier besteht schon seit langer Zeit, aber erst seit kurzer Zeit sind wir bewaffnet. Auch jetzt haben wir nicht genug Waffen für alle. Eine Menge Jungen und Mädchen würden sich uns gerne anschließen, aber vorerst gibt es keinen Platz für sie. Denn jeder, der in die Organisation kommt, muß bewaffnet sein. Du bist eine Ausnahme.« Damit zog er eine Parabellum 38 Pistole hervor. »Du bekommst jetzt sofort eine Waffe, schon am ersten Tag, den du hier bist. Ich weiß, daß du deine ganze Familie verloren hast und keinen mehr hast. Ich fühle genauso wie du. Das ist der letzte Augenblick, in dem wir uns rächen können, in dem wir so sterben können, wie wir wollen und nicht so, wie sie es bestimmen.« An diese Worte kann ich mich noch genau erinnern.

– Wie alt war Geller?

– Vielleicht 25? Er war Soldat gewesen. Vor dem Krieg war er zwei Jahre in der Armee gewesen, davon gab es ganz wenige unter den Ghettokämpfern, vielleicht vier oder fünf. Geller hatte auch den Septemberfeldzug mitgemacht, er war bei der Schlacht in Kutno gewesen.

– Wie lange waren Sie bei den Bürstenmachern?

– Ich glaube, zwei Wochen.

– Erzählen Sie doch bitte etwas über das Leben in den Kampfgruppen, von der Zeit zwischen Ihrer Begegnung mit Geller und dem Ausbruch des Aufstandes?

– Wir lebten in einer Kommune. Wir waren zu zwölft. Wir wohnten auf einem Speicher und lernten, mit Waffen umzugehen. Wir horteten Lebensmittel. Manchmal gaben die Leute uns freiwillig Lebensmittel, manchmal mußten wir sie mit Gewalt nehmen.

– Wie ging das vor sich?

– Es machte sich zum Beispiel eine Gruppe von drei, vier Jungen auf und ging in die Bäckerei. »Du mußt für die Organisation zwanzig Laib Brot täglich beschaffen«, sagten sie. »Und wenn du sie nicht gibst, dann kommen wir und holen uns noch mehr als die zwanzig!« Meistens ging es gütlich ab, aber es gab auch welche, die wollten nichts hergeben.

– Was habt ihr dann gemacht?

– Dann haben wir sie ins Gefängnis gebracht. Bei uns auf dem Gelände, d.h. auf dem Gelände von Többens und Schultz, da gab es zwei Gefängnisse, beide an der Lesznostraße: eines Nummer 56 und das andere Nummer 76.

— Wie sah dieses Gefängnis aus?

— Soldaten von der ZOB standen da Tag und Nacht Wache, und drinnen saß ein Jude, der z.b. eine halbe Million Zloty geben sollte. Der Kommandant hatte das so beschlossen, aber er wollte das nicht. Wir brauchten das Geld für die Waffen, und dieser Jude hatte es sich durch Kollaboration mit den Deutschen verdient. Wenn er das Geld nicht hergab, dann wurde er festgenommen und saß da so lange, bis er es schließlich hergab.

— Und wenn er sich trotz des Arrestes weigerte?

— Das kam auch vor, ich kann mich daran erinnern. Einer saß da, bis der Aufstand ausbrach. Und am 19. April, am ersten Tag des Aufstands, da bekamen wir vom Kommandanten den Befehl, ihn freizulassen.

— Können Sie sich noch an den Namen dieses Mannes erinnern?

— Er hieß Opolion. Ich stand Wache und mußte auf ihn aufpassen. Im zweiten Gefängnis saß einer, der mit der Gestapo zusammengearbeitet hatte. Er hatte die Deutschen zu unseren Adressen geschickt. Wir erwischten ihn mit Papieren von der Gestapo, mit Passierscheinen auf seinen Namen. Er hat auch bis zum 19. April gesessen, aber ihn haben wir nicht freigelassen.

— Was ist mit ihm geschehen?

— Er ist erschossen worden.

— Wie hieß er?

— Misza Wald. Er saß Lesznostraße 56. Unsere *kasharit*, unsere Botengängerin, Lilit[9] brachte den Befehl, daß wir den einen freilassen und den anderen erschießen sollten. In der Lesznostraße 56 saß noch ein Jude. Ich weiß noch, daß er Pilotka genannt wurde. Er hatte auch mit den Deutschen zusammengearbeitet und wurde auch erschossen. Aber das war noch früher, im März. Ich kann mich an die Hinrichtung erinnern. Eine Gruppe Ghettokämpfer umstellte das Gefängnis, das Urteil wurde vorgelesen, und er wurde erschossen. Szymon Heller von »Haschomer Hazair« hat ihn erschossen, diese Gruppe war auf der Nowolipiestraße 67. Es war in der Nacht. Pilotka wurde also erschossen, und dann haben sie ihm ein Schild umgehängt, darauf stand: »Das geschieht mit jedem, der mit den Deutschen kollaboriert.« Dann warfen sie ihn auf die Straße und ließen ihn da liegen.

— War Pilotka Polizist gewesen?

— Nein, er war Spitzel. Er suchte unsere Verstecke.

— Können Sie sich noch an andere Gefangene erinnern?

— Ja, da war noch ein frommer Jude, ich glaube er hieß Fingerhod. Er wollte, daß wir ihm *Tallit* und *Tefillin*[10] ins Gefängnis brachten, damit er da beten konnte. Wir brachten ihm das alles, und dann saß er da etwa zwei Wochen und wollte uns sein Geld nicht geben. Aber schließlich hat er es doch herausgerückt. Von Opolion habe ich schon erzählt. Die Aktion, die wir mit Opolion durchführten, lief so ab: Guta[11], das war eines der Mädchen bei uns, machte sich als Dame zurecht, sie zog einen eleganten Hut auf und ging zu ihm. Vorher hatten wir ihn schon beschattet, um zu wissen, wie sein Tagesablauf aussah. Er war der jüdische Chef bei Többens. Er kollaborierte mit den Deutschen und machte großes Geld, denn jeder Jude wollte Arbeit haben, und um eine Stelle in einer der Werkstätten zu bekommen, mußte man ein Schmiergeld bezahlen.

— Guta verkleidete sich also als Dame und ging zu ihm ...

— Ja. Wir hatten herausbekommen, daß Opolion Familie in Palästina hatte, und Guta ging, um ihm Grüße von ihnen auszurichten. Seine Wohnung war immer vom Werkschutz bewacht. Deshalb bekam Guta ein Foto von Opolion, damit sie ihn auf der Straße erkennen konnte. Wir hatten verabredet, daß Guta mit ihrem Hut ein Zeichen geben sollte, wenn sie ihn erkannt hatte, dann würden wir wissen, wer es war. So geschah es auch. Als Guta ihn angesprochen hatte, kamen unsere Leute auf ihn zu, Michalek Kleinwajs war auch dabei. »Bist du der und der?« fragte er ihn. »Nein«, sagte jener, »ich heiße Opolion.« »Ach, gut«, antwortete Michalek, »dann bist du ja genau der, den wir suchen.«

— War Opolion an diesem Tag allein?

— Nein, der Werkschutz war dabei. Aber wir hatten sie voneinander abgeschnitten. Wir nahmen Opolion zum Tor mit, von dort aus hoch und dann über die Dachböden bis zur Lesznostraße 76. Da hat er dann bis zum 19. April gesessen, bis er freigelassen wurde, wie ich ja schon gesagt habe.

— Aber ohne das Geld zu geben?

— Ja, er war sehr stur.

— Kehren wir noch einmal zu unserem Gespräch über das Leben in der Kommune, vor dem Aufstand, zurück. Wie habt ihr zum Beispiel das Heizproblem gelöst?

— Wenn wir da oben auf den Dachböden umherstreiften, fanden wir verschiedene Möbelstücke, die die Leute aus ihren Wohnungen geworfen hatten. Die nahmen wir als Brennholz, denn wir hatten einen Kachelofen in unserer Wohnung. Bevor wir die Möbel in die Wohnung holten, hackten wir sie in kleine Stücke. Und dann machten wir so ein Ratespielchen. Wir fragten:»Na, was ist das? Ein Tisch? Ein Schrank? Ein Stuhl?« Wer es erriet, der hatte gewonnen.

— Was hatte er gewonnen?

— Nichts, einfach nur gewonnen.

— Was habt ihr sonst noch an der Swietojerskastraße gemacht?

— Wir hatten den Befehl, einen Tunnel zu graben, und zwar von der Swietojerskastraße bis an das Tor, durch das die Deutschen wieder hereinkommen konnten, um die Juden zu holen. Wir lebten auf den Dachböden. Unten in den Kellern gruben wir den Tunnel. Die Erde schleppten wir dann in Säcken ein paar Straßen weiter, damit es bei uns nicht auffiel, daß da gegraben wurde. Als wir an dem Tor angelangt waren, legte unsere Gruppe dort eine Mine. Und das war die einzige Mine, die hochging, als die Deutschen hereinkamen! An anderen Stellen waren auch Minen gelegt, aber die gingen nicht hoch.

— Ihr habt auch in den Dachböden Durchgänge gemacht?

— Ja. Wir brachen Löcher in die Mauern. Sie hatten für uns einen Plan gemacht, wo wir durchbrechen sollten, und da machten wir es dann. Wir waren doch einfach gemeine Soldaten. Wir hatten alle Häuser in dieser Straße durch die Durchbrüche auf den Dachböden verbunden. Und vom Keller des letzten Hauses aus gruben wir den Tunnel die ganze Straße entlang. Auf diese Art und Weise konnte man durch den Tunnel zwischen den geraden und den ungeraden Hausnummern hin und her wechseln. Es gab einen Plan, solche Durchgänge im ganzen Ghetto herzustellen. Jede Gruppe machte sie auf ihrem Gelände. Wir fingen auf der Swietojerskastraße an, und als wir später zu Többens kamen, da haben wir dort gegraben. Wenn wir mehr Zeit gehabt hätten, dann hätten wir es schaffen können, das Ghetto so herzurichten, daß man nur noch über die Dachböden oder durch die Tunnel gegangen wäre.

— Ein Labyrinth aus Tunneln und Dachböden?

— Ja. Das, was wir geschafft haben, hat uns hinterher sehr geholfen, während des Aufstands. Die Deutschen gingen über die Straßen, und wir durch die Tunnels und über die Dachböden, von einem Haus zum anderen.

— Wie weit seid ihr auf dem Többens-Gelände gekommen — mit der Swietojerska seid ihr ja nicht fertig geworden?

— Nein, die Swietojerskastraße haben die fertig gemacht, die nach uns dorthin kamen, aber bei Többens haben wir es geschafft, die ganze Lesznostraße fertigzumachen.

— Warum seid ihr nach den zwei Wochen zum Többens-Gelände übergewechselt?

— Zwei von unseren Jungen — Simon Lewental und Jehuda Koski — waren an die Mauer gegangen, weil sie ein Päckchen mit Waffen von der arischen Seite erwarteten. Aber ein jüdischer Spitzel hatte sie beobachtet und an die Deutschen verraten. Als sie sie abholten, ordnete unsere Gruppe Alarmbereitschaft an. Alle Gruppen änderten ihre Adressen. Ein Mensch ist nur ein Mensch, und wenn er sehr unter Druck gesetzt wird, kann er auch etwas verraten.

— Was ist mit den beiden passiert? Sind sie umgekommen?

— Ja, sie sind umgekommen. Bei der Gestapo haben sie ihnen in einer Presse die Finger und die Zehen zerquetscht. Sie waren völlig blau, aber sie haben nichts verraten, gar nichts.

— Waren die beiden in Ihrer Gruppe, bei der »Gordonia«?

— Ja. Ein jüdischer Polizist hat uns von dem Verhör erzählt, weil er dabei gewesen war. Auch die Leute von Pinkert[12] haben erzählt, wie die beiden ausgesehen haben. Aber wir wußten ja damals nicht, daß sie nichts verraten würden, deshalb waren wir die ganze Woche über in Alarmbereitschaft. Wir wechselten den Aufenthaltsort und jede Gruppe ging in einen anderen Unterschlupf.

— Sie wollten uns doch noch von den Aktionen vor dem Aufstand erzählen?

— Ich erinnere mich, daß wir nicht sofort unseren Standort einnahmen, als wir bei Többens angekommen waren. Eine Woche lang hielten wir uns im Keller auf und warteten darauf, daß die Kommandantur die Alarmbereitschaft wieder aufhebt. Es war schrecklich in diesem Keller. Wir waren zu sehr vielen, Kämpfer aus den verschiedensten Gruppen. Wir waren bewaffnet, aber wir waren Tag und Nacht da eingeschlossen. Und dieses Warten ...

— Hattet ihr in dem Keller genug zu essen?

— Die Nahrungsversorgung war kein Problem. Das wurde uns gebracht. Aber wir waren dort zu vierzig Personen. Es war schwül, heiß, und dieses Warten ... eine ganze Woche lang. Als schließlich die Nachricht kam, daß wir herauskommen konnten, nahmen wir unsere Stellungen ein — wir gingen zur Lesznostraße 76. Da hatte die »Gordonia«-Gruppe ihren Standort, außerdem hatten wir noch einen Reserveort. Im Notfall sollten wir bei der Gruppe von Dawid Nowodworski an der Nowolipiestraße 67, Ecke Smoczastraße sein. Sie waren unsere Nachbarn, von der Lesznostraße aus konnten wir über die Dachböden zu ihnen gelangen.

— An der Lesznostraße 76 waren die Wohnungen der Arbeiter dieser Werkstatt?

— Ja. Alle paar Blocks war eine Werkstatt. Leszno 74 und 80 waren solche Werkstätten. Die Arbeiter dieser Werkstätten wohnten auf den unteren Stockwerken, wir waren auf dem obersten. Den Eingang zu den Wohnungen mauerten wir zu, aber es gab einen Ausgang über die Dachböden: in die Wohnung gelangten wir über eine Leiter.

— Zu wieviel Personen haben Sie dort gewohnt?

— Etwa zehn bis zwölf, unsere ganze Gruppe.

— Können Sie die Namen der Kämpfer aus Ihrer Gruppe noch aufzählen?

— Aber sicher! Da war Jacek Fajgenblat, Jakubek Putermilch, Maszas Mann, Michalek Kleinwajs, Kuba Wajs, Genek Fingerhut, Leja Korn, Guta Kawenoki — sie kam aus Lodz — Adek Himelfarb, Marek Blank und ich — Aron Chmielnicki.

— Waren Sie mit den anderen gut bekannt?

— Ja, ich war gut mit ihnen bekannt, vor und nach dem Aufstand. Wir waren doch die ganze Zeit zusammen. Wenn wir uns hinlegten, dann war da eine ganze Wartereihe ...

— Eine Wartereihe für was?

— Aron war fertig, Michalek war dran, Michalek war fertig, Kuba war dran ...

— Aber womit?

— Mit seiner Geschichte: Woher man war, wie man zur Gruppe gekommen war, was mit der Familie passiert war ... Wir wollten doch übereinander Bescheid wissen ... So kamen wir einander so nah, als seien wir eine einzige große Familie. Und wir lebten auch wie eine Familie. Wir nahmen den Leuten Geld ab, manchmal eine halbe Million, aber wir selbst hatten nie Geld. Wir lebten von schwarzem Ersatzkaffee, von Brot mit Marmelade — Fleisch habe ich damals nie zu Gesicht bekommen. Zum Mittagessen gab es Suppe, manchmal ein Stück Wurst. Das Geld war heilig, denn es war für die Waffen.

– Gab es Paare in der Gruppe?
– Leja Korn war mit Jehuda Koski zusammen. Als er umkam, war sie sehr unglücklich und wollte mit keinem mehr etwas zu tun haben.
– Hat Leja überlebt?
– Nein, ich werde noch von ihr erzählen. Und Guta war allein.
– Wen mochten Sie am liebsten in Ihrer Gruppe?
– Ich mochte Michalek am liebsten, er war so originell.
– Hat Michalek überlebt?
– Außer Jakubek und mir hat aus unserer Gruppe keiner überlebt.
– Können wir vielleicht über den Aufstand sprechen?
– Ich kann nichts über den ersten Aufstand erzählen, den Januaraufstand. Damals war ich noch nicht im Ghetto.
– Ja, das weiß ich. Reden wir über den zweiten Aufstand, den Aprilaufstand im Warschauer Ghetto.
– Im März wurde Eliezer Geller vom Oberkommandanten zum Anführer von acht Gruppen ernannt. Er war Kommandant auf dem Gelände der Többens-Werkstätten, so wie Marek Edelman Kommandant auf dem Bürstenmachergelände war und da vier Gruppen unter sich hatte.
– Wer war der Anführer Ihrer Gruppe?
– Jacek Fajgenblat. Jacek hat den Aufstand überlebt, aber er ist später in Warschau umgekommen. Er war mit Guta zusammen im Bunker, es waren auch noch ein paar andere Leute da. Aber die Decke brach ein, und sie sind umgekommen. Vorher war Jacek noch mit uns im Wald, dann ist er nach Warschau zurückgegangen, auf die arische Seite, und da ist er dann umgekommen.
– Der Aufstand im April ...
– In der Nacht zum 18. April hatten wir schon ein Vorgefühl. Am nächsten Tag war der Vorabend von Pessach. Ich muß dazu noch etwas erklären, um zu zeigen, was für Menschen die Deutschen waren. Die ganze Zeit hatten sie mit uns diese Spielchen getrieben: Die einen schickten sie in die Vernichtung, die anderen bekamen irgendwelche Nümmerchen, Schildchen, und amüsiert euch noch ein bißchen, ihr Jungen und Mädchen ... noch einen Monat, noch eine Woche ... Im Ghetto ging es immer darum, wie man produktiv sein konnte, wie man alle ihre Befehle erfüllen konnte. Und das alles war ein großer Schwindel, ein einziger Betrug. Eine Woche

vor dem 19. April hatten die Deutschen angekündigt, daß zu Pessach Matzen gebacken werden durften. Das war in den vorhergehenden Jahren nicht vorgekommen. Nun, wenn man zu Pessach Matzen backen durfte, dann hieß das, daß es Pessach ruhig bleiben würde. Es gab im Ghetto kein helles Mehl, nur dunkles, und die Leute gingen zum Rabbiner, um zu fragen, ob man auch dunkles Mehl für Matzen verwenden durfte. In solchen Zeiten dürfe man es, sagte der Rabbiner. Auf der Straße sah man die Leute nach der Arbeit, wie sie mit weißen Bettbezügen gingen und die Matzen aus der Bäckerei abholten. Alle bereiteten den Sederabend vor. Und am Abend des 18. April umstellten die Deutschen das Ghetto. Aber das wußte ich nicht, es war dunkel, wir hörten nur die Bewegung von Fahrzeugen und Motorengeräusche. Erst in der Morgendämmerung konnten wir alles sehen. Gegen Morgen gingen die Arbeiter zur Arbeit. Ein Teil zu den Werkstätten im Ghetto, der andere Teil zu den Außenstellen auf der arischen Seite. An diesem Tag gingen die Ghettoarbeiter ganz normal zur Arbeit, die von den Außenstellen aber wurden im Ghetto behalten. »Zurück! zurück!« schrie man ihnen zu. »Heute kommt keiner raus.« Das war für uns das sichere Zeichen, daß etwas geschehen würde. Wir hatten uns schon seit der Nacht darauf eingerichtet. Wir hatten aus dem zentralen Ghetto und vom Gelände der Bürstenmacher die Nachricht bekommen, daß auch sie eingekreist waren. Alle drei Ghettos waren also eingekreist, aber sie gingen nur ins zentrale Ghetto, und fingen dort an. Unsere Leute empfingen sie mit Granaten, und wir bei Többens hörten die Schießerei vom frühen Morgen an und wußten, daß der Kampf begonnen hatte. An den Schüssen konnten wir unsere von den Deutschen unterscheiden — unsere, das waren die Pistolen und Granaten, die Deutschen waren schwere Maschinengewehre. Da wußten wir noch nicht, wie dieser erste Vorstoß abgehen würde. Wir waren den ganzen Tag in Bereitschaft, Eliezer hatte alle Gruppen angewiesen, ihre Stellung zu beziehen. Wir gingen ins zweite Stockwerk von Nummer 76. Die Fenster dieses Hauses gingen auf eine Mauer, denn die Lesznostraße war geteilt — auf der anderen Seite wohnten Polen. Wir blickten auf die Mauer und warteten auf die Deutschen. Sie kamen immer auf der arischen Seite an der Mauer entlang und gingen an der Karmelickastraße ins Ghetto. Aber wir sahen nichts. Sie gingen nur ins Zentralghetto. Wir hörten die Schüsse, wie ich schon gesagt habe. Wir wußten nicht, was wir tun sollten und warteten angespannt. Noch an diesem Tag beschlossen wir, im Treppenhaus Barrikaden zu errichten. Durchs Tor gingen wir auf den Hof hinaus — die Höfe waren quadratisch, und auf jeder Seite war ein Treppenhaus. Darin errichteten wir die Barrikaden. Wir holten alles herbei, was uns in die Hände fiel: Möbel, Strohsäcke, Töpfe, und das alles warfen wir so auf die Treppen, daß man nicht nach oben gehen konnte. Wir selbst waren im zweiten Stock. Den ganzen Tag verbrachten wir damit, diese Treppenhäuser zu verbarrikadieren. Dort im Zentralghetto ging unterdessen die Schießerei weiter, und wir bereiteten uns auf den Kampf vor. Gegen Abend bekamen wir den Befehl, ein Teil unserer Gruppe solle zu Dawid Nowodworski überwechseln, da, wo die Mine vergraben war, die dann nicht hochging. Wir gingen los, um ihnen zu helfen, das Haus zu umstellen. Die Deutschen mußten durch die Befehlsstelle bei der Nowolipkistraße kommen. Dort von der Befehlsstelle waren sie am Morgen losgegangen, und dorthin würden sie auch wieder zurückkommen. Und genau da hatten wir ja die Mine gelegt. Drei von uns gingen in den Keller und versuchten, sie in Gang zu bringen. Nun — sie standen da und guckten ziemlich dumm aus der Wäsche, wie man so sagt. Ich mache hier Witze darüber, aber es war eine Tragödie. Diese Jungen kamen zurück und weinten. Als die Deutschen daher kamen, und diese Mine nicht hochging, warfen wir aus lauter Wut und Aufregung ein paar Granaten nach ihnen, leider haben wir keinen getroffen. Aber wir hatten sie geworfen, wir hatten es ihnen gezeigt! Dann kehrten wir auf unser Gelände zurück. Das war am 19. April. Am 20. April rief Többens, der Besitzer der Werkstatt, die jüdischen Vorarbeiter zu sich und schrie sie an, er wolle diese Banden — damit meinte er uns — nicht bei sich haben. »Was sich im Zentralghetto tut, geht uns nichts an!« sagte er. »Ihr habt nur eine Pflicht: arbeiten. Wer arbeitet, dem passiert nichts.« Wir hatten noch eine weitere Pflicht, wie sich herausstellte, nämlich alle Maschinen hinauszutragen, weil die Fabrik nach Trawniki[13] umziehen würde. Dort würden wir dann weiter arbeiten, erzählte uns dieser Többens. Wir wußten genau, was das hieß: Arbeiten, solange ihr zu was nütze seid, dann ab in die Gaskammer. Trotzdem war es leichter, nicht daran zu glauben, verstehen Sie? Es war nicht so, daß wir es nicht glaubten, wir glaubten schon, daß das die Wahrheit war, aber es war einfach leichter ... Vielleicht war es ja doch möglich!? Jeder wollte sich selbst betrügen, verstehen Sie? Eliezer kam zu uns und sagte, wir müßten uns für den Morgen des 20. bereit halten. Wir sollten die Deutschen angreifen, wenn sie die Mauer entlang ins Zentralghetto kamen. Unser Angriff sollte ein Zeichen der Solidarität mit dem Zentralghetto sein. Wir würden nicht warten, bis die Deutschen zu uns kamen, bis sie das eine Ghetto ausgerottet hatten und sich das nächste vornahmen. Eliezer sagte, er würde die ersten beiden Granaten werfen, danach sollten alle schießen. Wir standen an den Fenstern und warteten. Wir konnten sie hören — wie sie singend zum Zentralghetto marschierten. Das Lied, das sie sangen, hieß:»Wir horten die Juden ...«, damit kamen sie ins Ghetto gezogen. Wir konnten sie sehen, wie sie in Fünferreihen gingen, eine Masse bewaffneter Soldaten mit schweren Maschinengewehren und Granaten, so als gingen sie an die Front. Sie gehen an der Mauer entlang, und wir können sie aus dem zweiten Stock sehen. Und dann nahm Eliezer zwei Granaten und warf sie hintereinander. Für uns war das das Zeichen, daß der Kampf begann. Einige fielen tot zu Boden, die anderen drückten sich an die Mauer und bewegten sich vorwärts. Ihr Offizier brüllte ihnen irgend etwas zu, da entfernten sie sich ein wenig von der Mauer und begannen, auf die Fenster zu schießen. Wir waren nur zwölf, aber sie donnerten los, als stünde da ein Regiment hinter den Fenstern. Es war ein schrecklicher Lärm. Während dieser Schießerei ging der alte Többens, er war 74, ans Fenster und schrie:»Nicht schießen, das ist mein Haus, ich bin Többens.« Er wurde dabei verwundet. Wir waren alle sicher, daß die Deutschen nach einer solchen Schießerei ins Ghetto kommen würden, aber sie kamen nicht. Sie gingen zum Zentralghetto.

— Wie viele Deutsche werden damals umgekommen sein?

— Vierzig hieß es, aber ich weiß es nicht. Wir haben sie nicht gezählt. Sie wurden von der Ambulanz geholt. In Nummer 74 war auch eine Gruppe, das waren die Kommunisten unter der Führung von Hesiek Kawa. Danach wurden die Deutschen an der Nummer 36 von Benjamin Walds Gruppe angegriffen. Alle paar Häuser erwartete die Deutschen ein neuer Angriff, und unter diesem Beschuß gingen sie ins Ghetto. Das war der 20. April. Später erfuhren wir, daß die Deutschen dem Führer ein Geschenk hatten machen wollen: »Ghetto Warschau judenrein« — denn der 20. April war Hitlers Geburtstag.

— Ist bei diesen ersten Angriffen einer aus Ihrer Gruppe umgekommen?

— Zwei Tage später ist das erste Mädchen umgekommen, sie hieß Korngold. Aus unserer Gruppe ist zu diesem Zeitpunkt noch keiner getötet worden.

— Bitte erzählen Sie weiter.

— Das war der 20. April. Többens hatte wieder die Vorarbeiter zu sich gerufen und sie angebrüllt und ihnen gedroht. Er sagte, nach Ablauf eines Tages müßten sich die Arbeiter an der Lesznostraße 80 einfinden, dort sei ein Sammelpunkt, von dem sie dann zum Umschlagplatz gehen würden. Aber es gab niemanden, der freiwillig dorthin gegangen wäre, keiner glaubte diese Geschichten mehr. Ein paar Monate früher wären sie noch gegangen. Aber jetzt hatte jeder seinen Unterschlupf, einen Keller, einen Speicher, alle haben sich versteckt.

— Ist tatsächlich niemand zur Lesznostraße 80 gekommen?

— Doch, ein paar Gruppen sind hingegangen. Sie haben geglaubt, sie würden nach Trawniki gebracht. Ich glaube, daß sie damals etwa fünftausend Personen von dem ganzen Gelände deportiert haben.

— Wie viele Menschen waren zu diesem Zeitpunkt auf dem Gelände?

— Zwanzigtausend? Im ganzen Ghetto waren noch fünfundvierzigtausend. Aber ich wollte etwas anderes erzählen: Anläßlich dieser »Umsiedlung nach Trawniki« bekamen wir den Auftrag, unsere Botengängerin Chancia Potnicka nach Bedzin zu schicken. Sie sollte den Leuten dort erzählen, was sich bei uns tat. Sie bekam die Anweisungen von Eliezer Geller. Ich war dabei, als er ihr mehrere Briefe gab. Eliezer sagte ihr, sie würde am nächsten Tag irgendwie aus dem Ghetto gebracht. Und an diesem nächsten Tag sollten die Arbeiter auf den Umschlagplatz gehen. Michalek, ich und zwei weitere Leute sollten Chancia zur Lesznostraße 80 bringen, da würde einer vom Werkschutz auf sie warten. Er war in unserer Organisation, sein Name war Meir Schwarz, er war vom »Bund« und war wie Lilit Botengänger für Eliezer. Als wir mit Chancia die Straße entlang gingen, kam eine deutsche Patrouille aus einem Haus und hielt uns an. »Hier ist kein Durchgang«, sagten sie. Michalek war immer sehr schnell mit einem Einfall dabei. »Hier im nächsten Haus wohnt meine Familie«, sagte er zu dem Deutschen, »die möchte ich gerne abholen und mit ihnen zur Lesznostraße 80 gehen.« Der Deutsche ließ Michalek und Chancia durch, wir blieben vorne vor dem Tor stehen. Der Deutsche ging mit ihnen durch das Tor, und Michalek hob ein kleines Päckchen hinter dem Tor auf (An jedem Tor waren solche kleinen Päckchen versteckt.)»Im nächsten Haus habe ich auch Angehörige, die ich gerne mitnehmen möchte«, sagte Michalek. Hinter diesem nächsten Tor wartete Meir Schwarz. Das wußte Michalek. Sobald Michalek durch das Tor war, gab er Chacia und Meir ein Zeichen, daß sie weglaufen sollten. Selbst begann er zu schießen. Den einen tötete er auf der Stelle, der andere wurde verwundet. Ein paar Deutsche in der Nähe hörten die Pistolenschüsse, kamen zum Tor gelaufen und begannen, auf sie zu schießen. Sie trafen Schwarz, er bekam eine ganze Serie in den Arm, aber er konnte fliehen. Er kam dann zu uns in den Keller an der Lesznostraße 76. Das war der Schutzbunker von Stefan Grajek. Er wohnte auch in dem Haus.

— Was heißt das,»der Schutzbunker von Stefan Grajek«? Hatte er ihn gebaut?

— Das war der Bunker einer ganzen Gruppe, da versteckten sich die Leute von»Poale Zion«: Lejzer Lewin, Johann Morgenstern, Stefans Frau und andere. Man kam mit einem Kennwort in den Unterschlupf. Dieses Kennwort war »Jan«. Dort war unser Treffpunkt. Wenn wir einander verloren hatten, dann sollten wir uns da wiedertreffen und von dort aus zur nächsten Arbeit gehen. Meir kam in diesen Schutzbunker und hatte den ganzen Weg mit seinem Blut markiert. Zum Glück aber waren ihm die Deutschen nicht gefolgt, und wir haben schnell das Blut weggewischt. Chancia ist nicht zurückgekommen.

— Was ist mit ihr passiert?

— Sie haben sie nach Treblinka deportiert ...

— Erzählen Sie bitte weiter.

— Jetzt begann es, schwierig zu werden. Wir mußten schießen, aber es kam kein Nachschub an Kugeln und Granaten. Unser Vorrat an Munition ging rasch zu Ende, etwa am 23. war er erschöpft. Und am 23. kamen die Deutschen an den Toren herein. Wir standen oben Wache und beobachteten, an welchem Tor sie hereinkamen. Szymon Heller war bei uns. Nur er hatte ein Gewehr, wir hatten Pistolen, Granaten und Brandbomben. Als wir die Deutschen erblickten, gaben wir ihm ein Zeichen, und er schoß mit seinem Gewehr auf sie. Nach jedem solchen Angriff wechselten wir in das nächste Gebäude, und deshalb dachten die Deutschen, wir seien sehr viele und hätten mehrere Gewehre. Aber unsere Gruppe war nur klein, und wir jagten von Dachboden zu Dachboden, von Haus zu Haus. Wir schossen zwar, aber das war ja jämmerlich im Vergleich zu ihren Waffen. Wir überlegten, was wir tun sollten, wenn uns die Munition ausging. Wir beschlossen, daß jeder seine letzte Kugel für sich selbst aufbewahren sollte, damit wir ihnen nur nicht lebend in die Hände fielen. Jeder Tod war leichter und besser als der in Treblinka. Wir wußten, was das hieß — Treblinka. Wenn ich heute darüber nachdenke, könnte ich nicht sagen, ob wir jemals darüber gesprochen haben, uns aus dem Ghetto zurückzuziehen. Darüber sagte keiner ein Wort. Wir haben nur davon gesprochen, daß wir uns nicht leicht umbringen lassen wollten. Nun, was aber sollte werden, wenn uns die Munition ausging? Jeder von uns wußte, was er mit der letzten Kugel tun sollte. Die Deutschen begannen jetzt auch, in die Häuser einzudringen. Sie hatten jeden Tag eine neue Taktik, manchmal änderte sie sich sogar alle paar Stunden. Und wir hatten keinen gut funktionierenden Befehlsstab, nicht einmal die Kommunikation zwischen den Gruppen funktionierte. Nach drei oder vier Tagen kam Eliezer wieder zu uns und erzählte uns, was bei den Bürstenmachern geschehen war. Er erzählte, daß unsere Mine hochgegangen war. Oh, wir waren so glücklich darüber — wenigstens das war uns gelungen! Eliezer erzählte uns auch vom Zentralghetto — unsere Leute hatten dort zwei Spezialpanzer verbrannt, und auf unserer Seite hatte es nicht einmal nennenswerte Verluste gegeben. Das hat uns auch getröstet. Aber wir hatten Hunger. Nach mehreren Tagen ohne Essen hatten wir einfach Hunger. Was sollten wir tun?

— Hatten Sie keine Lebensmittelvorräte?

— Ach nein, woher denn? Wir aßen nur das, was wir durch Zufall in den Wohnungen fanden, ein bißchen Reis, ein paar Kartoffeln. Die Bäckereien buken kein Brot mehr. Wenn es irgendwo noch Vorräte gab, dann hatten die Leute sie mit in ihre Verstecke genommen. In den ersten Tagen gab es in den Verstecken zu essen, aber dann ... Wir hatten also Hunger. In dem Haus Nummer 76 war im Parterre eine Bäckerei. Dort gingen wir hin. Ich sah, daß Mehl da war, ich sah, daß ein Ofen da war — alles war da, außer Hefe. Da machte ich Brot ohne Hefe. Ich buk dreihundert Fladen. Das war in der siebten oder achten Nacht. Dieses Brot teilten wir unter allen Gruppen in unserem Gelände auf. Jede Gruppe bekam mehrere solcher Fladen. Schön und gut, ich buk das Brot, aber unterdessen stieg der Rauch aus dem Kamin. Und direkt nebenan war die Befehlsstelle. Sie müssen den Rauch gesehen haben, aber sie kamen nicht ins Ghetto. Nachts kamen die Deutschen nicht ins Ghetto. Aber am nächsten Morgen kamen sie und jagten den Ofen in die Luft.

— Sie haben eben gesagt, daß die Deutschen oft ihre Taktik änderten.

— Ja. Nach einigen Tagen setzten sie die jüdische Polizei zum Durchsuchen der Häuser ein. Sie bekamen den Befehl, in die Häuser zu gehen, in die Keller und die Wohnungen, und zu schreien, daß alle das Haus verlassen müßten, weil es jetzt in Brand gesteckt würde. Davor hatten die Leute Angst, und sie wußten nicht, was sie tun sollten. Ein paar kamen heraus. Sie gingen zur Lesznostraße 80, jeden Tag ein paar. Wer einen guten Unterschlupf hatte, blieb darin. Wir beschlossen auch, unsere Taktik zu ändern. Wir verließen die Dachböden und hielten uns jetzt öfter auf den Höfen auf. Die Deutschen schlichen sich immer häufiger in die Wohnungen und starteten Überfälle aus dem Hinterhalt. Sie gaben an ihre Artillerie auf der arischen Seite die Informationen, aus welchem Haus und von welchem Dachboden wir schossen, und dann wurden die Artilleriegeschütze auf uns gerichtet. Als die Dachböden beschossen wurden, gingen wir hinunter. Als die Deutschen sahen, daß die Artillerie nichts nützte, fingen sie an, die Häuser abzubrennen. Sie steckten ein Haus nach dem anderen in Brand, und ein Riesenfeuer entstand. Wir kannten dieses Feuer schon aus dem Zentralghetto. Später sahen wir das gleiche Feuer auf der Swietojerskastraße. Und diese drei Feuer wurden immer größer und größer. Wir konnten uns nirgendwohin mehr zurückziehen. Alle unsere Durchgänge, die in den ersten Tagen so praktisch gewesen waren, nützten nichts mehr, als die Häuser in Flammen standen. Die Deutschen kreisten das Haus ein, aus dem Szymon Heller auf sie geschossen hatte. Unsere ganze Gruppe war in diesem Haus. Sie gelangten bis zu unserer Wohnung, und da gab Eliezer den Befehl, aus dem Fenster auf den Hof zu springen. Wir sprangen aus dem zweiten Stock. Einigen ist es gelungen, sie schlugen sich dann zu Dawid Nowodworski durch.

— Wie war es denn möglich, aus dem zweiten Stock zu springen, ohne daß etwas passierte?

— Da unten war ein großer Abfallhaufen, und wir sprangen in den Abfall.

— Ist jemandem etwas passiert bei dem Sprung?

— Eliezer ließ sich an einem Bettuch aus dem Fenster, und dann sprang er und dabei hat er sich die Hand verstaucht — das hat sehr weh getan. Szymon Heller war der letzte, der sprang, ihn haben sie erschossen. Sie schossen aus dem Fenster auf ihn, und er ist da auf dem Abfallhaufen gestorben. Nach einiger Zeit kehrten wir zu ihm zurück, aber da war sein Gewehr schon weg.

— Was habt Ihr mit seinem Leichnam gemacht?

— Wir haben ihn geholt. Aber wohin haben wir ihn geholt? Ins Treppenhaus. Wir wußten doch nicht, was wir mit ihm machen sollten. Er war ja schon tot. Und die ganze Zeit ging die Schießerei weiter. Die Häuser brannten, und wir liefen über die Dachböden. Die hölzernen Balken fingen Feuer und stürzten vor unseren Augen ein. Dann konnten wir nicht mehr weiter. Wir mußten über die Treppe aus dem Haus hinaus. Wir wußten nicht mehr, wohin wir sollten. Wir konnten nichts mehr tun. Wir hatten ja nichts mehr, womit wir etwas tun konnten — die Munition war ausgegangen. Das war das Schlimmste.

— Wissen Sie noch, wann Szymon Heller erschossen wurde?

— Nach zehn Tagen Kampf sind wir am 28. April aus dem Ghetto herausgekommen. Szymon ist wohl am achten Tag umgekommen. Am neunten Tag waren wir schon völlig am Ende. Was heißt am Ende — wir liefen von Versteck zu Versteck, von Spital zu Spital, wir hatten einige Verletzte. Die Spitäler befanden sich in den Bunkern. Eines war in dem Haus Nummer 76. Da war sogar ein richtiger Arzt. Ich weiß nicht mehr seinen Namen, aber ich weiß, daß er jetzt in Amerika lebt. Stefan Grajek hat mir erzählt, daß dieser Arzt noch lebt, aber nur er, dieser eine Arzt ... In diesem Spital hatten wir sechs Verletzte. Am 28. April bekamen wir die Nachricht, daß alle Kämpfer zum Bunker in der Lesznostraße 56 kommen sollten. Von dort würden wir dann versuchen, aus dem Ghetto herauszukommen.

— Sollten sich da alle Kämpfer vom Többens-Gelände treffen?

— Alle, die die Nachricht bekamen. Zu jeder Gruppe wurde ein Bote mit dieser Anweisung geschickt. Und die jüdischen Polizisten gingen durchs Ghetto und schrien: »Morgen wird abgebrannt, morgen wird abgebrannt! Alle raus!« Diese Worte »Morgen wird abgebrannt« überschwemmten das Ghetto. Wir wußten nicht mehr wohin ... Ich weiß noch, daß wir an dem Tag, bevor wir zur Lesznostraße 56 kommen sollten, den Befehl bekamen, eine Fabrik anzuzünden. Waffen hatten wir keine mehr, aber Feuer machen, das konnten wir noch! Sie zündeten die Häuser an, wir die Fabriken. Benzin drüber und angezündet! Das Feuer wurde größer und größer! In dieser Nacht an der Lesznostraße 56 erfuhren wir von Eliezer, daß es die Möglichkeit gab, durch den Kanal aus dem Ghetto zu gelangen. Dann würden wir an einem Ausstieg abgeholt und in den Wald gebracht. Mit den Partisanengruppen würden wir dann weiter gegen die Deutschen kämpfen.

— Wissen Sie, wer die Flucht durch den Kanal organisiert hatte?

— Alles was ich weiß ist, daß Eliezer am Tag zuvor Stefan Grajek durch den Kanal auf die arische Seite geschickt hatte. Er hatte einen Bunker auf der anderen Seite, an der Ogrodowastraße 27. Da befand sich schon eine Gruppe, die das Ghetto früher verlassen hatte. Der Hausmeister in dem Haus an der Ogrodowastraße war von der PPR, die mit den jüdischen Kämpfern zusammenarbeitete. Der Weg durch den Kanal muß irgendwie bekannt gewesen sein, denn wir hatten unsere Waffen und viele Informationen ja auch auf diesem Weg bekommen. Es gab Spezialisten für die Kanäle, das waren diejenigen, die unter anderem mit Waffen handelten.

— Das heißt, daß ihr im Ghetto keine größere Aktion mehr begonnen habt?

— Nein. Eliezer schickte noch einmal zehn Leute aus, um eine Fabrik in Brand zu stecken. Ich war auch dabei. Wir gingen zur Lesznostraße 76. Als wir unsere Aufgabe erfüllt hatten, gingen wir in den Bunker — er war in dem gleichen Haus wie die Fabrik. Da waren vielleicht acht oder neun Leute, darunter auch welche von den einzelnen Gruppen, aber sie waren nicht bewaffnet. Eliezer wollte sie mit uns zusammen aus dem Ghetto bringen. Wir nahmen sie alle mit.

— Was waren das für Leute, die ihr mitgenommen habt?

— Leute von »Poale Zion« — Lewin, Morgenstern, die Anführer dieser Organisation. Wir sind mit ihnen zuerst zum Spital gegangen. Wir hatten dort ja Verwundete, das habe ich schon erzählt. Ich weiß noch, daß man durch einen Kachelofen in dieses Spital gelangte ... Diese Begegnung mit den Verwundeten war sehr schwierig. Wir wußten schon, daß wir aus dem Ghetto gehen würden, in den Wald, aber ihnen durften wir nichts sagen. Sie konnten doch nicht mit uns kommen. Können Sie sich diese Lage vorstellen? Eliezer ging zu Meir Schwarz, er hatte eine Armverletzung, aber nichts an den Beinen, konnte also gehen. »Meinst du, du könntest den ganzen

Weg mit uns machen?« fragte er ihn. Meir sagte ja. »Gut, dann nehmen wir dich mit.« Dann wandte sich Eliezer an Guta und sagte: »Guta, du mußt hierbleiben. Wir können nicht all die Verwundeten allein und ohne Hilfe lassen.«

— Guta war nicht verwundet?

— Nein, sie war nicht verwundet. Ich hatte darüber gar nicht nachgedacht. Guta fing an, schrecklich zu weinen. »Nur weil ich eine Frau bin«, sagte sie, »bin ich deshalb nicht gut genug für die Partisanen?« Das alles spielte sich in dem Zimmer vor dem Ofen ab, und dahinter lagen die Verwundeten.

— Konnten sie das alles hören?

— Nein, sie haben davon nichts mitbekommen. Guta flehte Eliezer an, sie mitzunehmen, sie wollte unbedingt kämpfen. Da ging Leja Korn, von der ich ja noch erzählen wollte, zu Eliezer. »Ich bleibe hier«, flüsterte sie ihm zu. Sie wartete nicht einmal auf eine Antwort sondern ging sofort durch diesen Ofen hinein. Ich werde diesen Augenblick nie vergessen. Leja ist dageblieben. Und dableiben — das hieß, daß sie da wartete, bis das Haus ganz abgebrannt war. Schwarz ist mit uns gekommen. In dieser Nacht sind wir das erste Mal in den Kanal gegangen. Es war in der Nacht vom 28. April. Einer von uns roch plötzlich Gas. Wir dachten, es seien die Deutschen und wollten uns schon zurückziehen. Aber wie wir in diesen Kanal geklettert sind, das allein ist schon eine Geschichte. Zuerst erweiterten wir die Öffnung, durch die die Schmuggler früher die Waren geworfen hatten — wir nahmen ein paar Ziegelsteine heraus. Diejenigen, die als erste in den Kanal gingen, hatten keine Erfahrung und wußten nicht, wie sie es anstellen sollten. Sie versuchten es mit dem Kopf zuerst, aber so kam man nicht weiter, denn der Kanal war tief. Also kamen sie wieder heraus und versuchten es noch einmal, diesmal mit den Beinen zuerst. Dann machte es einer dem anderen vor, so war es leichter.

— Wie viele Personen sind an diesem 28. April in den Kanal gegangen?

— Ich glaube, wir waren über dreißig Leute. Als dann die erste Gruppe wegen des Gasgeruchs zurückgekommen war, beschlossen wir, auf Eliezer und die anderen zu warten. Michalek sagte: »Wenn wir ein paar Bretter hätten, dann könnten wir sie über den Kanal legen, und so auf sie warten.« In der Nähe war die Bäckerei, das wußte ich. Und ich wußte auch, daß es in einer Bäckerei immer Bretter gibt, auf denen das Brot gebacken wird. Wir holten also alle diese Bretter aus der Bäckerei. Jeder bekam eines, für das er verantwortlich war. Später waren diese Bretter eine große Hilfe: Wir mußten lange Strecken gehen, dann stehenbleiben und warten, dann wieder weiter gehen. Dabei waren diese Bretter nützlich. In dieser Nacht gingen wir zum zweiten Mal in den Kanal. Wir konnten nicht mehr länger zögern, denn das Feuer kam immer näher. Bevor wir aufbrachen, warteten wir im Kanal auf die anderen. Vielleicht kam noch einer, vielleicht noch einer? Wir waren etwa vierzig Leute aus den verschiedenen Gruppen, aber alle von dem Többens- und Schultz-Gelände.

— Wer war der Anführer der Gruppe?

— Das war Eliezer, unser Kommandant. Aber er war auch zum ersten Mal im Kanal. Stefan Grajek, der den Weg kannte, war schon auf der arischen Seite. Er sollte einen Lastwagen organisieren und uns abholen, wenn wir herauskamen.

— Und ist ihm das gelungen?

— Nein, er hat es nicht geschafft. Er hat mit Icchak Cukierman Kontakt aufgenommen, aber er hat es nicht geschafft.

— War jemand bei euch im Kanal, der den Weg kannte?

— Nein. Keiner von uns war jemals im Kanal gewesen. Geller war der wichtigste von uns, denn er konnte Befehle geben. Nun, und wir gingen los. Wir wußten, daß wir eine schräge Richtung einhalten mußten, um zur Ogrodowastraße 27 zu gelangen. Also gingen wir schräg. Manche Kanäle waren so niedrig, daß wir gebückt gehen mußten. Manche waren auch sehr breit und hoch, aber in diesen Kanälen war wiederum sehr viel Wasser. In den niedrigen war nur ein wenig Wasser, aber in den großen reichte es uns bis zur Brust.

— Aber nicht bloß Wasser?

— Nein, das war nicht bloß Wasser. Es stank fürchterlich. Die Waffen hielten wir über unseren Köpfen, damit sie nicht naß wurden. Wir waren müde und hungrig und erschöpft, alles auf einmal. Wir teilten uns in zwei Gruppen auf, die durch unterschiedliche Kanäle gingen. In den niedrigen Kanälen warteten wir dann und ruhten uns auf den mitgebrachten Brettern aus.

— Weil ihr warten mußtet oder weil ihr ausruhen mußtet?

— Wir mußten warten, denn wir wußten nicht, wie es weiter ging.

– Und dann ging jemand voraus, prüfte den Weg und kam wieder zurück, um die Gruppe zu holen, oder wie habt ihr es gemacht?

– Ja, einer ging und probierte den einen oder anderen Kanal aus, und dann gingen wir los. Oft mußten wir wieder umkehren, um eine andere Strecke zu versuchen. Das war ja alles nicht organisiert, wir hatten keine Pläne.

– Wie lange dauerte diese »Reise«?

– Die »Reise« dauerte bis drei Uhr nachts. Wir dachten, dort würde dann ein Lastwagen auf uns warten... Endlich hatten wir den Einstieg erreicht – das mußte unser Ausgang sein. Aber wir konnten nicht alle an diesem Einstieg stehen, weil man uns hören konnte. Und nur Eliezer und Nowodworski stellten sich dort auf und warteten...

– Auf Grajek?

– Ja, auf Grajek. Und da oben, über unseren Köpfen lief die Polizei herum. Schließlich kam Grajek, klopfte an den Kanaldeckel und rief »Jan«, denn das war unser Kennwort. Also konnten wir endlich raus! Grajek hatte mit dem Hausmeister von der Ogrodowastraße 27 abgemacht, daß wir dort auf den Speicher gehen würden, um bis zum nächsten Tag abzuwarten. Am nächsten Tag sollte der Lastwagen kommen. In dem Haus Nummer 27 an der Ogrodowastraße wohnten Polen. Sie bewohnten aber nur die unteren Stockwerke, die übrigen, bis hinauf zum sechsten Stock, waren leer. Ganz leise, wie die Katzen, schlichen wir uns aus dem Kanal.

– Alle vierzig Leute?

– Ja, alle vierzig! Jeder lief zum Tor, ins Treppenhaus und dann über die Treppe hinauf auf den Dachboden. Wir gingen auf diesen Dachboden, ohne überhaupt zu begreifen, warum wir dorthin geschickt wurden. Dann sagten sie uns, daß der Lastwagen früh am nächsten Morgen kommen würde.

– Alle haben es geschafft, sicher hinüberzukommen?

– Ja. Alle vierzig Leute sind in absoluter Stille hinüber gehuscht. Nun, da sind wir also auf dem Dachboden. Von Schlaf kann keine Rede sein, denn wir sind alle ganz durchnäßt. Wir warten darauf, daß es Morgen wird. Aber auch am Morgen kommt kein Lastwagen. Stefan kam mit Eliezer und brachte uns – Brötchen! Einen ganzen Korb mit frischen Brötchen! Sie lachen?

– Ja, ich versuche mir diese übermüdeten Menschen in ihrer stinkenden Kleidung vorzustellen, wie sie da sitzen mit einem Brötchen in der Hand.

— Ja, eben. Jeder bekam ein Brötchen, aber wir hätten zwei Laib Brot pro Person gebraucht. Stefan hatte wahrscheinlich nicht mehr kriegen können.

— Das war am 29.?

— Ja. Später am Vormittag, etwa um halb elf, kam Eliezer wieder. Diesmal ohne Schuhe und ohne seine Lederjacke. Was war geschehen? Erpresser hatten ihn erwischt. Sie hatten ihm sein Geld und seine Schuhe weggenommen, alles haben sie ihm weggenommen und ihn dann so stehengelassen. Das waren Polen, keine Deutschen. Und er war bewaffnet! Aber er wollte keinen Lärm machen und kein Aufsehen erregen, weil er Angst hatte, wir könnten dann auch entdeckt werden. Sie hatten ihn ganz in der Nähe der Ogrodowastraße erwischt. Wir haben ihm etwas zum Anziehen gegeben. Eliezer erklärte uns, daß im Moment kein Lastwagen zur Verfügung stehe, aber tagsüber könne man sowieso nicht fahren.

— Was habt ihr denn mit der feuchten Kleidung gemacht?

— Jeder war sein eigener Ofen. Unsere Körperwärme trocknete unsere Kleidung. Zuerst wrangen wir alles aus, dann ließen wir die Sachen an uns trocknen.

— Und Wasser gab es nicht?

— Nein, kein Tröpfchen.

— Nur diese Brötchen?

— Nein, nicht nur, hinterher gab es auch etwas Ersatzkaffee.

— Wer hat den Kaffee gebracht?

— Franka, das war auch eine Botengängerin, aber nicht aus unserem Gelände. Nun, und es gab Mittagessen, wir kriegten Brot, Wurst und etwas zu trinken. Die Hauptsache war, daß wir still bleiben mußten, damit uns niemand hörte. Das war sehr schwer. Nach allem, was wir hinter uns hatten, konnten wir nicht einfach stundenlang auf dem Dachboden still dasitzen. Auf einmal hörten wir Schreie aus dem Hof unten: »Jude, Polizei ...« — wir waren sicher, daß man uns entdeckt hatte. Können Sie sich das vorstellen? Wir nehmen die Waffen und halten uns in Bereitschaft. »Das ist das Ende«, sagen wir zueinander, »das Ende vom Warschauer Ghetto«. Jeder hat noch eine Kugel für sich selbst. Wir sitzen da und warten ... Und auf einmal merken wir, daß die Kinder da unten spielen, sie spielen »Jude und Gendarm«! Dann kam Eliezer wieder. Er brachte uns die Nachricht, daß am Morgen ein Lastwagen kommen würde. Wir versuchten, ein wenig zu schlafen, etwas Ruhe zu finden. Um vier Uhr morgens kam der Wagen. Ganz leise schlichen wir uns von dem Dachboden hinunter und auf den Lastwagen. Nur die Alten von »Poale Zion« blieben zurück. Sie waren vielleicht zu acht, und Stefan nahm sie mit in seinen Bunker an der Ogrodowastraße. Der Wald war nichts für sie. Im Auto saß ein Pole von der PPR namens Krzaczek.

– War das der gleiche, der am 10. Mai die andere Gruppe jüdischer Kämpfer abgeholt hat?

– Ja. Außerdem war noch Tuwia Szejngut von »Haschomer Hazair« dabei. Er wurde dann erschossen, als die zweite Gruppe aus dem Kanal kam. Wir waren dreißig oder zweiunddreißig Leute auf dem Lastwagen. Wir legten uns dicht nebeneinander, die Waffen versteckten wir. Falls wir irgendwo in Schwierigkeiten kommen sollten, würden wir Granaten werfen und Krzaczek sollte einfach weiterfahren. So war es verabredet. Es war am Morgen, Leute tauchen auf der Straße auf, der eine hat Milch geholt, ein anderer fegt vor seinem Haus. Und diese Leute sehen uns. Mein Gott, was jetzt! Sie rennen weg, in den Hauseingang hinein. Wir fahren aus Warschau hinaus. Wir wissen, daß an der Stadtgrenze ein Schlagbaum mit einem Wachposten ist. Krzaczek erinnert uns noch einmal an die Granaten. Er fährt auf den Wachposten zu. Die Deutschen kontrollieren etwa jeden fünften. Als Krzaczek ankam, waren sie gerade bei einer Kontrolle. Er machte einfach einen Bogen um sie – und fuhr weiter. Sie haben nicht geschossen. Wir waren durchgekommen – was für ein Glück wir gehabt hatten! Es hätte auch alles schiefgehen können.

– Es hätte ... Wie lange wart ihr in Lomianki?

– Etwa drei Wochen haben wir da in diesem Wäldchen gesessen.

– Hat euch jemand etwas zu essen gebracht?

– Nein, niemand hat etwas gebracht. Es gab nicht nur kein Essen, sondern auch kein Wasser. Stefan war in Warschau geblieben und Eliezer auch. Dawid Nowodworski war bei uns, er wurde unser Kommandant. Wir saßen da und warteten darauf, daß uns die Partisanen in den Wald holten.

– Wie habt ihr euch denn Nahrung besorgt?

– Dawid Nowodworski hatte den Befehl, uns nicht aus dem Wäldchen hinauszulassen. Niemand durfte uns sehen. Aber uns fehlte Wasser. Deshalb handelten wir dem Befehl zuwider und schlichen uns nachts zu einem Brunnen. Zu essen hatten wir auch nichts. Irgend etwas mußten wir uns ausdenken. Wir beschlossen, uns ohne Nowodworskis Wissen Nahrung zu besorgen. Auf diese Unternehmung ging ich mit Michalek zusammen. Ganz früh gingen wir aus dem Wald — ich sehe aus wie ein Jude, er wie ein Pole. Durch ein kleines Wäldchen gingen wir zum Fahrweg. Ich stellte mich auf die eine Seite des Weges, Michalek auf die andere. Wir warteten. Schließlich sehen wir einen Bauern auf einem Fuhrwerk herankommen. Michalek tritt auf den Weg, und ich bleibe auf der anderen Seite, hinter dem Rücken des Bauern stehen. Michalek fragt ihn, ob er etwas zu essen hat. Da dreht sich der Bauer um und sieht mich. Er denkt kurz nach und fragt: »Du da, woher bist du?« — »Ich bin aus dem Zug nach Treblinka gesprungen«, erzähle ich ihm. »Ich bin Jude. Können Sie mir vielleicht helfen? Ich gebe Ihnen Geld dafür!« — »Wie kann ich denn helfen?« — »Sie können mir einen Laib Brot kaufen und etwas Wasser bringen.« — »Wie soll ich euch das denn bringen? Wo finde ich euch denn?« — »Wir sind dann hier, an der gleichen Stelle.« Ich sah sofort, daß er ein anständiger Kerl war, so etwas spürt man sofort. Aber man mußte ja doch auf Nummer Sicher gehen. Deshalb machten Michalek und ich mit ihm aus, daß wir noch etwa einen Kilometer weiter auf das Dorf zugehen würden, um ihn dort zu treffen. Wenn er dann mit der Polizei käme, würden wir ihn früh genug sehen. Aber er kam allein. Und er brachte einen Laib Brot. Er hatte kein Wasser bei sich, sondern Milch. Wir gaben ihm Geld und baten ihn, am nächsten Tag zur gleichen Zeit an die gleiche Stelle zu kommen und uns noch einen Laib Brot zu bringen.

— Und, ist er gekommen?

— Ja. Diesen ersten Laib Brot haben wir unter den Hungrigsten von uns aufgeteilt. Unterwegs zum Wald konnten wir beide nicht an uns halten und tranken ein wenig von der Milch. Am nächsten Tag gaben wir ihm wieder Geld für das Brot. Wir erzählten ihm, wir hätten noch eine Familie bei uns, die auch aus dem Zug gesprungen sei. Später erzählte uns der Bauer, daß er auch einer Partisanengruppe angehörte. Aber er war nicht bei der PPR, sondern bei irgendeiner nationalen Organisation. Er hieß Kajszczak[14]. Später brachte er uns eine ganze Fuhre Brot. Bei uns in Lomianki war auch Juda Wegrower aus dem Zentralghetto. Er war im Bunker Milastraße 18 gewesen und war sehr krank, er hatte eine Gasvergiftung. Im Kanal hatte er so schrecklichen Durst gehabt, daß er von diesem stinkenden Wasser getrunken hat. Einige Tage später starb er dann in Lomianki. An dem Tag kam Kajszczak mit der Fuhre Brot ... Als er Juda sah, der tot dalag, nahm er eine militärische Stellung ein, salutierte und sagte: »Für die Kämpfer aus dem Warschauer Ghetto tue ich alles!«

— Wann habt ihr Lomianki verlassen, um zu den Partisanen zu gehen?

— Wir waren noch ein paar Tage mit der zweiten Gruppe da, die am 10. Mai gekommen war. Dann kamen zwei Lastwagen und brachten uns in den Wald. Da wurden jeder Gruppe von uns zwei oder drei Russen zugeteilt, die aus der Gefangenschaft geflohen waren. Diese Russen waren dann unsere Anführer.

— Wann haben Sie Polen verlassen?

— Im Mai 1945.

— Sind Sie nicht mit der gleichen Gruppe gefahren, in der auch Masza Putermilch war?

— Nein, wir sind kurz nach dieser Gruppe gefahren.

— Über Rumänien?

— Ja. In Bukarest bekamen wir unsere Papiere und am 28. Oktober sind wir nach Palästina gefahren.

— Sind Sie seitdem noch einmal in Polen gewesen?

— Nein.

— Wollen Sie fahren?

— Vielleicht. Ich möchte schon. Ich fahre zum fünfzigsten Jahrestag des Ghettoaufstands. Das habe ich mir geschworen.

Tel Aviv, im Mai 1989

Anmerkungen

1 Jüdische religiöse Grundschule.
2 Jüdische Oberschule.
3 Ort in der Nähe von Wilna, wo die Deutschen Massenermordungen der Juden von Wilna durchführten. Die letzten Ermordungen fanden dort am 20. Juli 1944 statt, als die Deutschen dreitausend Juden aus Wilna erschossen.
4 hebr.: Wieder ein Ort judenrein.

5 hebr.: Wehe dem Vater, der die heimkehrenden Söhne sieht und ihnen nicht helfen kann!
6 Im Original deutsch.
7 Die SS, d.h. die Befehlsstelle des Ghettos, befand sich im September 1942 an der Zelaznastraße 103. Während der großen »Säuberungsaktion« (Juli bis September 1942) befand sich die Befehlsstelle im Gebäude des Ordnungsdienstes an der Ogrodowastraße 17.
8 Im Original deutsch.
9 Vgl. Biogramme: Fuden Regina.
10 Gebetsmantel und Gebetsriemen.
11 Vgl. Biogramme: Kawenoki Guta.
12 Die Firma Pinkert, ursprünglich ein Bestattungsunternehmen in Warschau, die während der deutschen Besatzung die Leichen aus dem Ghetto »entfernte«.
13 Vernichtungslager im Gebiet Lublin. Die letzte Liquidierung jüdischer Gefangener in Trawniki fand zwischen dem 3. und 5. November 1943 statt. Damals kamen zwölftausend Menschen um.
14 Bronislaw Kajszczak, Pole, Soldat der AK, lebte in dem Dorf Dabrowa in der Nähe von Lomianki. Kajszczak und sein Sohn Jozef versorgten die Ghettokämpfer in dem Wäldchen in Lomianki mit Lebensmitteln. Auch Juden, die sich verstecken mußten, fanden bei ihm Obdach.

Sonst wäre ich ja nicht hier!

Ein Gespräch mit Luba Gawisar

— In welchem Jahr bist du geboren?
— Ich bin 1924 in Warschau geboren, und zwar im Heilig-Geist-Spital, um ganz genau zu sein.
— Wie ist dein Mädchenname?
— Zylberg. Also, ich fang mal an zu erzählen. Zuerst wohnten wir an der Wrzesinskastraße im Stadtteil Praga, später in Saska Kepa. Mein Vater hatte einen Papiergroßhandel, meine Mutter war zu Hause. Ich hatte keine Geschwister — ich war so ein verwöhntes Einzelkind. Unsere Familie war assimiliert, meine Umgebung war ausschließlich polnisch.
— Deine Eltern sprachen also nie jiddisch miteinander?
— Manchmal. Aber das mochte ich gar nicht.
— Warum nicht?
— Ich weiß nicht, ich mochte diese Sprache nicht. Ich weiß noch, daß Cywia Lubetkin und Antek[1] auch jiddisch miteinander sprachen, wenn sie nicht wollten, daß wir sie verstehen.
— Du lebtest also in einer polnischen Welt?
— Ja, vollkommen. Ich besuchte polnische Schulen, hatte polnische Freundinnen. Nur eine meiner Freundinnen war Jüdin. Ein sehr intelligentes Mädchen ... Ich habe sie später im Ghetto wiedergetroffen. Sie war in einem schlimmen Zustand, sie sah sehr schlecht aus und benahm sich so merkwürdig. Wahrscheinlich hatte sie nichts zu essen, schämte sich aber, das zuzugeben. Ich weiß nicht, was aus ihr geworden ist ... Nun ja, vor dem Krieg war ich Kommunistin. Als ich elf Jahre alt war, warb uns die Betreuerin der Schwester meiner jüdischen Freundin für die Jugendorganisation »Pionier«. Diese Organisation war illegal, versteht sich. Für mich, das Einzelkind aus gutem Haus war das natürlich eine unglaublich aufregende Sache. Ich war so eine kleine Salonkommunistin, verstehst du?

159

— Aber dann brachen Zeiten an, die alles andere als salonhaft waren?

— Ja. Ich weiß noch, welch einen Aufruhr das in der Seele dieses verwöhnten Einzelkinds auslöste. Und die Geschichte mit den Juden fing dann ja auch sofort an. Ich verstand die Welt nicht mehr, in der ich lebte. Und dann diese Armbinden ... Alles wurde anders. Da waren meine Freundinnen und Freunde, und auf der anderen Seite, da war ich. Nun, und dann mußten wir ins Ghetto umziehen. Wir bezogen ein großes Zimmer an der Gesiastraße, in der Nähe der Okopowa. In der gleichen Wohnung lebten Leute, die außerhalb von Warschau gelebt hatten. Wir durften nicht viel mit ins Ghetto nehmen, aber ich nahm alle meine Bücher mit und mein Tagebuch.

— Hast du später im Ghetto auch Tagebuch geschrieben?

— Ja.

— Was ist mit diesem Tagebuch geschehen?

— Was weiß ich! Es wird das gleiche damit geschehen sein wie mit allen Sachen! Es ist bestimmt verbrannt.

— Erzähl doch bitte, wie das Leben deiner Familie während der ersten Zeit im Ghetto aussah.

— Ich kann mich nicht an vieles erinnern. Mein Vater hat, so weit ich weiß, nicht gearbeitet. Er verkaufte verschiedene Dinge: den Pelz meiner Mutter, ihren Schmuck ...

— Kannst du dich an den Hunger im Ghetto erinnern?

— Aber natürlich! Die Menschen sind doch vor Hunger gestorben!

— Ich meine Hunger bei euch zu Hause, in deiner Familie.

— Ich habe im Ghetto nicht gehungert.

— Du hast auch gearbeitet, nicht wahr?

— Ja. Ich habe im Postamt gearbeitet. Ich glaube, das Postamt befand sich an der Grzybowskastraße. Diese Arbeit hat für mich eine große Rolle gespielt: Ich traf dort ganz außergewöhnliche Menschen. Der erste Geiger der Warschauer Philharmonie war bei uns und Erna, die Frau eines Bankdirektors. Erna habe ich sehr gern gehabt! Der Journalist Leon Machtyngier arbeitete auch mit uns zusammen. Ihn mochte ich auch sehr gern, er war so ein richtiger Intellektueller. Als dann später das kleine Ghetto aufgelöst wurde, ist die Post wohl auf die Gsiastraße verlegt worden, und dort mußten wir auch wohnen. Ich war mit Irena Gelblum, Jurek Grasberg und einigen anderen zusammen. Dort habe ich meine ersten Kochversuche unternommen und die erste Suppe meines Lebens zubereitet. Sie ist mir nicht gelungen.

— Hast du deine Eltern öfter gesehen?

— Ja. Manchmal habe ich sie besucht, manchmal sind sie zu mir gekommen. Sie litten keinen Hunger, ein Problem waren nur die dauernden Aktionen[2]. Ich weiß noch, daß wir uns dauernd verstecken mußten. Eine Selektion habe ich in der Gemeinde mitgemacht.

— Hattest du eine Nummer?

— Nein, ich mußte nach links. Erna haben sie auch genommen, sehr viele mußten nach links ...

— Nach links — das hieß zur Deportation.

— Ja. Ich kann mich noch genau an den Gestapomann erinnern. Er sah sehr gut aus. Ein Bekannter meines Vaters hat mich gerettet, er ist zu dem Deutschen gegangen und hat ihm irgend etwas erzählt. Ich hatte ja ein Dokument in der Tasche, das damals viel wert war. Aber danach habe ich mich wieder versteckt. Wir hatten ein Versteck unter dem Dach. Immer während der Aktionen bekamen wir Bauchschmerzen und Durchfall, das weiß ich noch.

— Hatten deine Eltern irgendwelche Papiere, die sie vor der Deportation schützten?

— Meine Mutter arbeitete bei der Werterfassung[3]. Mein Vater versteckte sich zu Hause.

— Wie bist du auf die andere Seite gekommen?

— Dazu muß ich dir von Jurek Grasberg erzählen. Jurek war Anführer bei den Pfadfindern, und er hatte einen älteren Freund, den Professor Kaminski.

— Derselbe Kaminski, der dann Marek Edelman aus dem Keller gezogen hat?[4]

— Davon weiß ich nichts. Meinst du, das war derselbe? So klein ist die Welt! Kaminski hat auf der arischen Seite eine große Rolle in meinem Leben gespielt! Er hat mir sehr geholfen. Jurek wollte also eine Gruppe von Pfadfindern organisieren, die mit der ZOB zusammenarbeiten sollten. Ich weiß, daß Anielewicz damit nicht einverstanden war. Er sagte, die Pfadfinder könnten sich einzeln der Organisation anschließen, aber nicht als Gruppe. Eines Tages eröffnete Jurek mir, daß ich auf die arische Seite hinaus geschickt werden sollte. Ich hatte ein sehr gutes Aussehen, mein polnisch war auch in Ordnung — ohne die Spur eines Akzentes; ich konnte ja auch gar

kein Jiddisch. Es war geplant, daß ich eine Wohnung mieten sollte, die dann die Kontaktstelle mit dem Ghetto sein sollte. Die ZOB sollte diese Wohnung auch benutzen. Nun, ich ging also hinaus ...
— Wann war das, weißt du das noch?
— Frag mich nicht nach Daten, an Daten kann ich mich nie erinnern. Es war zwischen der ersten und der zweiten Aktion. Weißt du, ich habe überhaupt kein Zeitgefühl, wenn es um die Vergangenheit geht.
— Wie bist du aus dem Ghetto gekommen?
— Wir hatten einen Wachposten bestochen. Ein jüdischer Polizist hat mich hinausgebracht. Jurek hatte für all das gesorgt. Er gab mir die Adresse einer Frau in Wola, irgendwo auf meinem Körper hatte ich die Telefonnummer unseres Verbindungsmanns Kaminski aufgeschrieben, und so bin ich hinausgegangen ... Hinter der Mauer habe ich die Armbinde abgenommen, und da hatte ich natürlich sofort die »Schmalzer«⁵ auf dem Hals. Zwei junge Polen. Ich sagte ihnen, sie sollten verschwinden, ich sei Polin und sei hier zur Plünderung gewesen. »Du bist ein Judenweib, komm gehen wir zur Polizei!« Ich weiß nicht mehr, ob ich ihnen Geld gegeben habe ...
— Und, haben sie dich dann in Ruhe gelassen?
— Nun, sonst wäre ich ja nicht hier! Aber das war erst der Anfang.
— Konntest du dich noch von deinen Eltern verabschieden?
— Was für eine Frage! Ich habe sie danach noch wiedergesehen. Ich spazierte zwischen dem Ghetto und der arischen Seite hin und her ... Hör mal, ich weiß gar nicht, wie das möglich ist, daß ich hier seelenruhig sitze und einfach erzähle. Nun, gut. Ich ging also zu dieser Frau in Wola und rief unseren Verbindungsmann Kaminski an. Es war vielleicht ein paar Tage, nachdem ich herausgekommen war, ich wartete noch auf meine Papiere. Ich hatte damals nur mit einer einzigen Freundin Kontakt, einer Polin. Ihr Vater war Tischler. Alina war ein sehr schönes Mädchen, nur ein schrecklich dunkler Typ. Ich hatte immer Angst, wenn ich mit ihr über die Straße ging. Eines Morgens kamen in aller Frühe zwei Gestapomänner in mein Zimmer in dieser Wohnung in Wola: »Papiere!« — »Ich habe keine!« — »Du hast keine, weil du Jüdin bist!« Ich weiß nicht, ob diese Frau in Wola vielleicht etwas damit zu tun hatte.
— Was ist dann passiert?
— Nichts Besonderes. Sonst wäre ich ja nicht hier. Einer von ih-

nen war Pole — ein Volksdeutscher —, der andere war Deutscher. Er hatte so ein Rattengesicht, das ich in meinem Leben nicht vergessen werde. »Zieh dich an!« sagte er zu mir. »Jüdin oder Nichtjüdin, du kommst jetzt mit zur Gestapo.« Nun gut, ich zog mich an. Dann holte mich dieser Volksdeutsche in ein anderes Zimmer. »Hör zu«, sagte er, »du kennst doch bestimmt Juden auf der arischen Seite?« — »Natürlich kenne ich welche.«

— Aber du hast nichts zugegeben?

— Nein, aber es war ja alles völlig klar. Ich hatte keine Papiere, gar nichts hatte ich, ich war eben eins von diesen Mädchen. Er sagte, ich hätte ein gutes Aussehen, er würde mir eine Wohnung am Nowy Swiat besorgen und Geld geben. Ich hatte schon im Ghetto gehört, daß es Juden gab, die mit den Deutschen zusammenarbeiten. Ich brauchte ihm nur zu sagen, wo Juden wohnten, und dann würden sie mich nach kurzer Zeit auch ausreisen lassen — sagte er. Außerordentlich gute Arbeitsbedingungen, nicht wahr? Obwohl ich nie vorher in einer ähnlichen Situation gewesen war, sagte mir mein Überlebensinstinkt, wie ich reagieren mußte. Weißt du, wenn ich das heute erzähle, dann kommt es mir vor, als sei das ein Märchen.

— Es ist alles so unwirklich . . .

— Unwirklich, fremd, irgendein anderes Ich, ein anderes Leben, das nicht meines ist. Nun, aber sie haben mir geglaubt. Sie erlaubten mir, dort zu bleiben und verabredeten sich mit mir für den nächsten Tag an der Philharmonie. Sie gingen, und eine halbe Stunde später war ich auch verschwunden.

— Wohin bist du gegangen?

— Zu Alina. Aber kurz darauf tauchte Kaminski auf. Er hat mir dann sehr geholfen. Im kleinen Ghetto waren schon keine Juden mehr. Alle Häuser gehörten jetzt der Stadtverwaltung. Dort gab es Wohnungen zu mieten. Kazimierz — das war Kaminskis Pseudonym — ging mit mir dorthin und gab sich als mein Onkel aus. Er war damals schon Redakteur des »Informations-Bulletins«[6]. Er mietete eine Wohnung in der Panskastraße 5 für mich. Zwei Zimmer mit Küche im Dachgeschoß. Alinas Vater baute ein hohes Bücherregal unter die Schräge, und unten in dem Regal war eine Schublade, die man ganz herausziehen konnte. Wenn zu mir also Juden kämen, würde das ein Versteck für sie sein. Jurek sollte ja kommen und meine Eltern und vielleicht noch jemand von der ZOB. Nun, und die Waffen mußten ja auch irgendwo versteckt werden.

163

Kennkarte von Luba Gawisar aus dem Jahr 1943

— Hattest du Angst vor dem, was sich da in der Wohnung an der Panskastraße abspielen würde?

— Ich glaube nicht. Aber ich kann mir heute gar nicht klar machen, in was für einem Zustand ich damals war.

— War das Leben auf der arischen Seite nicht in mancher Hinsicht gefährlicher als im Ghetto?

— Nein, auf keinen Fall. Auf der arischen Seite ging es mir viel besser. Nur nicht wieder dorthin, nur nicht ins Ghetto! Aber ich war sehr beschäftigt und habe über all das gar nicht besonders viel nachgedacht. Nur nach meinen Eltern hatte ich große Sehnsucht. Einmal bin ich ins Ghetto gegangen, um sie zu sehen. Ich bin mit den Polen gegangen, die zur Plünderung gingen und mit ihnen auch wieder zurückgekommen. Direkt hinter der Mauer lauerten die »Schaulisse«[7] und haben uns mitgenommen.

— Wohin?

— Sie brachten die Leute immer zur Gestapo. Aber ich bin nicht mitgegangen, sonst wäre ich ja nicht hier. Ich überlegte ganz schnell — ich hatte ja nichts zu verlieren und rannte auf ein Tor zu, die Treppen hinauf und auf einen Dachboden. Und sie rannten umher, brüllten. Aber ich war in Sicherheit. Das zweite Mal ging ich ins Ghetto, als gerade die Januaraktion im Gange war.

— Was ist dir davon noch in Erinnerung?

— Meine Mutter und mein Vater wohnten damals in der Stawkistraße. Ich weiß noch, daß wir draußen auf einem Platz standen, aber dann ist es uns gelungen, ein Versteck zu finden. Am nächsten Morgen bin ich mit Hilfe eines Wachtpostens hinausgekommen. Es waren keine Deutschen da, nur ein jüdischer und ein polnischer Polizist, und den beiden habe ich Geld gegeben. Mein Vater brachte mich dorthin. Damals sah ich meine Eltern zum letzten Mal. In dieser Nacht im Ghetto schlief ich in einem Bett mit meiner Mutter. Sie hat mir damals diesen Ring hier gegeben.

— Dann bist du zur Panskastraße zurückgegangen?

— Ja. Und Alinas Vater hat mir sogar Möbel auf dem Markt gekauft. Dann kam Irka und später Jurek. Meine Eltern konnte ich nicht herüberholen. Ich weiß nicht warum. Meine Mutter hatte ein sehr ungünstiges Aussehen — blaue Augen aber viel zu schwarze Haare. Sie waren bis zuletzt im Ghetto.

— Hast du irgendwelche Einzelheiten über ihr Schicksal erfahren?

— Nein. Sie sind umgekommen. Wie alle. Sie waren sehr glücklich, daß ich auf der anderen Seite war.

— Erzähl doch bitte etwas von dem Leben in der Panskastraße.

— Manchmal kam Tadek[8], zu uns. Jemand brachte Waffen oder ich ging irgendwohin und holte Waffen ab und brachte sie nach Hause. Tadek holte sie dann ab.

— Waren das Pistolen und Granaten?

— Nur Pistolen.

— Weißt du noch, wie viel ihr dafür bezahlt habt?

— Nein. Jurek[9] regelte immer die Bezahlung. Ich hatte keine Ahnung von den finanziellen Angelegenheiten. Vor dem Aufstand kam Antek anstelle von Jurek. Er hatte die Aufgabe, Kontakt mit dem polnischen Untergrund aufzunehmen und natürlich Waffen für das Ghetto zu besorgen. Während des Aufstands tauchte dann Kazik[10] auf.

— Aber Antek wohnte zu dem Zeitpunkt noch nicht bei euch?

— Nein. Später waren wir zusammen. Ich weiß nicht, wo er am Anfang sein Versteck hatte. Nun, und dann brach der Aufstand aus. Wir saßen abends am Fenster, und Antek war bei uns. Das Fenster stand offen. Wir saßen auf dem Fußboden, damit uns niemand sehen konnte. Mein Nachbar war Glaser — Frau Kowalska, machen sie die Fenster zu, bei Ihnen will gerade ein Jude einsteigen ... Und das Ghetto brannte. Ich war ein paar Mal am Ghetto. Wo stand noch mal das Karussell?

— Am Krasinski-Platz.

— Ja, genau! Ich bin ein paar Mal dorthin gegangen. Aber das war gefährlich, denn man konnte sehen, was sich auf meinem Gesicht abspielte. Dann kam Kazik mit einem Brief von Anielewicz[11]. Weißt du, er schrieb davon, daß sich unser Traum jetzt erfüllte, jetzt mit diesem Aufstand. Es war immer sehr schwer für mich, wenn Kazik kam. Verstehst du, ich hatte ja keine Ahnung, was sie da drüben machten. Ich paßte auf die Wohnung auf. Sie erwies sich später als sehr wichtig, denn Cywia Lubetkin und Tuwia Borykowski kamen dorthin.

— Wer ist sonst noch gekommen?

— Marek Edelman. Und ein paar Monate später auch Krysia[12]. Sie kamen alle zur Panskastraße, als die Wohnung an der Komitetowastraße abgebrannt war. Und später haben wir dann noch eine Wohnung eingerichtet — das war an der Lesznostraße[13]. Aber ich war fast die ganze Zeit über an der Panskastraße. Unser Verbindungsmann Edek kam vorbei, er kannte alle möglichen Adressen. Für einen Monat zogen wir aus, denn wir wußten nicht, ob was durchgesickert war. Irena und ich wohnten in Zoliborz, Antek und Kazik liefen den ganzen Tag auf der Straße herum. Sie trieben sich einfach herum, es war schrecklich. Obwohl wir sehr große Angst hatten, kehrten wir dann zur Panskastraße zurück. Sie zogen dann zur Lesznostraße um, und ich blieb mit Jurek in der Wohnung.

– Hatte Jurek auch arische Papiere?

– Nein, ihm ging es wie Hunderten von Juden. Ich ging immer durch die Stadt, traf mich mit anderen Juden, denen wir Geld gaben. Das waren unsere Schützlinge. Vor allem aber war ich mit dem Haushalt beschäftigt, damit, Essen zu beschaffen. Ich weiß noch, daß ich damals so eine Riesentasche hatte ... Weißt du was – ich glaube, in der Wohnung uns gegenüber versteckten sich auch Juden.

– Und die Polen haben keinen Verdacht geschöpft?

– Anscheinend nicht. Alles war in Ordnung, sie konnten nur nicht begreifen, warum wir nie in den Luftschutzkeller hinuntergingen, wenn bombardiert wurde. Ich erklärte ihnen, daß wir panische Angst vor diesem Luftschutzkeller hatten. Und so saßen wir dann ganz allein da oben und waren glücklich, wenn die Bomben fielen. Wir kamen nicht auf die Idee, daß eine Bombe unser Haus treffen könnte. Weißt du, ich kann mich an das Gefühl erinnern, das ich damals die ganze Zeit über hatte. Es war, als ersticke mich etwas die ganze Zeit über, immerzu, aber ganz leise. Eine ständige Anspannung, eine Unruhe, die unerträglich wurde. Das war so eine stille Depression, die einen keinen Augenblick verläßt, einem immer folgt wie ein Schatten. Zum Glück geschah dauernd etwas. Antek schickte mich dauernd irgendwohin. Einige Male war ich bei Guzik. Er war im Vorstand von Joint[14]. Von ihm bekamen wir die Dollars für unsere Schützlinge.

– Und dann kam der Warschauer Aufstand.

– Ja, und danach waren wir alle in Grodzisk. Auf der Straße traf ich Ala, Margolis und Inka[15]. Und Lodzia, Cywia, Marek und Tuwia waren auch bei uns ... Vorher waren sie in Zoliborz gewesen. Sie waren dort nach dem Aufstand geblieben, und mußten irgendwie aus Warschau herausgeholt werden. Also fuhr ich mit Kazik nach Krakau – er war ja der Kanalspezi. Aber sie sind dann irgendwie mit einer Hygiene-Patrouille hinausgekommen. Als wir nach

167

Grodzisk zurückkamen, waren sie schon in unserer Wohnung. Ich weiß noch, daß wir am nächsten Tag eine große Entlausung vornahmen. Dort saßen wir dann, bis der Krieg vorüber war. Ich fuhr viel herum, denn es war niemand sonst mehr da, der das konnte. Ich war in Czstochowa, und ich brachte Stefan Grajek Geld nach Kielce.

— Was machte er dort?

— Er versteckte sich da. Er hat sich die ganze Zeit versteckt. Und weißt du, daß unten in diesem Haus in Grodzisk die Polizei war? Das war deshalb ein ausgezeichneter Platz. Wir sind dort bis zum Schluß geblieben. Als wir hörten, die Armee marschiere in die Stadt ein, sind wir alle auf die Straße hinausgegangen. Und als ich diese Panzer sah, da passierte etwas mit mir, ich weiß nicht, was es war — ich wurde auf einmal furchtbar hysterisch und flüchtete ins Haus. Ich weinte, weinte und konnte mich nicht mehr beruhigen. Es war alles so leer und schrecklich. Damals fühlte ich, wie einsam ich in Wirklichkeit war. Überhaupt war es nach dem Krieg sehr schwer. In mancher Hinsicht war es schwieriger als während des Krieges, als man immer in Aufregung war. Aber nach dem Krieg, da war nichts mehr. Nichts war geblieben ...

— Du warst vor kurzem in Polen, zum ersten Mal seit 1945, seit deiner Ausreise.

— Ja. Es ist mir sehr schwer gefallen. Aber in Warschau war ich sehr gerührt, das war ja einmal meine Stadt.

Tel Aviv, im Mai 1989

Anmerkungen

1 Icchak Cukierman.
2 Im Sommer 1942.
3 Vgl. Fußnote 12 im Gespräch mit Pnina Grynszpan-Frymer.
4 Vgl. Gespräch mit Marek Edelman.
5 Slangwort für Polen, der Juden erpreßte, indem er drohte, sie an die Deutschen zu verraten.
6 Presseorgan des konspirativen Bundes des Bewaffneten Kampfes.
7 Schützen: Angehörige der litauischen faschistischen Einheiten, die auf seiten der Deutschen kämpften.
8 Tuwia Szejngut.

9 Arie Wilner.
10 Ratajzer Kazik (Rotem Simcha).
11 Hier geht es um einen Brief, den der Kommandant des Aufstands, Mordechaj Anielewicz, am 23. April an den Vorstand des ZOB auf der arischen Seite, Icchak Cukierman, schrieb.
12 Sara Biederman.
13 Cywia Lubetkin und Icchak Cukierman hielten sich vor und während des Warschauer Aufstands in einer Wohnung an der Lesznostraße 18 versteckt. Dort befanden sich auch Dokumente der ZOB und des Dror.
14 American Jewish Distribution Committee, umgangssprachlich »Joint«: eine 1914 gegründete amerikanische Wohltätigkeitsorganisation, die Juden außerhalb von Amerika finanziell unterstützte. In den europäischen Ländern war »Joint« besonders während des Zweiten Weltkriegs aktiv; bis 1941 auch offiziell.
15 Adina Blady-Szwajgier.

Sie haben nicht gefragt

Ein Gespräch mit Stefan und Halina

— Mit meinen Kindern habe ich nur sehr wenig darüber gesprochen. Sie haben nicht gefragt. Es ist nicht so, daß ich ein Trauma habe und deshalb nicht darüber reden könnte. Sie haben einfach nicht gefragt. Vor zwei Monaten hat mich einer meiner Söhne darauf angesprochen. Wir waren oben auf dem Dach ... Wir haben da so eine Solarheizung. Und da hat er mich gefragt. Ich war ziemlich erstaunt. Als wir wieder unten waren, habe ich ihm ein paar Bücher und einen Stadtplan von Warschau gezeigt ... Und damit hatte es sich dann mehr oder weniger. Es war ein kurzes Gespräch. Und Maja, meine Tochter, hat überhaupt nie gefragt. Wenn zum Gedenktag der Shoah im Fernsehen ein Film zu diesem Thema gezeigt wird, dann sagt sie immer, daß sie das nicht ansehen kann. Ich konnte das selbst durchmachen, aber sie kann es sich nicht ansehen!

— Als die Kinder kleiner waren, haben Sie da nie erzählt?

— Nein. Sie wissen natürlich, daß ich aus Warschau bin, daß es dort das Ghetto gab, und daß die Vernichtung der Juden stattgefunden hat. Sie kennen diese allgemeinen Begriffe. Aber sie sind sich überhaupt nicht bewußt, was das eigentlich heißt.

— Ich habe vor kurzem mit Maja gesprochen. Sie spricht über Polen wie jemand, der die grauenhaftesten Erinnerungen an diesen Ort hat.

— Das ist bestimmt zum Teil unser Einfluß. Ich möchte zum Beispiel nie nach Polen fahren, auf keinen Fall! Ich war 1945 sechs Wochen lang dort und das hat mir vollauf gereicht.

— Nun gut, aber Polen 1945 und Polen 1989, das sind doch zwei ganz verschiedene Länder.

— Ich war nach meiner Rückkehr in Nowy Sacz, da habe ich einen Spaziergang durch die Stadt gemacht. Ich bin von unserem früheren Haus bis zu meiner alten Schule gegangen. Ich ging über die zertrümmerten Steine des jüdischen Friedhofs. Ich habe von Polen genug, ich möchte nicht mehr dorthin. In unserer Stadt hatte es zwölftausend Juden gegeben. Sie sind nicht einmal ins Lager gekommen. Eines Tages haben sie alle auf den jüdischen Friedhof geholt und dort haben sie sie erschossen. Zwanzig Menschen sind am Leben geblieben. Während dieses Spaziergangs habe ich eine frühere Schulkameradin getroffen. Ihre erste Frage war: »Wie? Du bist noch am Leben?« Sie hat sich sicher nichts Schlimmes dabei gedacht, aber das war sehr unangenehm. Es kam allen so merkwürdig vor, daß tatsächlich noch Juden am Leben waren.

— Wann sind Sie ausgereist, Halina?

— Sofort. An Heiligabend haben wir die tschechische Grenze passiert.

— Wie lange dauerte die Reise nach Palästina?

— Ich war fünf Jahre lang in Deutschland. Erst 1951 bin ich hierher gekommen.

— Sie waren also in Deutschland ...

— Ja. Dort gab es die Möglichkeit zu studieren. Es gab kein Geld, aber irgendwie versuchten sie, eine Entschädigung für den Holocaust zu geben.

— Sie sind auch 1951 gekommen, Stefan?

— Ja, mit meinem Vater.

— Und davor?

— Wann?

— Früher.

— Vor dem Krieg bin ich normal zur Schule gegangen und in die Ferien gefahren. Diesen letzten Sommer haben wir in Babia Góra verbracht. Und dann wurde die Schule geschlossen, Wachen wurden aufgestellt, und eine Mauer wurde gezogen. Ich wohnte in Tlomack. Wir mußten nicht umziehen. Das kam erst später, als das Ghetto verkleinert wurde. Mein Vater arbeitete draußen, außerhalb der Mauer, er reparierte Maschinen in einer deutschen Firma. Abends brachte er Möhren, Kohl, Kartoffeln, manchmal auch eine Zwiebel in seinen Taschen mit nach Hause. Dieser deutschen Fabrik haben wir es eigentlich zu verdanken, daß wir durchgehalten haben.

— Hat Ihre Familie überlebt.

— Nein, natürlich nicht! Die Schwester meines Vaters ist an Typhus im Ghetto gestorben. Und meine Mutter und meinen Vater haben sie auf den Umschlagplatz geholt. Ich war dort auch mit meiner

Mutter... Das war am zwanzigsten, irgendwann, ich weiß nicht mehr in welchem Monat.

— Sind sie einfach von der Straße weggeholt worden?

— Nein. Von zu Hause. Die Deutschen kamen, sie haben geschossen... Wir wohnten damals an der Mylnastraße. Sie befahlen uns, nach unten zu gehen, ein wenig Gepäck sollten wir mitnehmen. Ich glaube, ich nahm einen Rucksack mit.

— Sind alle Bewohner des Hauses nach unten gegangen?

— Ich weiß es nicht. Später habe ich gehört, einige hätten sich im Keller versteckt, aber sie wurden herausgeholt. Wir sind jedenfalls gegangen. Wir wußten nicht genau, was diese Umsiedlung zu bedeuten hatte.

— Können Sie sich an den Marsch erinnern?

— Nein, daran erinnere ich mich nicht mehr. Wahrscheinlich gingen wir in Kolonnen, jeder mit seinem Bündel. Aber ich weiß noch genau, was ich anhatte. Ich hatte so eine hellblaue Windjacke an... Und ich hatte ein Meßgerät für Metall mit.

— Einen Meßschieber?

— Ja, so etwas wird es gewesen sein. Mein Vater war Mechaniker, er hatte mir gesagt, daß ich ihnen dieses Ding zeigen und behaupten sollte, daß ich Schlosser sei. Und wirklich, mit diesem Schieber... Meine Mutter hatte mir gesagt, daß die Deutschen Arbeiter brauchten, wenn ich also mitging, dann könnte ich vielleicht mit meinen Vater Kontakt aufnehmen, und er könnte irgend etwas machen... Meine Mutter wußte wohl, daß diese ganze Geschichte keine Umsiedlung war. Ich weiß noch, wie ich zu einem Deutschen ging und ihm dieses Gerät zeigte. Und er hat mich gestoßen, und noch jemand hat mich gestoßen... Und dann haben sie mich zur Arbeit in der Bem-Festung geholt. Aber da war ich nicht lange. Ein Pole hat mich herausgeholt. Natürlich gegen Geld.

— Hat Ihre Mutter Ihnen Geld gegeben, bevor Sie sich trennten?

— Ich weiß es nicht mehr, ich glaube schon. Ich hatte etwa zehn oder zwanzig Dollar in Zloty.

— Wie lange waren Sie auf dem Umschlagplatz?

— Nur ein paar Stunden. Jedenfalls habe ich dort keine Nacht verbracht. Ich war mit meiner Mutter zusammen.

— Und dann sind Sie zu dem Deutschen gegangen?

— Ja. Danach habe ich meine Mutter und meinen Bruder nie mehr wiedergesehen.

172

- Waren die beiden dort in dem Gebäude?
- Nein, sie waren draußen. Wir haben dort gesessen.
- Das war, als Sie zu dem Deutschen gingen.
- Ja. Meine Mutter hat mir gesagt: geh dorthin, los geh schon!
- Konnten Sie sich noch voneinander verabschieden?
- Nein, das konnten wir nicht mehr ...
- Und Sie haben Sie nie wiedergesehen?
- Nein.
- Wissen Sie, wann der Transport abgegangen ist? War das an demselben Tag?
- Ich glaube, meine Mutter ist im August umgekommen. Aber was weiß ich! Ich weiß es ja eigentlich nicht, aber ich habe mir das irgendwo aufgeschrieben. Vielleicht weiß ich es von meinem Vater? Ich war dann mit meinem Vater zusammen. Er hat mich gefunden. Und während des Warschauer Aufstands war ich bei einem Pastor.
- Warum meinen Sie denn, daß Ihre Mutter im August umgekommen ist?
- Das hat mir wohl jemand erzählt. Wahrscheinlich mein Vater.
- Aber woher konnte er es wissen?
- Ich habe keine Ahnung. Vielleicht hatte er jemanden getroffen ...
- Wissen Sie, wohin der Transport ging?
- Ja, nach Treblinka. Das weiß ich.
- Woher?
- Ich meine, ich hätte jemanden auf der Straße getroffen, auf der Targowa. Es war eine Frau. Sie hat mir gesagt, meine Mutter sei in Treblinka umgekommen. Wir haben dann eine Tafel für sie machen lassen, die kam auf den Gedenkstein meines Vaters. Ich habe ein Foto davon.
- Auf dem Friedhof an der Okopowa?
- Ich glaube ja. Ich weiß es nicht genau. Ich habe ein Foto.
- Sie sind also von der Bema-Festung geflüchtet?
- Wir haben uns in der Mylnastraße im obersten Stockwerk versteckt. Hinter dem Schrank haben wir ein Versteck gefunden. Da waren solche schweren Formen für Hüte, denn in der Wohnung hatte vorher wohl ein Hutmacher gelebt. Und durch diesen Schrank konnten wir in ein kleines Zimmerchen gelangen. Und dort haben wir dann gesessen. Zu wie vielen waren wir? Ich weiß es nicht mehr. Auf jeden Fall waren wir nicht allein, wenn die Deutschen das Haus

durchsuchten. Wir haben sie oft gehört. Sie kamen nicht immer in die Wohnung. Später sind wir hinausgegangen. Und dann war ich für kurze Zeit in der Dobrastraße. Aber das war kein guter Platz. Auf den Krakowskie Przedmiecie habe ich mir dann meine Papiere abgeholt. Pawel hatte sie gemacht. Er arbeitete bei der Organisation.

    — Haben Sie Ihre Kennkarte noch, Stefan?
    — Ich überlege gerade. Ich glaube, ich habe Sie noch.
    — Und dann waren Sie bei dem Pastor?
    — Ja. An der Czestochowskastraße. Der Pastor arbeitete als Buchhalter in der gleichen Firma wie mein Vater.
    — Waren Sie lange dort?
    — Ja, lang, aber mit Unterbrechungen. Einmal kamen zwei Typen zu ihm, sie hatten Pistolen mit und holten mich weg. Sie suchten jemand anderen, aber dann haben sie mich mitgenommen. Es war im Winter, denn sie waren sehr warm angezogen, und wir gingen durch Schnee. Etwa hundert, zweihundert Meter weit. Ich hatte etwas Geld, nicht viel. Wir gingen ein Stückchen, dann sagten sie: »Geh zurück!« — »Wohin?« — »Geh zurück, dahin, wo du gewesen bist.« Ich hatte Angst. Sie gaben mir die Hälfte von dem Geld zurück und ich kehrte wieder um. Der Pastor öffnete mir die Tür. »Ich habe es gewußt« sagte er. »Ich habe gebetet.« — »Und, was passiert jetzt?« — »Nichts, du brauchst keine Angst zu haben. Du kannst hierbleiben.« Ich blieb eine Weile dort, aber dann saß ich in einem Keller in der Grochowastraße. Ich bekam Typhus, aber da war ein Bett. Mein Vater war bei mir. Ich weiß nicht mehr, wie lange ich krank war. Ein Arzt kam zu mir. Es war ein Pole, er hat mir Medikamente gebracht. Während des Warschauer Aufstands bin ich von der Czestochowskastraße geflüchtet.
    — Wohin?
    — In Richtung Rawa Mazowiecka. Nach Turobowicy. Ich mußte fliehen, weil die Ukrainer kamen und sofort anfingen zu schießen. Ich hatte sie aus dem Fenster gesehen. Ich wußte nicht genau, was ich tun sollte. Da klopfte jemand an die Tür. Es war ein Junge in meinem Alter, vielleicht etwas älter. »Retten Sie mich!« sagte er zu mir. Ich? Ich sollte ihn retten? Die Ukrainer und Deutschen waren schon unten. Wir flüchteten aufs Dach. Da saßen wir hinter dem Kamin, und sie schossen. Schließlich zündeten sie das Haus an. In der Nacht sind wir über die Dächer weitergekommen. Wir sind in irgendein

Zimmer gestiegen. Wir hatten furchtbaren Durst, denn tagsüber war es brütend heiß gewesen. Ich weiß noch, daß in dieser Wohnung Geigen an der Wand hingen. In der Frühe gingen wir wieder fort. Aus irgendeiner anderen Wohnung nahmen wir uns zwei Mäntel für unterwegs. Ich erwischte einen grünen Mantel. Auf der anderen Seite der Czestochowskastraße war ein Feld. Wir lagen den ganzen Tag auf diesem Feld, bis die Dämmerung anbrach. Wir hatten solchen Durst, und die Mücken setzten uns furchtbar zu. Aber wohin sollten wir gehen? Da schlug dieser Junge vor, daß wir zu seinen Verwandten nach Turobowicy gehen sollten. Ich hatte keine Kraft mehr. »Laß mich hier liegen, ich muß mich ausruhen!« sagte ich. »Nein, du hast mich gerettet!« Ich sollte ihn gerettet haben? Er hat mich nicht da liegenlassen. Wir sind etwa drei Tage lang gegangen. Unterwegs trafen wir Flüchtlinge aus Warschau.

— Was haben Sie in Turobowicy gemacht?

— Es war eine ganz arme Familie, diese Verwandten. Ich brachte die Kühe zur Weide, half ihnen ein wenig mit dem Heu, das war alles. Ach ja, und ihrem Sohn habe ich Deutsch beigebracht.

— Und so haben Sie bis Januar gelebt?

— Ja. Und dann hat mir dieser Bauer ein wenig Speck und Wodka für unterwegs mitgegeben, und ich bin nach Warschau zurückgekehrt. In Krasow habe ich nach meinem Vater gesucht. Und wir haben uns gefunden.

— Haben Sie den Pastor wiedergetroffen?

— Nein, nie mehr. Er war spurlos verschwunden.

— Sie sind nach dem Krieg von weit aus dem Osten gekommen, Halina?

— Ja. Zuerst waren wir in der Region Jakutsk, dann sind wir in wärmere Länder aufgebrochen.

— Warum sind Sie beide nach Israel gegangen?

— Das war eine ziemlich schwierige Entscheidung. Aber wir sind schließlich zu dem Entschluß gekommen, daß man am besten unter Juden lebt. Nirgendwo wollen sie uns, und wir hatten von dieser Welt genug. Außerdem gibt es nur ein Land, in dem Juden Antisemiten sein dürfen. Es gibt nur ein Land, in dem es keine Juden gibt, nur Polen, Deutsche, Rumänen ...

— Haben Sie diese Entscheidung nie bereut, Halina?

— Nein. Niemals.

— Und Sie, Stefan?

— Mein Vater und ich, wir bekamen jeder eine getrennte Einreisegenehmigung. Wir mußten dafür die polnische Staatsbürgerschaft abgeben. Und dann haben wir die Tickets bei Orbis gekauft. Ich glaube, ich habe sie noch irgendwo.

— Haben Sie schon einmal daran gedacht, Polen zu besuchen?

— Ja. Aber ich weiß nicht so recht. Der einzige Grund wäre für mich, Treblinka zu sehen.

— Sie suchen also einen Friedhof ... Und das neue, heutige Polen interessiert Sie nicht?

— Ich weiß es nicht. Es ist schwer zu sagen. Mich verbindet nicht viel mit Polen. Was auch: ich bin da geboren, zur Schule gegangen, habe dort studiert ... Aber meine Söhne wollen dorthin fahren. Ich muß ihnen wohl etwas darüber erzählen.

— Das ist interessant. Wissen Sie, auf einmal fangen alle an zu erzählen. Vorher hatte man wahrscheinlich Angst.

— Ich hatte keine Angst, aber mich hat keiner gefragt!

Haifa, im Mai 1989

Im Juli '42 ging ich aus dem Haus
und kam nie wieder dorthin zurück

Ein Gespräch mit Adina Blady Szwajger

— Das sind die Fotos, die ich im Kibbuz Lochamej Hagettaot gemacht habe.

— Ja. Dort habe ich Antek und Celina getroffen. Celina hatte ich zuvor schon in Polen wieder gesehen. Das hier sind Fotos aus unserer gemeinsamen Zeit. So sind sie in meiner Erinnerung. Antek ist auch in Polen gewesen. Vor '68. Danach sah er grauenhaft aus. Ich habe ihn in »Shoah« gesehen.

— Und das hier ist Tuwia Borzykowskis Grab.

— Ach, wenn man ihnen das damals gesagt hätte, daß sie in Israel sterben werden, ganz normal in einem Bett, dann hätten sie gedacht, dafür müßte ein Wunder geschehen. Damals beneidete man alle, die tot waren. Es gab nur wenige, die auf die Frage »Was machen Deine Eltern« antworten konnten: »Zum Glück sind sie tot«.

— Sagte man das mit einer gewissen bitteren Ironie?

— Nein, ganz ernsthaft: »Zum Glück sind sie tot.«

— Sie waren dabei, als die Aufständischen aus dem Kanal kamen ...

— Ja, ja. Allerdings war ich recht weit von diesem Einstieg entfernt, ich stand hinter der Straßenecke.

— Das war am 10. Mai?

— Ja. Ich kann mich nicht mehr an viel erinnern. Schmutzige, bärtige, gebückte Gestalten, die auf den Lastwagen kletterten. Ein paar Leute waren da und schauten zu.

— Wie lange dauerte das Ganze?

— Sieben Minuten, fünf Minuten? Für mich dauerte es ein Jahr. Schneller, schneller, schneller, und diese Angst — das ist es, woran ich mich erinnere.

— Sind Sie zu ihnen nach Lomianki gefahren?

— Nein, dort bin ich nie gewesen. Einige Tage später habe ich mich mit Marek auf der Snieznastraße getroffen. Über Marek muß ich ihnen eine kleine Geschichte erzählen: Es war ein wunderbarer Julitag, noch bevor das Ghetto abgeriegelt wurde. Ich trug ein wunderhübsches Jackenkleid aus Crêpe, noch aus der Vorkriegszeit, und war auf dem Weg zur Arbeit. Es ist wichtig zu wissen, daß das Kleid aus Crêpe war, denn dieser Stoff darf nicht naß werden. Ich ging zum Fenster, und Marek stand dort vor dem Haus und sprengte den Rasen. Als er mich am Fenster sah, hielt er einfach den Schlauch in meine Richtung. Ich sprang aus dem Fenster, es war im Erdgeschoß, und wir fingen an, uns dort draußen auf dem Gras zu prügeln.

— Das ist sehr lange her, nicht wahr?

— Ja, aber wissen Sie, auch wenn ein alter Mensch körperlich erschöpft ist und nicht mehr imstande ist, viel zu tun, bleibt er innerlich doch der gleiche. Vielleicht begreift er nur etwas mehr als früher. Die sogenannte Toleranz ist wohl eine Funktion des Alters. Alles andere ist das gleiche: die Träume, Gefühle, der Wunsch, etwas zu tun — der Mensch bleibt immer derselbe. Nur das Bewußtsein des eigenen Unvermögens zwingt dazu, die Welt mit anderen Augen zu sehen. Deshalb erinnert man sich im Alter sicher so gut an die Vergangenheit, und kehrt immer öfter zu ihr zurück.

— Wann waren Sie zum ersten Mal in Israel?

— Das war 1970. Gerade zu dem Zeitpunkt der Ereignisse in Polen[1], es war im Dezember. Ich war damals in Paris und fuhr dann mit einer Pilgergruppe zu Weihnachten dorthin. So war es am billigsten, und für mich war es die einzige Möglichkeit, nach Israel zu kommen. Ich war nur drei Tage in Israel. Ich bin zu meinem Vater gefahren — ich hatte ihn seit 40 Jahren nicht gesehen.

— Adina Blady Szwajger oder Szwaijgier? Inka Swidowska. Eine Menge Namen ...

— Erst bei meinem Abitur erfuhr ich, wie der erste Teil meines Mädchennamens, »Blady«, zustande gekommen war. Haben Sie schon mal von den »Kantonisten« gehört? Unter der Herrschaft von Zar Nikolaj wurden die jungen Männer zur Armee eingezogen. Jüdische Kinder wurden für vierzig Jahre verpflichtet. Einzelkinder wurden nicht eingezogen. Deshalb gaben die Juden ihre Söhne den ukrainischen Bauern zur Adoption. Und mein Urgroßvater väterlicherseits war ein solches Adoptivkind — daher kommt der ukrainische Name »Blady«. Und der Name meines Urgroßvaters war

»Szwajgier«. Nach dem Krieg ist das »i« in meinem Namen in den Behörden irgendwie abhanden gekommen. Inka ist der gleiche Name wie Adina, und Swidowska ist der Name meines zweiten Ehemanns.

— Den Namen ihres ersten Mannes, Szpigielmann, haben Sie nie geführt?

— Zu einer standesamtlichen Trauung fehlte uns die Zeit.

— Und die Hochzeit, von der Sie in Ihrem Buch schreiben?

— Das war eine religiöse Hochzeit. Vor dem Krieg mußte man sich erst religiös trauen lassen, bevor man standesamtlich verheiratet wurde. Wir wurden von Rabbiner Posner getraut, das war so eine Art Armeerabbiner.

— Welchen Namen hatten Sie während der deutschen Okkupation?

— Mereminska. Das war übrigens kein willkürlich gewählter Name. Das Komischste daran war, daß es ein jüdischer Name war; es war der Name von Freunden, die damals schon tot waren. Aber es war wichtig, einen Namen zu haben, den man unter keinen Umständen vergessen würde. So etwas kam vor. Aber diesen Namen hätte ich einfach nicht vergessen können, weil es die engsten Freunde meiner Eltern gewesen waren.

— Ich weiß, daß Sie am 21. März 1917 in Warschau geboren sind, in der Swietojerskastraße 30, in dem gleichen Haus, in dem auch Ihre Mutter zur Welt gekommen ist. Es war eine Wohnung mit drei hintereinanderliegenden Zimmern, eine typische Warschauer Vorkriegswohnung, wie Sie mir erzählt haben. Sie lebten dort mit Ihrer Mutter und Ihrer Großmutter, Ihr Vater war nicht da, ihn haben Sie erst viele Jahre später in Israel wiedergesehen. Vielleicht können Sie die Geschichte Ihres Vaters erzählen?

— Natürlich. Mein Vater war staatenlos, er hatte einen Nansenpaß. Wahrscheinlich war er Sozialrevolutionär, die Bolschewiken mochte er nicht. Als Student wurde er in eine Strafkolonie geschickt. Von dort flüchtete er während des Ersten Weltkriegs nach Polen. Er war ein russischer Jude aus einer sehr frommen Familie. Er war von zu Hause weggelaufen, weil er studieren wollte. Er stammte — und das ist, oder klingt zumindest schon tragikomisch — aus Tschernobyl bzw. aus Radomysl, wie es damals hieß. Um 1920 hielt man hier in Polen die Nansenleute für potentielle Anhänger der Bolschewiken. Man entzog ihm die Aufenthaltsgenehmigung, und er mußte ausreisen. Wir trafen uns öfter mit ihm auf Zionistenkongressen in Europa. Dann kam er 1926 noch einmal nach Polen. Nachdem er 1927 wieder ausgereist war, habe ich ihn erst 1970 in Israel wiedergesehen. Meine Mutter wollte nicht nach Palästina auswandern. Vor allem war sie keine Zionistin, sie kannte die Sprache nicht, und außerdem lebte auch meine Großmutter noch, die wir ja nicht alleine lassen konnten.

— Aus was für einer Familie stammte Ihre Mutter? Aus einer sehr assimilierten?

— Ja, absolut. Meine Großmutter stammte noch aus einer frommen Familie. Ihr Vater war *Gabbai* gewesen. Das ist so etwas wie ein Küster, aber kein *Schammes*. *Gabbai*, das ist eher so ein kleiner Unterrabbiner.

— Das war Ihr Urgroßvater? Der Vater der Großmutter mütterlicherseits?

— Ja. Aber alle seine Kinder waren schon assimiliert. Meine Großmutter wuchs, ich weiß gar nicht warum, in einer polnischen Adelsfamilie in Izabelina auf, auf dem Landsitz der Niezabitowskis an der Ostgrenze. Aber, immerhin, auch meine Großmutter ging einmal im Jahr in die Synagoge.

— Zu Jom Kippur?

— Natürlich. Und an den Feiertagen betete sie zu Hause. Sie hatte so ein hübsches kleines Gebetbuch, ledergebunden und mit einem Elfenbeinverschluß. Von koscherer Küche konnte bei uns natürlich keine Rede sein, nichts dergleichen. Meine Großmutter hatte aber eine komische Angewohnheit: zu Ostern aß sie nämlich kein Brot. In diesem schrecklich unkoscheren Haus standen Brot und Matze nebeneinander — und meine Großmutter aß nur Matze. Allerdings aß sie diese Matze mit Butter und Schinken!

— Und der Vater Ihrer Mutter?

— Ihn habe ich nie gekannt. Er ist tragisch ums Leben gekommen — etwa um 1914. Er war Kaufmann, besaß eine kleine Fabrik für Stiefelschäfte und machte Geschäfte in Rußland. Von einer Geschäftsreise nach Rußland kehrte er nicht zurück. Der Kutscher hatte ihn erschlagen und ausgeraubt. Ich weiß, daß dieser Kutscher seine Tasche mit Wechseln nahm, und das war das ganze Vermögen. Deshalb mußte meine Mutter ihr Medizinstudium an der Sorbonne abbrechen, sie kehrte zu meiner Großmutter nach Warschau zurück und fing an zu arbeiten. Später hat sie dann ihr Biologiestudium beendet. Aber wissen Sie, was diese Assimilation angeht, so sind das alles irreführende Begriffe. Heute versteht man unter dem Begriff der Assimilation die Abwendung dieser Menschen vom Judentum. Aber das ist es eben nicht, das ist nicht richtig. Man kann hier von einer äußeren Assimilation sprechen, von einer Anpassung in Kleidung und Sprache — man sprach ja polnisch. Aber das änderte doch nichts an der Tatsache, daß man Jude war.

— Man hatte also das Bewußtsein, Jude zu sein.

— Aber absolut, wissen Sie, absolut! Diese ganze Schicht der jüdischen Intelligenz verlor zu keinem Zeitpunkt das Gefühl, eine jüdische Intelligenz zu sein. Es waren Zionisten darunter, und solche, die bis auf die Frage der Sprache die Meinung der Bundler teilten: hier, an diesem Ort sind wir gleichberechtigte Bürger dieses Landes.

— Könnten Sie vielleicht etwas genauer definieren, worauf das Bewußtsein, Jude zu sein jenseits eines gewissen Bewußtseins der Andersartigkeit beruhte?

— Ein solches Bewußtsein der Andersartigkeit gab es ja gerade nicht! Meinen Sie denn, daß jemand, der sich für einen Polen hält, ein Bewußtsein von Andersartigkeit hat? Nein! Das ist meine eigenen Kultur, die neben der polnischen Kultur, die ja auch meine eigene ist, existiert. Ich bete woanders, und ich bin nicht der Meinung, daß Christus Gott war. Für die Juden war Christus einfach ein weiterer Prophet. Wenn er der Messias gewesen wäre, wäre die Welt erlöst worden. Aber sie ist nicht erlöst! Man kann ja auch evangelisch oder griechisch-katholisch sein.

— Also ist es vor allem ein Glaubensunterschied?

— Nicht nur. Es ist auch ein Unterschied in der Tradition, der Kultur.

— Aber Tradition und Kultur sind doch vor allem im Judentum aus Glaube und Religion entstanden.

— Aber ich rede ja auch von denen, die sich völlig von der Religion befreit haben. Und die Juden haben sich mehr als alle anderen Völker von der Religion befreit. Das war eine notwendige Konsequenz. Ein Verbleiben in der Religiosität wäre einem Verbleiben im kulturellen Ghetto gleichgekommen. Aber das heißt doch nicht, daß diese Menschen zu Ungläubigen geworden sind. So komisch es ist, aber die meisten dieser sogenannten Assimilierten gingen einmal im Jahr zur Synagoge.

— Welche Schule haben Sie in Warschau besucht?

— Ich habe eine jüdische Schule besucht, die Unterrichtssprache war Polnisch, aber wir haben auch Hebräisch gelernt. Vor dem Krieg ging man nicht in die Grundschule. Es gab acht oder neun Gymnasialklassen. Es war ein eher zionistisches, weltliches Gymnasium, Religionsunterricht gab es nicht.

— Das war die Jehudyja-Schule, das Mädchengymnasium, dessen Direktorin Ihre Mutter war?

— Ja. Wir hatten pro Woche acht Stunden Hebräisch: vier Stunden Sprache und Literatur und vier Stunden jüdische Geschichte, worin Religionsgeschichte enthalten war. Meine Erziehung spielte sich also völlig im jüdischen Kulturkreis ab.

— Gab es viele jüdische Schulen in Warschau?

— Aber ja, sehr viele. Einen Augenblick — welche fallen mir noch ein? Kalecka, Posnerowa, Prylucka, Jehudyja, Hawaceles... Die Schulen waren nach den Direktorinnen benannt. Und es gab die Jungenschulen — die Kaufmannsvereinigung, Hinuch, Laor... Es waren bestimmt zehn jüdische Schulen in Warschau.

— Bekamen diese Schulen staatliche Unterstützung?

— In Warschau bekamen zwei Mädchenschulen und wohl auch zwei Jungenschulen staatliche Unterstützung. Die übrigen waren privat. An der Jehudyja-Schule floß das Schulgeld in die Instandhaltung der Schule.

— Wie lange war Ihre Mutter Direktorin der Schule?

— 25 Jahre. Anfangs war es eine Schule mit vier Klassen auf der Dzielnastraße, später bekam sie dann den Status eines staatlichen Gymnasiums.

— 1934 fingen Sie nach Ihrem Abitur mit dem Medizinstudium an der Universität von Warschau an. Wie sah ein Studium in Warschau zwischen 1934 und 1939 aus?

— Nun, in gewisser Weise war es erst mal ein Schock. Sie müssen wissen, daß wir ja, wie ich Ihnen erzählt habe, trotz allem in einer völlig jüdischen Umgebung lebten. Ungeachtet enger Verbindungen zur polnischen Kultur: zu Theater und Literatur. Aber mit dem alltäglichen Antisemitismus hatten wir keinerlei Berührung — bis zum Studium. Wenn wir Kontakte mit Polen hatten, dann nur mit solchen, die selber den Kontakt mit uns suchten.

— Hatte Ihre Mutter polnische Bekannte, die zu Ihnen nach Hause kamen?

— Nein. Aber zu uns kamen überhaupt sehr wenige Leute. Meine

Mutter arbeitete die ganze Zeit — tagsüber in der Schule und abends in jüdischen Kursen für Analphabeten.

— Welche Vorstellung vom Antisemitismus hatten Sie dann als Siebzehnjährige am Anfang des Universitätsstudiums?

— Das alles war mir immer wie ein Märchen vom bösen Wolf vorgekommen. Es lag für mich so fern wie die Pogrome in der Ukraine, von denen erzählt wurde. Dabei wohnte ich am Rand des jüdischen Viertels, an der Ecke der Swietojerskastraße, am Krasinski-Platz, und meine besten Freunde waren die Kinder des Hausmeisters, der übrigens der einzige Katholik im ganzen Mietshaus war.

— Wir haben eben von der Assimilation gesprochen. Was denken Sie von einer Haltung, wie sie Hirszfeld[2] vertreten hat?

— Ach, Hirszfeld, das ist ein ganz andere Geschichte! Hirszfeld kam aus einer ganz religiösen Familie, wie seine Frau übrigens auch, und außerdem aus einer sehr reichen Familie. Den Hirszfelds gehörten die Warschauer Restaurants. Eines davon war das Restaurant »Picadilly« auf der Bielanskastraße im jüdischen Viertel. Es war berühmt für den Tscholent, zu dem jeden Samstag die ganze Regierung kam. Die Familie Hirszfeld besaß viele Restaurants, unter anderem auch eine Pastetenbar auf der Nowy Swiat. Hirszfeld selbst hat sich allein und ausschließlich aus Karrieregründen taufen lassen. Einfach so. Als Forscher hatte er Weltruf, und er wollte gerne Direktor des Hygiene-Instituts werden. Man hat ihm ganz ausdrücklich gesagt, daß nur ein Katholik Direktor des Hygiene-Instituts werden konnte. Er hat sich am einen Tag taufen lassen und am nächsten den Posten bekommen. Vor dem Krieg war es unmöglich, als Jude Direktor zu werden. Deshalb waren die Hirszfelds in ihrer jüdischen Straße und später im Ghetto nicht sehr beliebt. Sehen Sie, im allgemeinen mögen Juden die nicht, die sich haben taufen lassen. Aber wenn jemand die Religion aus Überzeugung wechselt, kann man in manchen Situationen Verständnis haben. Kardinal Lustiger zum Beispiel kann man schwerlich einen Vorwurf machen, schließlich hat er ja auch nie bestritten, daß er Jude ist. Ich will Ihnen eine andere Geschichte erzählen: In Polen gab es eine Frau Doktor Szymanska, eine ganz intelligente, geistreiche Frau. Sie hat auch ihren Glauben gewechselt — während des Krieges. Sie hat mir selbst die Geschichte dieses Wechsels erzählt. Im Februar '45 arbeitete ich im Zentralrat der Juden in Polen. Eines Tages tauchte diese Frau Doktor Szymanska auf, die vor dem Krieg Rosenblum hieß und mit meiner

Mutter recht gut bekannt gewesen war. Sie kam aus einem Kloster zurück, in dem sie sich versteckt gehalten hatte. Sie sah damals schrecklich aus, sie war ohnehin eine sehr häßliche Frau, so was kommt ja vor. Da ich sie kannte, nahm ich sie mit nach Hause. Ich wohnte damals mit meinem Mann und meiner Schwiegermutter auf der Grochowstraße. Ich hatte ein wenig Befürchtungen, denn meine Schwiegermutter war eine ausgesprochene »Stadtkatholikin«. Aber zu meinem großen Erstaunen fraßen beide einen Narren aneinander. Eines Tages gingen wir mit Frau Doktor Szymanska aus dem Haus in Richtung des heutigen Wiatraczna-Rondells. Damals befand sich dort eine Madonnenstatue. Ich ging rechts neben Frau Szymanska, und als wir an der Statue vorbeigingen, bekam ich zu meiner Verblüffung um ein Haar einen heftigen Schlag ins Gesicht — Frau Szymanska hatte mit solcher Wucht ein Kreuz geschlagen, daß ich beiseite springen mußte. Ich tat so, als wäre nichts geschehen, aber irgendwie gelang mir das nicht. Da erzählte sie mir diese Geschichte: Vor dem Krieg hatte sie bei der Krankenkasse gearbeitet. Eine ihrer Patientinnen war eine Chana Ogórek, soviel ich mich erinnere eine Heringshändlerin, die sechs Kinder hatte. Damals mußte man für einen Hausbesuch bezahlen. Eines Tages kam Frau Doktor Rosenblum in die Versicherungsanstalt und erfuhr, daß Chana Ogórek Karten für einen Hausbesuch für alle sechs Kinder gekauft hatte. Alle waren sie krank geworden, es war übrigens an einem Freitag. Doktor Rosenblum erschrak, schließlich konnte das ja Diphtherie sein. Sie rannte sofort hin. Sie tritt ins Zimmer — der Tisch ist weiß gedeckt, darauf liegt eine *Challa* — das Sabbatbrot —, Chana Ogórek trägt ihre Feiertagsperücke und ihr bestes Kleid. »Frau Ogórek, was ist passiert, wo sind die Kinder?« — »Meine Kinder sind spazieren.«

»Aber was ist denn passiert?« — »Ach Frau Doktor, wenn ich Sie eingeladen hätte, zu einer armen Jüdin zum Fischessen zu kommen, wären Sie dann gekommen? Nein! Da habe ich sechs Märkchen gekauft für jeweils eine halbe Stunde, also können Sie drei Stunden hierbleiben. Setzen Sie sich, jetzt essen Sie mit uns unser Freitagabendessen.« Bei diesem Spaziergang sagte mir Frau Doktor Szymanska dann: »Sehen Sie, ich habe mich mit allen möglichen philosophischen Systemen beschäftigt, aber als dann das alles passiert ist, da konnte ich nur überleben, indem ich daran glaubte, daß meine Schwester, meine Angehörigen und Chana Ogórek irgendwo sind, daß sie irgendwo leben und daß ich sie wiedersehen werde. Und das habe ich im Christentum gefunden. Ich habe nicht aufgehört, Jüdin zu sein, sagte sie, aber ich glaube daran, daß ich sie alle wiedersehen werde.« — Kann man jemandem übelnehmen, daß er eine andere Religion annimmt? Aber es hat nicht viele solcher Fälle gegeben. In der Regel nahmen die Juden einen anderen Glauben an, um Karriere zu machen, um sich und ihren Kindern das Leben leichter zu machen. Und deshalb mögen die Juden diejenigen nicht, die sich haben taufen lassen. Man kann ungläubig sein, aber seinen Glauben für die Karriere zu wechseln — das ist einfach ein schändlicher Betrug. Und um auf die Hirszfelds zurückzukommen — das war der Grund, weshalb man sie im Ghetto nicht mochte. Besonders, weil sie so demonstrativ katholisch waren.

— Haben Sie Hirszfeld nach dem Krieg wiedergesehen?

— Ja, in Wroclaw.

— War er sympathisch?

— Ach, wissen Sie, ich kann da nicht objektiv sein. Seit Hirszfelds Buch herausgekommen war, haben wir ihn alle gehaßt.

— Warum?

— Deshalb, weil seine Erklärung inakzeptabel ist — daß er aus dem Ghetto gegangen ist, um die Würde zu retten. Die Würde rettete man, indem man im Ghetto blieb! Aber er ging einfach hinaus, er hatte ja das Geld. Und jeder hat das Recht, sein Leben zu retten. Außerdem schreibt er sich das zu, was im Ghetto vor allem Zweibaum[3] gemacht hat. Zweibaum hat Hirszfeld darauf übrigens in einem Artikel geantwortet.

— Und Makower[4]?

— Das war ein ganz anständiger Mensch, wenn auch nicht einer der gescheitesten — er hat ja ein ganz außerordentlich dummes Buch geschrieben. Wie kann ein Arzt ein Buch schreiben, ohne etwas über sein Krankenhaus zu schreiben? Aber er war wirklich anständig. Und daß er Polizeiarzt war, das spricht nicht gegen ihn. Außerdem war er auch kein übler Arzt. Ich habe ganz persönliche Gründe, ihm dankbar zu sein: Damals, als sie meine Mutter auf den Umschlagplatz geholt hatten, war er der einzige Mensch, der sich dorthin wagte. Er ging um fünf Uhr morgens. Aber er kam zu spät. Alle hatten direkt in die Waggons gehen müssen.

— Das war am 30. Juli?

— Sie haben sie am 29. geholt, am 30. ist Makower dorthin gegangen.

— Hat man sie von zu Hause geholt?

— Ja, von zu Hause. Ich war gerade im Krankenhaus.

— Und Sie haben nie wieder etwas von Ihrer Mutter gehört?

— Nein. Alles, was ich weiß, ist, daß der Transport direkt in die Waggons ging. Ich habe die ganze Nacht nach jemandem gesucht, der dorthin geht, der anruft, der etwas unternimmt, der etwas ausrichten kann ...

— Und sie konnten niemanden finden?

— Nein. Alle hatten Angst ... Ich habe jemanden gebeten, der ziemlich bekannt war, aber er fürchtete sich. Ich lief den ganzen Nachmittag herum, die ganze Nacht ... Aber auch das hätte nichts genützt — sie waren ja direkt in die Waggons gegangen.

— Und wie haben Sie davon erfahren?

— Ich kam einfach nach Hause, und niemand war mehr da.

— War es bei einer Straßenblockade?

— Ja! Und sie hat eine Karte dagelassen:»Der Honig ist bezahlt, die Bons sind abgeschnitten. Mach keine Dummheiten. Seid umarmt.« Der Honig ist bezahlt, die Bons sind abgeschnitten ... Ich habe diese Karte noch.

— Kehren wir noch einmal zur Studienzeit zurück. Zu dieser realen Berührung mit dem Antisemitismus.

— Nun, sehen Sie, ich habe studiert, als es in den Hörsälen das Sitzplatzghetto gab. Reicht Ihnen das?

— Nein, das reicht nicht. Reden wir noch etwas darüber. Wieviele Juden gab es in Ihrem Studienjahr?

— Nun, es gab einen Numerus clausus. Bis zu zehn Prozent Juden waren zugelassen. Auf drei- oder vierhundert Studenten kamen also durchschnittlich etwa zwanzig von uns. Ich kann mich noch an die Wahl des Jahrgangssprechers erinnern. Es waren zwar nicht alle Nationaldemokraten, aber es waren immerhin genug, um einen Nationaldemokraten zum Sprecher zu wählen. Und gerade dieser Mensch hat sich später sehr geändert. Es war Felek Loth, der Sohn von Professor Loth. Aber damals war er ein Prügler, ein echter Schläger. Im Prinzip hatten wir aber kaum Kontakt mit den Polen.

— Das heißt, die polnische Seite war an keinen Kontakten interessiert?

— Ja, genauso war es.

— Haben Sie selbst auch irgendwelche Aggressionen zu spüren bekommen?

— Die Aggression kam später. Damals gab es nur unterschiedliche Behandlung. Zum Beispiel im Labor von Professor Loth, in der Sektion. Die Juden mußten sich zu dritt ein Präparat teilen, die Nichtjuden bekamen jeweils zu zweit eines, denn die Juden steuerten ja selbst keine Leichen bei. Ich will ja schon gar nicht von all den kleinen Bosheiten oder Herumschubsereien reden. Aber schon im Frühjahr des ersten Jahres fing es an, daß die Juden geschlagen wurden. Solche Hetzjagden fingen immer im Frühling an. Weiß Gott warum. Offenbar war in Lemberg bei Unruhen ein polnischer Student umgekommen. Mit dem Jahrestag seines Todes begann die Jagd auf uns.

— Wie gingen diese Prügeleien vonstatten?

— Sie fanden sogar im Hörsaal statt. Aber meistens stellten sich die Schläger auf dem Universitätshof auf und warteten, bis ein jüdischer Student auf dem Weg zu seinen Vorlesungen dort vorbeikam.

— Haben sich die jüdischen Studenten verteidigt?

— Natürlich. Ich war nie Zeugin wirklicher Prügeleien, aber meine beste Freundin wurde ins Gesicht geschlagen. Nun, wie jedes Jahr wurde im Frühjahr die Universität geschlossen. Meistens fiel die zweite Hälfte des dritten Trimesters einfach aus. So studierte man damals. Dann, als ich etwa im dritten Studienjahr war, begann die Sache mit dem Sitzplatzghetto. Eines Tages nahm man uns unsere Studienbücher ab, und als wir sie wieder zurück bekamen, fanden wir darin einen violetten Stempel: »Sitzplatz in den ungeraden Bankreihen.« Also setzten wir uns bis zum Ende der Studienzeit nicht mehr hin. Es gab nur zwei Hörsäle, in denen wir saßen: in der Psychiatrie bei Professor Mazurkiewicz, der verbot, die Bankreihen zu numerieren, und bei Professor Michalowicz, der verkündete: Ich bin Senator dieser Republik, und mir wird keiner etwas vorschreiben! Natürlich wurden ihm die Fenster in der Klinik eingeworfen. Außerdem hielten noch ein paar Dozenten jüdischer Herkunft zu uns. Zum Beispiel eine Frau Doktor Richter. Sie kam einmal zu einer Vorlesung und sah, daß die Hälfte der Studenten stand. »Bitte setzen!« sagte sie. Einer der Kommilitonen ging zu ihr und zeigte ihr das Studienbuch. Da stand sie selbst auf. »Das betrifft mich dann auch«, sagte sie.

— Und die »anständigen« Polen?

— Wenn es dreißig davon in meinem Jahrgang gab, dann ist das schon wohlwollend geschätzt. Wissen Sie, wer das war? Vor allem die Kommunisten. Es gab eine Gruppe Studenten, die in Posen exmatrikuliert worden waren. Sie hielten fest zu uns. Es gab auch ein paar Demokraten, aber nur wenige.

— Gab es irgendwelche privaten Kontakte zu Polen?

— Eigentlich nicht, nur im Institut. Sie hatten ihre Medizinerverbindung, wir hatten unsere. Sie hatten den »Bratniak« und wir die »Vereinigung Jüdischer Medizinstudenten«. Es gab eine gemeinsame Organisation namens »Leben«, ich gehörte ihr auch an, und dort traf ich auch Polen — Linke.

— Und auf der Straße?

— Dort geriet ich nie mit ihnen aneinander. Sicher deshalb, weil man es mir nicht ansah, ich sah nicht aus wie eine Jüdin.

— Und das Klima auf den Straßen? Wie nahmen die Leute auf der Straße die nationaldemokratische Rechte an? Welchen Einfluß hatte sie tatsächlich?

— Sie wurde geduldet. Unter den Jugendlichen hatte sie auf jeden Fall großen Einfluß. Es war wahrscheinlich eine Mischung aus zunehmender Tendenz zum Faschismus und Unzufriedenheit mit der wirtschaftlichen Situation — in der Zwischenkriegszeit war es ja ganz und gar nicht so schön, wie es heute dargestellt wird. Bald kamen dann auch infantile Scherze ins Spiel. »Wer ist schuld?« sagte man. »Die Juden und die Radfahrer!«

— Ist der polnische Antisemitismus anders als z.B. der französische?

— Nein, es ist das gleiche Phänomen. Vielleicht ist der Wirkungskreis ein anderer. Hier sieht man deshalb mehr vom Antisemitismus, weil der polnische Durchschnittsmensch auf der Straße sehr ungebildet ist. Und der Antisemitismus ist nichts anderes als eine Form von Unaufgeklärtheit. Außerdem kann man die Rolle der Kirche in der Vorkriegszeit gar nicht hoch genug einschätzen — sie war verhängnisvoll. Dieses Land ist immer sehr katholisch gewesen und hat der Kirche gehorcht. Der Antisemitismus ist mit Sicherheit eine Funktion der Unaufgeklärtheit. Und man darf auch nicht vergessen, daß »gebildet« nicht mit »aufgeklärt« gleichzusetzen ist. Wissen Sie, dieser polnische Antisemitismus ist einfach ein gewöhnlicher Rassismus, und ist er denn stärker ausgeprägt als zum Beispiel die Araberfeindlichkeit? Daran ist nichts Besonderes. Man kann Araber oder Tschechen nicht mögen, und damit hat es sich. Die Sache sieht aber ganz anders aus, wenn ich jemanden nicht mag, mit dem ich zusammen leben muß. Und noch etwas: Was denken Sie denn, wie die Ereignisse von '68[5] entstanden sind? Ich habe den Eindruck, daß vor allem die junge jüdische Intelligenz sehr schnell wußte, mit wem wir es zu tun haben, und schon begann es zu gären. Vielleicht ging es dem Kommunismus gerade darum, dieses Element loszuwerden.

— Gibt es einen Unterschied zwischen dem heutigen polnischen Antisemitismus und dem der Vorkriegszeit?

— Sie dürfen bitte nicht vergessen, welche Rolle die Juden in der Nachkriegszeit gespielt haben. Wenn man heute mit den Verbrechen der Stalinzeit abrechnet ... Man kann ja nicht behaupten, daß damals keine Juden beteiligt waren. Denken Sie nur nicht, daß da nicht auch Rache mit im Spiel war. Die Juden sind keine Engel.

— Die Menschen sind keine Engel.

— Die Menschen sind es nicht, aber die Juden sind es auch nicht.

— Trotz allem kann ich mir nicht denken, daß das die Grundlage des heutigen Antisemitismus sein soll.

— Mit Sicherheit ist es zum Teil der Grund dafür. Denken Sie doch mal daran, daß die meisten Juden, die nach dem Krieg aus Rußland zurückkamen, sofort die besten Posten bekamen, die sie vor dem Krieg nie hätten haben können. Die Juden bekamen eher einen Posten als die Polen. Das war eine sehr kluge Politik von Stalin.

— Das war doch vor allem die Folge von ...

— ... von Stalins Antisemitismus und von dem Umstand, daß man den Juden mehr vertraute als den Polen. Sehen Sie, die Polen haben den Holocaust nicht durchgemacht, aber die Bedrohung in der Nachkriegszeit war für sie oft noch viel größer als die während des Krieges. Ich glaube, daß die Polen, viele von ihnen, nach dem Krieg einen furchtbaren Alptraum durchlitten haben. Und dieser Alptraum wird leider mit den Juden identifiziert.

— Dabei stellt sich unweigerlich die stereotype Frage nach dem gegenwärtigen Antisemitismus ohne Juden in Polen.

— Das glaubt der Mensch auf der Straße aber nicht. Angeblich gibt es »bloß noch ein paar« von uns, aber wir fallen auf. Sehen Sie doch, diese paar Juden sind berühmte Intellektuelle, manchmal Künstler. Immer kommt diese Frage: ein Jude? Und dieser polnische Antisemitismus kommt deshalb so auf, weil es hier in Polen war, wo alles geschehen ist. Und die Menschen, häufig die Polen im Ausland, die den Krieg in Polen nicht erlebt haben, machen sich gar nicht klar, was hier gewesen ist. In Paris hat man mir einmal die Frage gestellt, warum die Polen Auschwitz nicht zerstört haben. Was sollte ich auf einen solchen Unfug antworten? Auf einer solchen Basis läßt sich doch kaum diskutieren.

— Ich habe fast den Eindruck, daß sie auf eine gewisse Weise den polnischen Antisemitismus rechtfertigen.

— Ich rechtfertige den polnischen Antisemitismus nicht. Aber ich glaube auch nicht daran, daß er so allgegenwärtig war, wie man es in der Welt darstellt. Ich würde mit keinem Wort solche Typen wie die Schmalzer rechtfertigen, die die Juden verraten haben. Aber ich muß Ihnen sagen, daß die Elite der polnischen Gesellschaft, selbst die Nationaldemokraten der Vorkriegszeit, sich tadellos verhalten haben. Der Mob hingegen, der Mob war tatsächlich antisemitisch.

— Diese Leute haben die Juden ja häufig nicht aus Antisemitismus verraten, sondern für Geld.

— Ja. Und die fielen einfach mehr ins Auge. Ich habe eben erwähnt, daß ein Schläger zum Sprecher unseres Jahrgangs gewählt wurde. Dann kam der September 1939, es war kurz nach der Kapitulation. Wir machten uns auf, um zu erfahren, was mit uns geschehen würde. Die Universität war zum Teil durch Bomben zerstört. Unser Dekanat befand sich in der Anatomie auf der Chalubinskistraße, da wo es heute auch noch ist. Der kommissarische Dekan war ein Professor Lauber, er war halb Deutscher, halb Pole. Und er sagte uns in aller Ruhe: »Vergeßt nicht, für euch ist es Besetzung, für mich ist es mein Vaterland. Jüdische Ärzte können wir nicht brauchen, polnische übrigens auch nicht.«

Wir gingen wieder. Auf der Jerozolimski-Allee ging ich in einen Laden, in dem es Zigaretten zum Monopolpreis gab. Damals war das eine Seltenheit — die Zigarettenfabriken produzierten ja nicht mehr.

— Haben Sie damals auch geraucht?

— Natürlich. Haben Sie schon mal eine Medizinstudentin gesehen, die nicht geraucht hat?

— Eine Medizinstudentin war also eine emanzipierte Frau?

— Vor allem in der Sektion fing man an zu rauchen, denn es hieß, daß der Rauch den Formalingestank abtötet. Das stimmt überhaupt nicht. Trotzdem fingen in der Sektion alle an zu rauchen. Ich ging also in diesen Laden, legte fünf Zloty auf die Holztheke und sagte: »Bitte ein Päckchen Plaskie«. Und dann erkannte ich da hinter der Ladentheke Felek Loth aus meinem Jahrgang, mit dem ich nie ein Wort gewechselt hatte. Im ersten Augenblick wollte ich wieder hinausgehen, aber dann dachte ich — was soll's. Er ist ja schließlich hier der Verkäufer.

»Kommilitonin, erkennen Sie mich nicht mehr?«

Ich konnte mich nicht erinnern, daß wir uns jemals als Kommilitonen angesprochen hatten. Dann sagte er: »Wissen Sie, diese sechs Wochen haben mir gereicht. Sie können mir ruhig die Hand geben. Ich schäme mich zutiefst.« Später hat Felek Loth noch eine besondere Rolle gespielt: Fast den ganzen Krieg hat er im Pawiak gesessen. Und wir wußten ganz genau, wie er sich verhalten hat. Nicht alle unsere Leute, die in die Falle gegangen waren, kamen auf der Gesiastraße um. Das war Feleks Verdienst. Die Deutschen brachten die Juden, die sie geschnappt hatten, zur *Schwanzparade*[6], aber Felek, der Gefängnisarzt, hat nie einen Juden erkannt. Später habe ich ihn im Aufstand getroffen. Professor Loth, sein Vater, war vor dem Krieg ein bestialischer Antisemit, ein Rassist — in einer seiner Schriften versuchte er, anhand der Länge des Dünndarms, oder so etwas, die Minderwertigkeit der schwarzen Rasse nachzuweisen. Und diese Leute, Feleks Eltern, haben Juden in ihrem Haus versteckt. Ja, es kam alles mögliche vor. Und als der Aufstand vorüber war, hat Felek mir gesagt: »Gehen Sie nicht mit dem Krankenhaus raus, da sind ein paar Leute, die erzählen, daß Sie Juden bei sich haben.« Felek lebt heute schon nicht mehr. Er ist einfach gestorben. Man darf nicht vergessen, daß sich ein großer Teil der polnischen Bevölkerung wunderbar verhalten hat. Das war natürlich die Elite, und die wird meistens weniger wahrgenommen als der Mob.

— Warum haben Sie Polen nicht verlassen — 1956, 1957 oder spätestens 1968?

— 1957 kam es mir überhaupt nicht in den Sinn. Auch nach dem Krieg habe ich nicht einen Augenblick daran gedacht, auszureisen.

— Aber die meisten Ihrer Freunde sind doch weggegangen?

— Nein, die meisten meiner Freunde sind 1968 weggegangen. Mit denen, die 1946, 1947 gegangen sind, konnte ich mich absolut nicht identifizieren.

— Izchak Cukierman, Cywia Lubetkin, Kazik Ratajzer — mit keinem von ihnen?

– Nein. Sie waren Zionisten, sie hatten ihre Vorstellungen. Sie wären früher oder später ohnehin gegangen, auch wenn es keinen Krieg gegeben hätte. Für sie war es einfach eine Heimkehr. Ich war in Polen zu Hause, und sie nicht. Es ist jetzt nicht wichtig, wer von uns recht hatte, und das wird sich auch bestimmt nie entscheiden lassen. Ich war hier zu Hause. Daß hier vieles schlimm war, hieß ja nicht, daß das nicht mein Land war. Es ist ja nicht nur für die Juden ein schlechtes Vaterland gewesen, nicht wahr? Nach dem Krieg war es ja übrigens für die Juden hier am wenigsten schlimm. Viele reisten deshalb aus, weil sie das Gefühl hatten, nicht auf einem Friedhof leben zu können. Aber ich hatte das Gefühl, daß ich diesen Friedhof nicht einfach im Stich lassen konnte. Nach 1956 gab es noch weniger Gründe auszureisen als vorher[7]. Die Menschen reisten deshalb aus, weil sich ihnen plötzlich diese Möglichkeit eröffnet hatte. Es stimmt, daß es damals antisemitische Intrigen gab, vor allem in der Armee, aber die meisten wollten einfach von der Ausreisefreiheit profitieren, die sie über viele Jahre nicht gehabt hatten.

– Und das Pogrom von Kielce?

– Ich habe niemals geglaubt, daß das spontan entstanden ist. Irgend jemand muß da seine Finger im Spiel gehabt haben. Außerdem war ich an solche Reaktionen vom Mob schon gewöhnt.

– Es war Ihnen also möglich, diese Schuld nicht einer ganzen Gesellschaft anzulasten?

– Ja, ja. Wie ich Ihnen gesagt habe: Das ist mein Land.

– Und '68?

– Wissen Sie, '68 kamen verschiedene Dinge zusammen. Einerseits hatte ich das Gefühl, hier, an diesem Ort, etwas gegen dieses Übel machen zu müssen, Widerstand leisten zu müssen. Aber es gab auch ganz prosaische Gründe. Um ausreisen zu können, brauchte man entweder Geld oder Unterstützung – und ich hatte weder das eine noch das andere.

– Meinen Sie nicht, daß Sie in Israel Unterstützung gefunden hätten?

– Vielleicht? Aber Israel war der letzte Ort, an den ich gedacht hätte.

– Warum?

– Zu viele Juden. »Nichts als Juden, nichts als Juden schrei ich, heul ich, ruf ich...« Aber ganz im Ernst, die Politik Israels hat mich, ähnlich wie die Politik Polens, damals nicht gerade begeistert. Heute begeistert sie mich auch nicht, obwohl ich inzwischen viel mehr für dieses Land empfinde als damals. Aber Israel ist ein theokratischer Staat. Nein danke, nichts für mich — da kann ich auch in den Iran fahren. Manchmal fürchte ich, daß es auch hier zu einer Theokratie kommen könnte. Aber um auf die Frage zurückzukommen: Ich hatte damals zwei Kinder, es war nicht einfach, ich hatte einfach nicht die Nerven dazu.

— Waren Sie damals schon allein?

— Ja, so ziemlich. Mein Mann wäre nie mitgegangen. Er war schließlich überzeugt, daß zwischen Antizionismus und Antisemitismus ein großer Unterschied bestand. Außerdem habe ich mich immer gegen die Emigration gewehrt, weil ich der Meinung war, daß ein Emigrant ein halber Mensch ist.

— Und ein Jude in der Diaspora — ist er nicht ein ewiger Emigrant?

— Nein, überhaupt nicht. Polen ist mein Land. Ich spreche polnisch, fühle polnisch, denke polnisch, unabhängig davon, daß ich nicht eine assimilierte Jüdin bin, ich bin einfach eine polnische Jüdin. Es gibt diesen Ausdruck »polnischer Jude«.

— Was bedeuten diese beiden Worte für Sie?

— Das ist schwer zu verstehen. Man kann das nicht erklären, man muß es erleben. Die Verflechtung zweier Nationalitäten, zweier Kulturen hat eine Ganzheit geschaffen, die einen Namen hat: polnischer Jude.

— Können Sie von sich sagen, daß Sie sich manchmal als Polin und manchmal als Jüdin fühlen?

— Ja, eigentlich schon. Wenn ich in Frankreich, unter Franzosen bin, dann repräsentiere ich Polen, bin ich Polin.

— Sind die Bezeichnungen »polnischer Jude« und »deutscher Jude« vergleichbar?

— Ich glaube, die deutschen Juden fühlten sich mehr als Deutsche. Sie hatten von den Deutschen diese Auffassung von der Überlegenheit des Deutschtums übernommen. Ich kann mich noch an die Juden erinnern, die über Zgorzelec zu uns kamen. Das war 1938, als die Deutschen sie wie polnische Juden aussiedelten. Ein Teil von ihnen kam nach Warschau, und eine Zeit lang wohnte bei uns im Haus auch eine solche Familie. Die jüdischen Familien nahmen diese Vertriebenen bei sich auf. Die Häuser der polnischen Intelligenz waren nie luxuriös ausgestattet, das läßt sich nicht bestreiten. In mein nicht gerade vermögendes Intellektuellen-Zuhause kam also ein Berliner Schneider mit seiner Familie. Was hatten sie Angst, es könnte schmutzig sein! Denn wir waren ja nur Polen ... Sie fühlten sich den polnischen Juden überlegen, so wie die polnischen Juden den litauischen.

— Können wir noch einmal zum Jahr '68 zurückkehren?

— Damals passierten schreckliche Dinge. Ähnlich wie das, was nach dem Krieg mit der »schleimigen Ausgeburt der Reaktion[8]« geschah. Sind damals alle verfolgten Polen ausgereist? Nein.

— Die Polen konnten damals aber nicht ausreisen, die Juden '68 aber wohl.

— Das stimmt. Trotzdem, es war doch das gleiche Übel.

— Hatten Sie damals irgendwelche Schwierigkeiten bei der Arbeit?

— 1968 nicht. Das kam etwas später. 1970 habe ich meine feste Stelle in Stettin verloren. Aber niemand hat mich zur Ausreise gezwungen.

— Ich kann mir vorstellen, daß mancher Jude in Israel oder Amerika nicht verstehen kann, daß Sie sich nach allem, was hier passiert ist, in diesem Land zu Hause fühlen können. Gewiß würden die bekannten Klischees zitiert: Das antisemitische Volk, das ganze Land ein einziger Friedhof, »in Wirklichkeit hat man uns dort nie gewollt«.

— Erstens stimmt es nicht, daß man uns hier nie gewollt hat: es hat sehr unterschiedliche Zeiten gegeben. Und der Friedhof? Ich erwidere darauf: für manche ist es schwer, diesen Friedhof zu verlassen. Und ich möchte auf diesem Friedhof liegen! Auf keinem anderen. Auf diesem Friedhof, auf dem die Hälfte der Gräber symbolisch sind. Und außerdem — warum wundert sich zum Beispiel niemand, daß Hanna Krall nicht weggeht?

— Vielleicht liegt der Unterschied darin, daß sie damals ein Kind war.

— Aber wissen Sie, wie reif, wie erwachsen diese Kinder damals waren? Können Sie sich überhaupt diese Kinder vorstellen? Diese Kinder, die über uns sagten: »Sie sind wie Kinder, sie verstehen nichts, denn sie sind noch nicht halbtot vor Hunger.« Über uns haben sie das gesagt! »Vielleicht haben sie Angst und wollen bei uns sein?« Stellen Sie sich vor: Wir wollten mit diesen Kindern spielen! Sie waren hundert Jahre älter als wir, das können Sie mir glauben. In meinem Buch habe ich von der sechsjährigen Jasia berichtet. Sie weiß noch alles ganz genau. Heute ist sie eine fünfzigjährige Frau. Als ich mit der kleinen Jasia damals zu ihrer neuen Pflegemutter ging, fragte ich sie unterwegs:»Jasia, weiß du noch, wie du heißt?« »Ja, ich heiße Jasia Ostaszewska.«

Jasias Pflegemutter hatte auf der Lesznostraße einen Brötchenladen, sie verwöhnte die Kleine entsetzlich. Ein-, zweimal in der Woche ging ich dorthin. Einmal ging ich mit Jasia die Lesznostraße entlang, und sie sagte:»Hier haben Juden gewohnt.« Ich hatte Angst, ihr darauf irgend etwas zu antworten, es war ja gut, wenn sie so dachte ... Aber als Janina, die Pflegemutter, nach dem Aufstand beschloß, Jasia zu sagen, daß sie nicht ihre richtige Tante war, erwiderte das Kind verwundert:»Dann hast du die ganze Zeit gewußt, daß ich Janka Jelenkiewicz heiße?« Machen Sie sich das mal klar! Ein sechsjähriges Kind ließ selbst den Menschen gegenüber, die ihm am nächsten waren, zwei Jahre lang kein Sterbenswörtchen über die Lippen kommen! Uns allen hat sie vorgespielt, daß sie nichts weiß, sich an nichts mehr erinnert. Und sie meinen, das waren Kinder?! Kinder, die hinter einem Schrank saßen und wußten, daß sie sich durch nichts bemerkbar machen durften! Das waren erwachsene Menschen!

— Haben Sie im Ghetto jemals kindliche Kinder gesehen?

— Am Anfang ja, im Krankenhaus, noch bevor die Umsiedlung begann. Danach waren alle absolut erwachsen.

— Also, Sie sind nicht ausgereist?

— Nein, ich bin nicht ausgereist, weil ich hier zu Hause bin. Und jetzt? Bin ich hier zu Hause? Man kann es so ausdrücken wie Herr Warszawski[9] ...

— ...»ein bißchen weniger zu Hause.«

— Vielleicht. Manchmal bin ich,»ein bißchen weniger zu Hause«. Manchmal ...

— Sie sind kurz nach dem Krieg nach Lodz gefahren, denn dort waren Marek Edelman und Ala Margolisówna. Wann haben sie Lodz wieder verlassen?

— 1960.

— Warum?

— Das hatte rein berufliche Gründe. In Polen herrschte ein Mangel an Spezialisten für Kindertuberkulose. In Lodz waren eine ganze Reihe — da war ja die Lagiewniki-Schule von Prof. Ala Margolisówna. Und in Stettin gab es nur einen Spezialisten für den ganzen Landkreis.

— Reden wir über den Warschauer Aufstand.

— Alles fing in der Miodowastraße 24 an — dort wohnten damals Ala und Zosia. An diesem Tag war ich um fünf Uhr alleine zu Hause. Als ich die ersten Schüsse hörte, lief ich auf die Treppe und sah einen polnischen Offizier in der Uniform aus der Vorkriegszeit.

— In Ihrem Buch erzählen Sie, daß Sie geweint haben, als Sie ihn sahen.

— Aber natürlich! Was denken Sie denn? Ich lief hinunter. Es stellte sich heraus, daß das Krankenhaus im Souterrain dieses Hauses untergebracht war. Ich ging also zum Kommandanten und gab mich zu erkennen ... Ich blieb gleich im Krankenhaus. Die Mädchen kamen drei Tage später in der Miodowastraße an, und wir blieben bis zuletzt im Krankenhaus, etwa bis zum 29. August. In der Zwischenzeit waren alle dort umgekommen — der Kommandant »Pobóg« und beide Chirurgen, übrigens Juden. Einer von ihnen namens Königstein, der Sohn eines bekannten Laryngologen, wurde auf dem Hof erschossen, man weiß nicht von wem, aber offensichtlich nicht von den Deutschen. Ala und ich blieben zu zweit dort — vierzig Verwundete waren da. Und unsere ganze Gruppe war mit der AL auf der Swietojerskastraße. Sie waren gekommen, um uns nach Zoliborz zu holen, aber zogen sich dann zurück, als die ganze Spitze der AL auf der Fretastraße umgekommen war. Und wir konnten wegen der vierzig Verwundeten nicht weg. Danach gab es Probleme mit der Evakuierung des Krankenhauses. Der Landrat von Warschau-Nord war mein späterer Mann. Er schickte uns durch die Kanäle zur Innenstadt, wir sollten dort irgendeine Unterbringung für die Verletzten organisieren. Am folgenden Tag sollten wir zurückkommen, aber in der Zwischenzeit hatte man mit der Evakuierung der Altstadt begonnen, und in diese Richtung kamen wir nicht mehr durch — durch einen Kanal kann man kaum in beide Richtungen gehen. Ein Teil der Verwundeten kam zu uns durch, diejenigen, die nicht laufen konnten, blieben dort. Nach dem Krieg, wir kehrten am 23. oder 24. Januar nach Warschau zurück, ging ich zur Miodowastraße und fand dort die verkohlten Leichen auf den Betten — die Deutschen hatten sie verbrannt. Nun, wir befanden uns also an dem Versorgungspunkt an der Moniuszkastraße, von dort gingen wir zum Krankenhaus an der Mokotowskastraße, wo wir bis zum Ende des Aufstands blieben. Erst am 11. Oktober haben wir Warschau verlassen.

– Aber nicht mit dem Krankenhaus?

– Ja. Wie durch ein Wunder hatte ich einen Konvoipassierschein für mich, die Krankenschwestern und zwölf Verwundete bekommen. Sie fragten mich, wohin ich sie bringen wollte. Nach Milanówek, zum Rotkreuz-Spital.

– Wen haben Sie in Ihrem »Konvoi« mitgenommen?

– Die Krankenschwestern waren Ala, die Frauen der beiden jüdischen Ärzte, die umgekommen waren, eine von ihnen mit Kind, und einige Aufständische.

– Wo sind Sie hingegangen?

– Wirklich nach Milanówek. Dort haben wir übernachtet, dann sind alle auseinander gegangen. Wir gingen in ein Dorf bei Milanówek, zu einem Bauern in die Scheune. Dort hatten wir das Vergnügen, uns Läuse zu holen. Den ganzen Aufstand über hatten wir keine Läuse gehabt!

– Sie haben vorhin erzählt, daß Ihr Studienkollege Felek Loth Sie gewarnt hatte, Warschau nicht mit dem Krankenhaus zu verlassen, »weil es dort welche gibt, die sagen, daß Sie Juden bei sich haben«.

– Ja, die Juden, das waren Ala und die beiden Frauen, die aber auch »überhaupt nicht so« aussahen. Und das Krankenhaus auf der Mokotowska war ein Zivil- und Armeekrankenhaus. Deshalb hatten wir die Wahl – entweder mit den Zivilisten nach Pruszkow oder mit der Armee in die Gefangenschaft zu gehen. Also sind wir nach Milanówek gegangen.

– Sie haben einmal im Gespräch das Sterben, den Tod im Ghetto mit dem Tod im Warschauer Aufstand verglichen.

– Das Sterben ist überall gleich. Wissen Sie, ich bin Ärztin ... Es ist so, wie Marek im Gespräch mit Hanna Krall gesagt hat: Die Leute haben beschlossen, daß dieses Sterben anders war, sie haben das beschlossen. Man stirbt aber immer gleich ...

– Heißt das, daß es keinen Unterschied zwischen dem Tod mit der Waffe und dem Tod in der Gaskammer gibt?

– Es ist sicher leichter, aber einen Unterschied gibt es nicht. Kein Tod ist geringer zu schätzen oder weniger heldenhaft. Der Unterschied liegt darin, daß man mit der Waffe in der Hand oft gar nicht weiß, daß man stirbt. Das ist vorher besser, vorher, bevor man stirbt, denn man fürchtet sich gar nicht vor dem Sterben, man denkt nur an den Kampf. Ein Soldat denkt nicht ans Sterben, er denkt nur ans Töten, an den Sieg. Die Leute haben einfach beschlossen, daß ein Tod mit der Waffe in der Hand besser und schöner ist. Aber es ist immer der gleiche Tod. Nur dieses »vorher« zählt. Und außerdem hat ein Mensch, der bewaffnet ist, keine Angst.

– Und wie war es mit den Spritzen für die Kinder? Die waren doch auch dazu da, den Kindern die Angst zu nehmen?

– Können Sie sich vorstellen, was das für ein Tod war, den die Menschen im Gas erlitten? Sind Sie imstande, sich das vorzustellen? Und die Kinder? ... Kossak-Szczucka[10] hat in einem ihrer Bücher geschrieben, daß Menschen mit einem tiefen Glauben eine größere Überlebenschance hatten. Das halte ich für Quatsch. Da gibt es einen Satz bei ihr, es geht um die kleinen Kinder, die noch nicht laufen konnten und ins Gas gebracht wurden, da beschreibt sie ein kleines Kind, das mit dem Händchen winkt, um auf Wiedersehen zu sagen ... Und ein anderes, das ins Gas geht, fragt: »Mama, warum ist es hier so dunkel? Ich bin doch lieb gewesen.« Und der Erwachsene hat doch genauso große Angst ... Auf Ihre Frage nach der Angst will ich Ihnen mit einem Witz aus der Vorkriegszeit antworten: Ein Kaufmann, der gerade bankrott gemacht hat, geht über die Poniatowskibrücke und trifft einen Bekannten. – »Was ist passiert?« – »Ich bin am Ende, ich gehe ins Wasser.« – »Paß auf, da kommt ein Auto!!!« – »Oj!! ...« Soll ich Ihnen sagen, was das ist, die Angst vor dem Tod? Wenn Mütter in der Lage sind, ihre Kinder wegzuwerfen?

– Meinen Sie nicht, daß es damals auch Leute gegeben hat, die keine Angst vor dem Tod hatten?

– Wenn Menschen Selbstmord begangen haben, dann aus Angst wie Sie wissen, aus Angst vor diesem Weg in den Tod. Wenn ich schon sterben muß, dann soll dieser Tod wenigstens ganz schnell gehen.

– War es die Angst vor dem Weiterleben, vor dieser Art Leben und dem Warten auf den Tod? Oder war es die Angst vor dem Tod selbst?

– Die Angst vor dieser Art Tod. Vor der Gaskammer.

– Und die orthodoxen Juden, die in den Tod gegangen sind und dabei »Schma Israel« gebetet haben?

– Das ist etwas anderes. Das ist diese Vorstellung von *kiddusch haschem.* Sie starben als ein Brandopfer für Gott. Das soll übrigens nicht heißen, daß sie keine Angst hatten. Aber Gott war mit ihnen. Ich weiß nicht, vielleicht ist es einfacher, mit Gott zu sterben?

— Es gibt noch ein Klischee: Von diesen bärtigen alten Männern, die mit »Schma Israel« auf den Lippen in den Transport und dann in die Gaskammer gingen, heißt es, sie seien »wie die Schafe zur Schlachtbank« gegangen.

— Wissen Sie, alle sind wie die Schafe gegangen. Die Warschauer kamen nach dem Aufstand herausgekrochen wie die Schafe. Drei Polizisten und hunderttausend Leute waren da, und keiner hat einen Polizisten angegriffen. Denn diese Polizisten waren bewaffnet, und sie waren unbewaffnet. Und das reichte schon, um sie wie die Schafe gehen zu lassen. Hätte man nicht die Polizisten angreifen und flüchten können? Ganz Warschau ist so gegangen ... Aber die, die »Schma Israel« sagten, die sind nicht wie die Schafe gegangen. Sie haben sich Gott hingegeben, der beschlossen hatte, das erwählte Volk noch einmal zu prüfen.

— Sprechen wir über die Angst vor dem Tod. Halten Sie es für unmöglich, daß angesichts des Todes ein unbewaffneter Mensch den Tod hinnehmen und sich damit soweit abfinden kann, daß er keine Angst empfindet?

— Es gibt etwas, das man Lebensinstinkt nennt, und das ist ein ungewöhnlich starker Instinkt! Und dieser bankrotte Kaufmann auf der Poniatowskibrücke, der sich entschlossen hatte zu sterben, sprang instinktiv vor dem Auto zurück, das ihn hätte töten können. Und die Leute in den Gaskammern, die versuchten, nach oben zu kriechen, einer nach dem anderen, sie hatten das Gefühl, daß es unten am schlimmsten war.

— In Ihrem Buch schreiben Sie davon, daß Angst etwas mit der Hilflosigkeit zu tun hat.

— Ja, natürlich.

— Sind wir nicht immer hilflos, wenn wir dem Tod gegenüber stehen?

— Nein, nein. Keiner von uns denkt mit Angst an den Tod, obwohl wir wissen, daß wir sterben müssen. Außerdem fürchtet der Mensch wahrscheinlich ein langes Sterben mehr als den eigentlichen Tod. Er fürchtet sich vor der Qual, damals fürchtete er sich vor dem Weg, der zum Tod führte. Aber wenn man bewaffnet ist, heißt das, daß man auf der Stelle stirbt. Damals, als ich Marek über die Straße führte, fragte ich ihn, ob er eine Waffe habe. Denn falls wir geschnappt würden, würde Marek sofort seine Waffe ziehen, einen erschießen, und sie würden dann uns erschießen. Und Schluß! Kein Szuch-Gefängnis, keine Schläge und Folter, kein drohendes langes Sterben. Warum flehen denn die Krebskranken darum, daß man ihnen die unnötige Qual des Sterbens verkürzt?

– Sie haben geschrieben, daß Sie erst nach einiger Zeit die Angst vor dem Tod kennengelernt haben. Daß sie keine Angst hatten, als ihnen ein Gestapomann die Pistole an die Schläfe hielt.

– Ja, in solch extremen Momenten hat man keine Angst mehr. Es war so, als wäre es schon passiert. Als wäre ich schon auf der anderen Seite. Ich hatte Angst, wenn ich das Geld für unsere Schützlinge unter der Bluse hatte, und an den Wachposten vorbei mußte. Wenn ich endlich zu Hause ankam, war das Geld ganz feucht.

– Damals hatten Sie Angst, verhaftet zu werden. Das war keine Angst vor dem Tod.

– Wissen Sie, das kann man schwer unterscheiden. Ich wollte lieber immer Zyankali bei mir haben, um nur nie ins Szuch-Gefängnis gehen zu müssen. Heute, hier beim Tee läßt sich das schön analysieren. Aber das war einfach Angst, ich fürchtete mich. Es war sicher mehr die Angst vor der Art zu sterben, vor allem, was vorher kommen würde, als vor dem Tod selbst. Ein Mensch in Todesgefahr denkt nicht darüber nach, wovor er sich genau fürchtet – er hat zwei Gefühle: die Angst und diesen Wunsch, sein Leben zu retten, der oft auf Instinkt beruht. Diejenigen, die aus dem Zug nach Treblinka sprangen, denen ging es einfach nur darum, ihr Leben zu retten.

– Meinen Sie, daß der Glaube einen Menschen gegen Angst »versichern« kann? Glauben Sie an Gott?

– Auf dieses Frage kann ich ihnen keine einfache Antwort geben. Damals gab es keinen Gott. Das ist eine sehr schwierige Frage. Gibt es ihn nicht? Ich weiß es nicht? Damals hat er gewiß sein Gesicht verhüllt, wenn er nicht sogar ... ein Feigling war.

– Kann Gott ein Feigling sein?

– In meinen Erinnerungen kommt ein Frau namens Janina vor. Sie hatte drei Söhne. Einer von ihnen war damals in England bei der Luftwaffe, einer in Auschwitz und der dritte, der jüngste, war bei ihr. Er war sehr im Untergrund engagiert. Er war wohl, wie sich später herausstellte, bei der ONR. Nun, er ging irgendwo in die Falle, befand sich bei der Kripo. Dank unserer Kontakte konnten wir ihn rausbekommen. Kurze Zeit später kam er um, auf der Straße, mit einer Waffe in der Hand. Frau Plewczynska war eine unglaublich religiöse Person. Ihr ganzes Haus war voller Heiligenbilder. Alles, was sie für uns tat, und das war sehr viel, tat sie aus einem Gefühl christlich-moralischer Verpflichtung. Als wir von dem Tod ihres Sohnes erfuhren, besuchte ich sie. Als wir zu ihr kamen, stand sie vor dem Bild der schwarzen Madonna. Sie schimpfte mit ihr: »Das ist alles eine Lüge! Du bist gar keine Mutter! Das hättest Du nie zugelassen, wenn Du eine Mutter wärest!« Aber Janina verlor nicht ihren Glauben. Ich glaube, es gibt viele Juden, die mit dem Ritus nichts zu tun haben, aber von denen man trotzdem nicht sagen kann, daß sie ungläubig sind.

— Die Menschen erwähnen so oft, wie menschlich sie sind; sie reden davon, in unmenschlichen Bedingungen Mensch zu sein. Wir haben vom Glauben gesprochen, der es vermag, den Menschen Würde zu geben. Könnten wir auch einmal von dem Gegenteil eines würdigen Lebens reden, von den Grenzen der Menschlichkeit? Kann ein Mensch aufhören, in seinem Verhalten menschlich zu sein? Teilen Sie die Meinung, daß ein Mensch aufhören kann, Mensch zu sein, anfangen kann, tierisch zu sein, ja geradezu zu einem Tier wird?

— Wenn ich an die Muselmänner[11] denke, dann glaube ich, daß solche Menschen nicht aufgehört haben, Mensch zu sein, sondern einfach aufgehört haben zu existieren. Und die Deutschen? Sie sind mir ein Rätsel. Mit diesem tief in ihnen verwurzelten Begriff von Befehl und Gehorsam waren sie zu allem fähig. Waren sie Menschen? Vielleicht ist ihre Grausamkeit auch eine menschliche Eigenschaft? Unsere Erfahrungen und die Geschichte beweisen doch, daß ein solches Verhalten nach menschlichem Maßstab existiert. Offensichtlich gibt es im Menschen dieses Böse, den Satan. Schon im Alten Testament können wir von den grausamsten Grausamkeiten lesen.

— Kann der Mensch aufhören, Mensch zu sein?

— Ich habe Mütter gesehen, die vor Angst ihre Kinder wegwarfen. Weil sie gedacht haben, daß sie ohne Kinder durchkommen. Können Sie sich das vorstellen? Das ist die unterste Stufe, die allerunterste Stufe des Menschseins. Soweit führt die Angst.

— Also — nein?

— Nein. Aber die menschliche Grausamkeit ist schlimmer als die von Tieren. Tiere töten nicht zum Vergnügen.

— Würden Sie als Ärztin die Euthanasie befürworten?

— Nur in einem Fall: Wenn ein Mensch entsetzlich leidet, und es für ihn keine Hoffnung gibt. Ich glaube nicht, daß man mechanisch ein Leben verlängern sollte, das keines mehr ist, das Leben eines Menschen, der praktisch schon gestorben ist.

— Der »geistig«, »seelisch« schon gestorben ist? Meinen Sie eine Situation, in der ein Mensch nur noch biologisch existiert?

— Ja, und wenn dazu noch ein schreckliches Leiden kommt. Andererseits meine ich, daß man nicht so leicht für ein Recht auf Euthanasie plädieren sollte, weil es auch Mißbrauch geben kann. Aber ein Mensch hat das Recht, über sein eigenes Leben zu bestimmen.

— Hat er das wirklich?

— Wenn er weiß, daß es keinerlei Hoffnung mehr gibt, und er unmenschlich leidet ...

— Woher weiß man, daß es keine Hoffnung mehr gibt?

— Wissen Sie, da sollte man doch auf das zurückgreifen, was die Medizin zu diesem Thema sagt.

— Hat demnach ein Mensch auch das Recht auf Selbstmord?

— Natürlich. Jeder Mensch hat das Recht dazu.

— Aber es gibt doch immer eine Chance. Ich denke an das, was Marek Edelman über den Selbstmord an der Milastraße gesagt hat. Ein paar aus diesem Bunker haben sich doch noch retten können.

— Es gibt nicht immer eine Chance. Manchmal hat man keine mehr ... Und was den Bunker angeht? Sie haben eben keine Rettung mehr gesehen.

— War Korczak ein Held?

— Wenn ja, dann war er nicht der einzige. Korczak war nicht der einzige, der sich so verhalten hat. Da waren Stefa Wilczynska, Esterka Winogron, meine Schulkameradin. Es hat Kinder gegeben, die sind mit ihren Eltern gegangen, und es hat Eltern gegeben, die sind mit ihren Kindern gegangen. Und was Korczak selbst betrifft — er hatte keine Wahl.

— Er hätte doch auf die arische Seite gehen können, sich in Sicherheit bringen können.

— Damals schon nicht mehr, er konnte die Kinder nicht im Stich lassen. Man hat ihm auf dem Umschlagplatz ein Angebot gemacht — aber das konnte er doch nicht machen.

— Haben Sie Korczak gekannt?
— Natürlich. Als ich ein Kind war, bin ich mit meiner Mutter zu ihm gegangen. Nun, und aus dem Ghetto habe ich ihn gekannt. Die Kinder von Korczak lagen bei uns im Krankenhaus. Es gab übrigens Schwierigkeiten zwischen ihm und unserer Leiterin.
— Warum?
— Wissen Sie, Korczak war ein schwieriger Mensch, sehr schwierig sogar. Er war schrecklich unsicher, aufbrausend, mißtrauisch. Soweit ich mich erinnere, warf er dem Krankenhaus irgendeine Unredlichkeit vor, völlig grundlos. Er war kein einfacher Mensch und alles andere als ein Engel. Er war ein schrecklicher Sonderling — er hat ja selbst darüber geschrieben.
— Haben Sie Korczak gesehen, wie er mit den Kindern zum Transport ging?
— Ja, ich habe den ganzen Zug gesehen. Sie gingen an unseren Fenstern vorbei.
— Haben Sie am Fenster gestanden?
— Ja, Ja ... Wir haben gesehen wie Korczak kam. Und darin lag etwas sehr Großartiges. Sie gingen einfach mit den Kindern daher.
— Können Sie sich noch genau an diesen Moment erinnern?
— Wir standen an den Fenstern im ersten Stock. Wir standen an den rechten Fensterrand gelehnt. Wir sahen zu, wie sie daherzogen, mitten auf der Straße. Wir haben uns nicht gerührt — die Deutschen hätten sonst angefangen zu schießen.
— Mit wem standen Sie am Fenster?
— Wir waren viele. Ich kann mich noch gut daran erinnern, daß Zosia Skrzyszewska neben mir stand — sie entdeckte ihre Eltern und ihre Schwester dabei.
— Wie gingen die Kinder?
— In Viererreihen. Bestimmt hatten die Deutschen sie so aufgestellt. Oder vielleicht in Sechserreihen? Korczak ging vorne, aber er hatte wohl Kinder neben sich. Dann kamen ein paar Viererreihen und dann Stefa Wilczynska. Und noch zwei Mädchen — Esterka Winogron und Natka. Die kleinen Kinder gingen vorne, dann kamen die älteren. Esterka ging wahrscheinlich am Schluß. Damit keine Kinder hinter ihnen zurückblieben.
— Das heißt, es gingen mindestens vier Betreuer mit.
— Ja, mindestens. Ich kann mich an die erinnern, die ich kannte: meine Schulkameradin Esterka, Stefa, Natka ...

— Natka war noch ganz jung?

— Jung? Nein, so in meinem Alter, etwas über zwanzig.

— Aber dann war sie doch jung!

— Nein, jung war damals ein sechzehnjähriges Mädchen.

— Wieviele Kinder sind mit Korczak gegangen?

— Vierzig? Vielleicht fünfzig?

— Etwa wie eine große Schulklasse?

— Ja, wie eine große Schulklasse. Ich weiß es nicht mehr genau ...

— Sie haben gesehen, wie Korczak mit den Kindern am Fenster vorbeigegangen ist?

— Ja. Wissen Sie, das war so: Das Krankenhaus war auf der Ecke Leszno- und Zelaznastraße. (Heute ist das die Siwerczewskistraße.) Das Fenster, an dem wir standen, ging auf die Zelaznastraße hinaus. Die Kinder gingen die Zelaznastraße entlang in Richtung Nowolipki. Deshalb konnten wir sie nur auf diesem kleinen Abschnitt sehen. Und das war's. Wir konnten uns ja da am Fenster noch nicht einmal bewegen. Und so zogen sie einfach an uns vorbei. Und hinter den Kindern kamen andere Menschen ... Die Kinder waren nicht einsam, verstört und verloren, verstehen Sie? Das ist so wichtig. Korczak erfüllte seine Pflicht bis zuletzt, bis ganz zum Schluß. Und wenn solch eine Pflichterfüllung Heldentum ist ... Aber wissen Sie, es gibt eine Sache dabei, die mich immer schmerzt: Warum redet man nur von Korczak?

— Vielleicht, weil die Menschen Symbole brauchen.

— Und diese jungen Mädchen? Das war doch noch mehr als Korczak. Er hatte ja eigentlich keine Wahl. Dieser Zug war die Konsequenz seines ganzen Lebens. Und diese jungen Mädchen? Sie hätten sich wahrscheinlich retten können.

— Nun ja, aber sie hatten die gleiche Haltung wie Korczak.

— Genau darum geht es ja! Ihre Haltung zählte doch noch viel mehr, sie waren gerade zwanzig Jahre alt! In den Kampf zu gehen, sein Leben zu riskieren — das ist etwas ganz anderes als bewußt in den Tod zu gehen! Wenn man zwanzig Jahre alt ist, will man so gerne leben ... Aber diese Mädchen sind auf keinem Denkmal erwähnt. Warum nicht? Weil Korczak berühmt war und sie nicht? Ja, Korczak war ein großer Schriftsteller, aber ihr Tod ist ganz anonym geblieben.

— So ist es wohl in der Welt — in den Großen finden unser Glück und unser Unglück eher ihren Ausdruck.

— Vielleicht. Ich weiß es nicht. Mir gefällt das nicht. Ich will Ihnen eine Anekdote über Korczak erzählen: Das ist am Anfang des Krieges passiert. Korczak stieg in die Straßenbahn. Er stand, und neben ihm saß irgendein Kerl. Dieser Kerl sagt zu ihm:»Herr Kaufmann, setzen Sie sich doch!« Korczak bleibt stehen.»Hören Sie, Herr Kaufmann, setzen Sie sich doch! Warten Sie drauf, daß ich Sie hinsetze?« —»Als der Kaufmann noch Oberst in der polnischen Armee war, da hab ich solche wie dich — solchen Mist — sitzen lassen, aber im Loch und nicht auf der Bank!«

— Wie kam es zu Ihrem Beitritt zum ZOB?

— Das habe ich doch ganz genau in meinem Buch beschrieben.

— Sie schreiben nur, daß Marek Ihnen befohlen hatte, auf die arische Seite zu gehen.

— Und das war's!

— Das war's? Das war alles?

— Ja, sie haben mir eine Adresse gegeben und gesagt, geh hierhin und dorthin, und schweig! Und der Kommandostab der ZOB hatte seinen Treffpunkt im Ghetto bei uns zu Hause, auf der Gesiastraße. Marek war da, Welwl Rozowski, und Abrasza Blum kam auch.

— Seit wann wohnten Sie auf der Gesiastraße?

— Moment — meine Mutter ist am 29. Juli umgekommen, da war ich noch auf der Swietojerska. Zwei oder drei Tage später haben sie uns dort hinausgeworfen.

— Wegen der Verkleinerung des Ghettos?

— Nicht nur. Auch wegen der Bürstenmacher.

— Es wurden Werkstätten eingerichtet?

— Ja. Ein paar Tage lang übernachtete ich dann im Krankenhaus. Und in einem kleinen Zimmerchen in der Lesznostraße, gegenüber vom Krankenhaus, da sammelten wir unsere Sachen.

—»Sammeln«, was heißt das?

— Mein Mann, der damals bei seinen Eltern lebte, ich und noch ein paar Leute. Das ist alles hinterher verschwunden. Ich weiß noch, wie ich eine große Kiste mit Bettwäsche, Porzellan und Schallplatten dorthin geschleppt habe.

— Das war alles?

— Ja, das war alles.

— Und danach wohnten Sie auf der Gesiastraße?

— Dann kam der Tag, an dem sie die Kinder zum Krankenhaus auf dem Umschlagplatz holten.

— Wann war das?

— Am 9. oder 11. August. Ich weiß es nicht genau. Vielleicht eher am 9. Dann hatten wir eine Wohnung auf der Pawiastraße. Wir wurden kaserniert.

— Das Krankenhauspersonal?

— Ja. Wir wohnten damals zusammen — Marek, Stasia, die Margolisowa und die Kielsons. Auf der Pawiastraße blieben wir bis zum Kessel. Und das alles war am 4. September vorbei.

— Das verstehe ich nicht. Der Kessel auf der Milastraße dauerte doch vom 6. bis zum 12. September.

— Unfug! Alles war am 4. September zu Ende. Wir waren zwei oder drei Tage im Kessel und vom Kessel brachten sie uns schon hinaus auf die Gesiastraße. Zur Pawiastraße sind wir dann nicht mehr zurückgekommen. In der Gesiastraße 6 war das Krankenhaus und in einem Büro war das Personal des Krankenhauses untergebracht. Dort wohnten auch Welwl und Alik Zarchi bei uns, das war der fünfzehnjährige Bruder einer Freundin, deren Eltern schon umgekommen waren.

— Fühltet ihr euch damals im Ghetto mutig?

— Ich kann Ihnen sagen, solange nichts passiert ist, waren einige von uns auf eine kindliche Weise mutig. Ich zum Beispiel wollte unbedingt mein Aussehen ausnutzen und ging für jede Scheiße — entschuldigen Sie diesen Ausdruck — auf die arische Seite. Einfach so, für nichts und wieder nichts. Um ein Stück Wurst zu kaufen oder besseren Wodka. Das war kein Mut. Das war eher Dummheit, Großtuerei. Nun, ich war damals zwanzig Jahre alt. Und wir konnten uns gar nicht vorstellen, daß sie uns einsperren würden und was alles noch geschehen würde.

— Wann haben Sie zum ersten Mal von Treblinka gehört?

— Direkt nach der ersten Aktion. Da kam einer ins Ghetto zurück, der aus dem Transport geflüchtet war. Ich weiß nicht mehr, wie er hieß.

— Wurde ab da alles anders, gab es da so einen Bruch im Verständnis der Situation?

— Wissen Sie, das war die letzte Gewißheit ..., daß es sich nicht um eine Umsiedlung handelte. Den Verdacht hatten wir ja schon vorher. Denn das, was sich die ganze Zeit im Ghetto getan hatte ... Nur daß die Leute, wie Marek auch gesagt hat, einfach nicht glauben wollten, daß man all dieses Brot verschwenden konnte.

— Wie lange waren sie im Krankenhaus an der Stawkistraße?

— Ein paar Tage weniger als alle anderen. Ich war schon nicht mehr bei ihnen, als das Personal auf die Pawiastraße verlegt wurde und sie bis zum Krankenhaus an der Stawkistraße gekommen waren. Marek hat mich aus dem Krankenhaus getragen und in einer Wohnung in der Nowolipkistraße gelassen. Davon habe ich übrigens erst aus Hanna Kralls Buch »Dem Herrgott zuvorkommen« erfahren. Die Krankenhäuser haben sie wohl am 11. August herausgeworfen, und ich bin am 14. oder 15. zu ihnen gekommen. Und dann waren wir bis zum Schluß, bis zum 4. September zusammen. Das heißt, in der Stawkistraße war ich von Mitte August bis zum Schluß. Bis zum Kessel auf der Milastraße. Drei Wochen. Am 4. September sind wir in den Kessel geraten. Und zwei Tage waren wir im Kessel. Anfangs war es eine Straßensperre, und dann ein Kessel. Später gab es einzelne Fangaktionen. Die Polizisten nahmen jeweils fünf Juden. Und die Aktion war am 8. September zuende.

— Also dauerte der Kessel ...

— ... vom 4. bis zum 8. September. Marek schreibt, er fing am 6. an, denn an dem Tag gerieten wir wahrscheinlich hinein. Aber es fing bestimmt am 4. an.

— Meinen Sie, Bartoszewski hätte Marek zitiert, wenn er sich geirrt hätte?

— Wie hätte Bartoszewski das denn überprüfen sollen? Wer weiß das denn? Ich weiß genau, daß das der Tag war, an dem alle Kranken zu unserem Krankenhaus gebracht wurden.

— Als Ihr zum Kessel auf die Milastraße kamt, hattet ihr schon Nummern. Wie wurden die verteilt?

— Im Krankenhaus ... Wir haben schon mit diesen Nummern das Krankenhaus verlassen. Ich habe darüber geschrieben — als wir den Befehl bekamen, in den Kessel zu gehen, sind wir ins Krankenhaus gegangen. Dort stellte sich heraus, daß das Krankenhaus eine bestimmte Anzahl Nummern ausgab, und die Direktorin mußte sie verteilen, einfach so ... Zu diesem Zeitpunkt waren schon alle Krankenhäuser auf dem Umschlagplatz, alle Kranken hatten sie dorthin gebracht, das Personal war bei den Kranken ... Und wir sind aus dem Krankenhaus mit den Nummern in den Kessel gegangen ... Diejenigen, die Nummern hatten, sind herausgekommen — die anderen sind abgefahren ...

— Wieviele sind gefahren?

— Sie hatten befohlen, daß fünfzig Ärzte dableiben mußten. Die anderen sind einfach in den Kessel gegangen, ich weiß nicht, wieviele es waren.

— Und diese fünfzig Ärzte ohne Nummern, die sind ...

— ... auf den Umschlagplatz.

— Hatten alle Ärzte und Krankenschwestern, die in den Kessel gegangen sind, Nummern?

— Nein. Die meisten hatten eine Nummer, aber wir hatten auch »wilde« bei uns. Die Nummern hatten auch gar nichts damit zu tun, ob man aus dem Kessel heraus kam oder nicht. Sie zählten einfach ab, und irgendwann sagten sie: Schluß jetzt ... Viele mit Nummern sind in den Transport gekommen.

— Und wie sah es mit der Zuteilung der Nummern aus?

— Das war schrecklich. Wir haben der Leiterin gesagt, daß sie das übernehmen mußte. Sie wollte nicht. Aber wenn sie es nicht gemacht hätte, hätte ein anderes Krankenhaus alle unsere Nummern bekommen, und keiner von uns hätte sich retten können ... Die Leiter einer Abteilung bekamen automatisch eine Nummer, und der Rest — es war einfach Zufall.

— Wie sahen die Nummern aus?

— Wie? Es war ein Stückchen Papier, ein Stempel auf einem Fetzchen Papier.

— Eine Nummer zum Leben ...

— Ja, eine Nummer zum Leben ...

— Wie lange waren Sie im Kessel?

— Drei, nein, doch wohl vier Tage. Von dort wurden wir zur Gesiastraße gebracht. Zur Pawia sind wir schon nicht mehr zurückgekommen.

— Können Sie uns etwas über diese Tage im Kessel erzählen?

— Ich will Ihnen etwas Komisches sagen: Das ganze fließt ineinander. Diese vier Tage sind wie ein einziger Tag. Nichts kommt nacheinander, verstehen Sie? Wir sitzen irgendwo ...

— In einem Haus oder auf der Straße?

— Wohl in einem Haus, wir sitzen auf dem Boden ... Es ist komisch, aber als ich aus dem Krankenhaus ging, nahm ich einen halben Liter Spiritus mit. Wie ich das gemacht habe? Ich weiß nur noch, daß wir diesen Spiritus getrunken haben. Haben wir überhaupt irgend etwas gegessen? Ich kann mich überhaupt nicht mehr erinnern, wahrscheinlich nicht. Ich weiß noch, als wir schließlich hinausgingen, hat-

ten wir schrecklichen Hunger, und in der Wohnung auf der Gesiastraße krochen wir in den Ecken herum und suchten nach etwas Eßbarem.
   — Und von dem Kessel erinnern Sie sich nur noch daran, daß Sie auf dem Boden gesessen und Spiritus getrunken haben?
   — Irgendwo haben wir auch geschlafen, da auf dem Boden. Ich kann mich an Schreie erinnern. Und dann wurden wir auf der Straße zusammengetrieben und mußten schrecklich lange da stehen. Wissen Sie, es war wie diese Appelle im Lager, wie sie beschrieben worden sind. Das war im Sommer, da war es nicht so schrecklich. Wir standen in Viererreihen. Sofort. Als wir aus dem Haus herauskamen, versuchten wir zusammenzubleiben. Ich weiß noch, daß Hela Kielson damals ein krankes Bein hatte, deshalb hielt ich sie die ganze Zeit an der Hand. Und Stasia hielt ich auch an der Hand. Und so standen wir. Die Deutschen brüllten. Irgendwo schoß jemand, natürlich. Immer gab es Schüsse und Gebrüll. Es waren keine Tore da, nur so eine Schranke. Und da standen die Deutschen. Wenn sie ein Zeichen gaben, mußten wir vorwärtsgehen, und sie zählten. Die Viererreihen zählten sie. Und direkt hinter uns schrie einer »Halt!« Wahrscheinlich war Marek bei uns, er war wohl in der letzten oder vorletzten Viererreihe.
   — Mußte man die Nummern zeigen?
   — Nein.
   — Aber Ihr hattet doch auch diese »Wilden« bei euch?
   — Ja, zum Beispiel Stasia, Welwls Frau. Die ganze Zeit hatte ich sie an der Hand. Aber das war's. Das ist alles, was ich noch weiß. Eigentlich geschah gar nichts. Wir saßen in einem Keller und haben gewartet — hungrig, schmutzig, wir haben etwas gefroren, denn es war Nacht. Und das war alles.
   — Und die Angst?
   — Nein, das weiß ich nicht mehr. Wahrscheinlich hatten wir ein bißchen Angst, als wir an den Deutschen vorbeigingen. Denn wir hatten ja die »Wilden« bei uns. Aber sie haben einfach bloß abgezählt. Und auf einmal begriffen wir, daß auch Leute mit Nummern zurückbehalten wurden.
   — Ist jemand aus dem Krankenhaus mit einer Nummer zurückgeblieben?
   — Oh ja. Viele sind zurückgeblieben. Ein paar sind noch irgendwie herausgekommen. Wir haben hinterher unsere Nummern mit einer Sanitäterin ans Krankenhaus zurückgeschickt.

– Zu welchem Krankenhaus?
– Auf dem Umschlagplatz, denn dieses Krankenhaus haben sie erst ein paar Tage später deportiert. Wir sind gegangen, und dann haben sie das Krankenhaus deportiert ... Ein paar haben sich noch retten können.
– Wieviele Leute arbeiteten im Krankenhaus an der Stawkistraße?
– Etwa zweihundert Leute.
– Können Sie sich genau an den Umschlagplatz erinnern?
– Heute ist dort alles so anders, es ist sehr schwer. Wenn ich mich darauf konzentriere, sehe ich das Bild wieder vor mir. Da waren Bäume, hier der Eingang zum Krankenhaus, da der Keller und hier die Fenster. So etwa war es. Aber bis auf diese Dinge ist jetzt alles ganz anders. Es ist keine Rampe mehr da ...
– Ja, aber ich frage nicht danach, wie es tatsächlich ausgesehen hat, sondern nach dem Bild, das Sie in Erinnerung haben. Könnten Sie diesen Ort aufzeichnen?
– Mit Ausnahme einer Sache. Ich weiß noch, von wo ich aus dem Krankenhaus auf den Umschlagplatz gegangen bin. Ich weiß, wie die beiden Teile dieses Gebäudes aussahen. Ein Flügel war Krankenhaus und Ambulanz, der andere Flügel war eine Art Wartesaal sozusagen – da versammelten sich die Leute, die auf den Transport warteten. Dann sehe ich mich selbst, nachdem die Waggons abgefahren sind, wie ich die Kinder aufsammle, die herumliegen ... Aber irgendwie habe ich vergessen, wie man zu den Waggons ging. Ich sehe zwei getrennte Bilder: die Waggons und den Umschlagplatz. Dieses Stück dazwischen, das ist mir abhanden gekommen.
– Warum haben Sie Ihre Erinnerungen geschrieben?
– Zu einem bestimmten Zeitpunkt wurde mir klar, daß diese Dinge bewahrt werden mußten. Obwohl ich einen starken Widerstand gegen das Schreiben verspürte.
– Warum?
– Ich hatte den Eindruck, daß das sowieso niemand verstehen wird. Außerdem wollen die Leute vergessen, es geht sie nichts mehr an. Und für die Überlebenden gab es nichts zu schreiben. Trotz allem aber durfte es nicht untergehen. Außerdem hat sich eine ganz stereotype Vorstellung vom Ghetto eingebürgert, ein fatales Klischee. Ich weiß nicht warum, Marek ist es nicht gelungen, und mir ist es auch nicht gelungen, diese Lüge zu verdrängen, klarzumachen,

daß die Menschen, die dort im Ghetto gefangen waren, nicht einfach eine Viehherde waren. Wenn vom Ghetto die Rede ist, geht es immer nur um den Tod, darum, wie elend man dort gestorben ist. Man redet nie vom Leben und von der Heldenhaftigkeit dieser ganz gewöhnlichen Menschen. Von ihrem Kampf, Menschen zu bleiben, auf menschliche Weise durchzuhalten.

— Ist es vielleicht dieses Klischee, das sich in dem Bild zusammenfassen läßt: »Elegante Gesellschaft in den Cafés und Skelette auf dem Trottoir«?

— Ja, genau so ist es! Die Reichen und die Cafés! Aber so war es gar nicht. Neunzig Prozent hatten Hunger, und die meisten waren buchstäblich dabei zu verhungern. Diejenigen, die im Luxus lebten, waren eine verschwindende Zahl, vielleicht fünf, vielleicht zehn Prozent. Und die Konzerte, die Untergrunduniversität? Das ist es, was unsere Menschlichkeit gerettet hat! Und die Arbeit an den Hungerkrankheiten! Unter diesen Bedingungen! Können Sie sich das vorstellen? Die Ärzte, die selbst vor Hunger fast umkommen, befassen sich mit solchen Forschungen! Und diese unglaublichen Anstrengungen der Ärzte, Menschenleben zu retten? Aber auch dieses Klischee vom passiven Warten auf den Tod hält sich weiter. Niemand redet davon, daß es einer der Orte des größten Heldentums in diesem Krieg gewesen ist. Ich habe versucht, darüber zu schreiben, aber ich habe das Gefühl, daß mir das nicht gelungen ist.

— Ist es Ihnen nicht gelungen, weil es unmöglich ist?

— Ich weiß nicht, das alles ist sehr schwer zu sagen. Marek ist es ja auch nicht gelungen, zu erklären, daß der Tod im Ghetto der gleiche Tod war wie im Aufstand. Und genau darum ging es ihm — daß diese beiden Tode gleichrangig sind, daß es nur eine fixe Idee der Leute ist, daß es sich mit einer Waffe in der Hand schöner stirbt. Also haben sie beschlossen, auch so zu sterben. Und ich habe es nicht geschafft zu sagen: Leute, hört mal, es ist nicht wichtig, daß es der Holocaust war und daß die Leute umgekommen sind. Es war ein Haufen Helden, und die Moral ist, wie diese Menschen dort gelebt haben!

— Warum läßt sich das nicht sagen? Vielleicht weil es unsere Vorstellungskraft übersteigt?

— Ja, aber vielleicht auch deshalb, weil es heißt: »Mosiek geh in den Krieg! Jojne geh in den Krieg!« Wenn die Polen ins Ghetto kamen, sahen sie wirklich nur haufenweise diese Gestalten des Elends auf den Straßen. Wie sollte es auch anders sein — im Bereich dieser wenigen Straßen lebten vierhunderttausend Menschen, durchschnittlich mußten sich zehn Menschen ein Zimmer teilen. Da gab es natürlich nichts als Elend zu sehen.

— Hätten Sie selbst auf die arische Seite gehen wollen, wenn der ZOB sie nicht geschickt hätte?

— Nein. Ich habe mit Marek deshalb gestritten. Und erst Abrasza ist es gelungen, unseren Streit zu schlichten. Ich wollte nicht rausgehen, ich wollte nicht alleine sein, ich wollte bis zum Schluß mit ihnen zusammenbleiben. Das war kein Heldentum!

— Wir haben schon über Korczak geprochen — er war eine der Symbolfiguren des Ghettos. Ich würde gerne mit Ihnen über eine andere wichtige Person sprechen — über Czerniakow.

— Damals im Ghetto haben wir uns die Frage gestellt, ob ein Mensch wie Czerniakow das Recht hatte, Selbstmord zu begehen. Wir waren der Überzeugung, daß ein Tod einen Nutzen haben muß. Das heißt, er hätte sich an die Spitze des Widerstands stellen müssen, anstatt Selbstmord zu begehen. Heute, in meinem Alter halte ich das im Grunde genommen für Unfug, aber damals als junge Menschen haben wir so gedacht. Ich weiß heute, daß Czerniakow einfach ein anständiger Mensch war. Er konnte das nicht glauben, was geschah. So wie neunzig, ach was, wie hundert Prozent der Leute!

— Bis zu einem bestimmten Punkt.

— Ja, bis zu einem bestimmten Punkt. Czerniakow hat wie alle anderen geglaubt, daß es eine Frage des Durchhaltens war. Und er hat einfach gemeint, daß wir eher durchhalten, wenn wir die Befehle der Deutschen befolgen. Und als sich das als Täuschung herausstellte ... Nein, nein, er war ein anständiger Mensch.

— Und welches Verhältnis hattet ihr Jungen zum Judenrat?

— Ich kannte ein paar Leute vom Judenrat und wußte, daß sie in Ordnung waren, Leute, die schwer arbeiteten und taten, was sie konnten. Zygmunt Warman zum Beispiel — er war der anständigste Mensch, den ich gekannt habe, wir hielten ihn für das Gewissen unserer ganzen Gruppe. Es waren natürlich auch Verbrecher und Schufte darunter — so wie immer und überall —, aber das waren gewiß nicht alle.

— Dann sind Sie ja bestimmt nicht mit dem einverstanden, was Ringelblum über Czerniakow und den Judenrat schreibt?

— Ringelblum hat viel Dummes geschrieben. Marek hält ihn auch nicht für den Gescheitesten, vorsichtig ausgedrückt. Ich habe ihn selbst gut gekannt, sehr gut sogar. Ringelblum war vier Jahre lang mein Geschichtslehrer an der Jehudyjaschule. Kein schlechter Historiker aber ein dummer Mensch, so ein Kalauertyp.

— Einer, der abgestandene Witze erzählt?

— Abgestandene, dumme, ordinäre Witze — das war seine Spezialität. Wenn er über ein Mädchen einen Witz machte, dann war das immer geschmacklos, um es höflich auszudrücken. Er unterrichtete im Stil des historischen Materialismus. Ehrlich gesagt, hat uns das nicht sehr beeindruckt. Er war sehr links, so wie die ganze Linke der Sozialistischen Partei, die noch kommunistischer als die Kommunisten war. Nun ja, Gottes Segen mit ihm! Aber da war eine Sache, derentwegen ich ihn nicht ausstehen konnte: Ich war die Tochter der Direktorin. Und er war der einzige Lehrer, der darauf Rücksicht nahm, er zog mich auf eine geradezu schwachsinnige Weise vor. Irgendwann einmal korrigierte er ein Referat, das ich geschrieben hatte, und in dem entschieden zu viele Gedankenstriche waren. Er schrieb an den Rand:»Szwajgersche Zeichensetzung«. Aber dann hat er offensichtlich einen Schrecken bekommen und strich das»Szwajgersche« wieder durch, und zwar so, daß er dabei fast das Heft zerriß. Wie konnte er das tun! — das war ja nicht nur mein Name, sondern auch der meiner Mutter, der Direktorin höchstpersönlich. Das sagt doch einiges über ihn aus, nicht wahr?

— Wir waren auf Ringelblum wegen seiner Beziehung zu Czerniakow und dem Judenrat gekommen.

— Ja, er schreibt über den Judenrat von seinem ultralinken Standpunkt aus: nichts als Ausbeuter, Verbrecher und Banditen. Das stimmt nicht! Das ist Unfug. Es gab Verbrecher, aber auch eine ganze Menge sehr anständiger Leute.

— Erinnern Sie sich noch an Ihre eigene Reaktion auf Czerniakows Selbstmord?

— Das war wohl vor allem der Anstoß für uns: zu begreifen, uns darüber bewußt zu werden, was in Wahrheit mit uns geschah. Ich habe Ihnen schon gesagt, daß einige meinten, er hätte sich nicht umbringen dürfen, wegen des Widerstands. Es war für alle klar, daß sein Selbstmord eine Absage war: am Schlimmsten wollte er nicht mehr beteiligt sein. Heute denke ich, daß Czerniakows Tod nicht anders einzuordnen ist als der Tod von Zygielbojm[12].

– Sind Sie wirklich der Meinung?
– Sie sind nicht meiner Meinung, weil Zygielbojm in London war? Aber Czerniakow hat mit seinem Tod genauso ein Zeichen des Protestes setzen wollen wie Zygielbojm.
– Aber Zygielbojm hatte die Wahl – er hätte auch leben können.
– Nun ja, aber Czerniakow hätte auch wahrscheinlich überlebt. Und was ist mit Szerynski[13]? Und all den anderen Schuften? Sie haben doch daran geglaubt, daß sie überleben.
– Aber Czerniakow war kein Schurke!
– Ja... Vielleicht war er schwach. Aber er war ein anständiger Mensch, das steht fest.
– Wie haben Sie Ihr Buch geschrieben? Ich weiß, daß Sie damals in Lodz im Krankenhaus lagen, in der Abteilung von Marek Edelman. Es war 1986.
– Ich habe dieses Buch in sechs Wochen geschrieben. Es war mir dort so bewußt geworden, wie die Zeit vergeht, daß der Mensch nicht ewig lebt und daß ich diese eine Pflicht noch nicht erfüllt hatte. Marek hat gesagt, es »hätte aus mir geschrien«.
– Haben Sie Marek etwas von dem Buch gesagt, als Sie es schrieben?
– Nein. Ich habe ihm die Blätter gegeben, ohne ihm zu sagen, was es ist. Ich rechnete einfach mit seiner Faulheit. Nun, da habe ich mich verrechnet – er hat es gelesen. Dann ist er zu mir gekommen und hat gesagt: »Ich habe es schon zum Abtippen gegeben.«
– In Ihrem Buch haben Sie geschrieben: »Ich konnte nicht so leben wie die anderen, wie die, die weit weg gegangen sind und alles von vorne begonnen haben.« Als Sie aus dem Ghetto kamen, hatten Sie das Gefühl, von einem anderen Ort zu kommen. »Ich war immer hinter jener Mauer gewesen.« Wie ist es heute? In welcher Welt leben Sie heute?
– Damals war es anders, heute ist es anders. Während all dieser Monate des Eingeschlossenseins hatte ich große Sehnsucht nach Warschau. Das Ghetto, mit all den Menschen, die dort zusammengepfercht waren, das war nicht Warschau. Ich hatte solche Sehnsucht nach einem Stückchen Grün. Die Mauern verliefen so, daß wir den Krasinskigarten nicht einmal sehen konnten. Ich kann mich erinnern, daß ich einmal krank war und jemand mir von der arischen Seite die rote Blüte einer Bohnenpflanze mitbrachte.

— Und heute? Viele sind weggegangen, haben alles von vorne angefangen, aber wie ist es mit Ihnen?

— Damals nach dem Krieg wußte ich erst nicht so recht, was ich in Warschau sollte, aber das ging ziemlich schnell vorüber. Und wie ist es heute? Vielleicht kann ich mich nicht so freuen wie andere? Heute vielleicht schon wieder eher ... Wissen Sie, das ist so: Jetzt kann ich nicht mehr über Armut klagen. Ich habe mit dem Buch ein bißchen was verdient.

— Sagen Sie das mit einer gewissen Selbstironie?

— Nein, ganz und gar nicht. Das Geld nützt mir ja gar nichts. Ich kann höchstens den Kindern das Leben damit etwas netter machen. Aber ich? Ich brauche wirklich kaum etwas außer einem Buch.

— Ich muß nochmal auf meine Frage zurückkommen. Wo sind Sie mit Ihrer Seele, Ihrem Bewußtsein?

— Ach, jetzt bin ich eigentlich ganz hier in dieser Welt. Vielleicht lasse ich für mich selbst eine innere Emigration deshalb nicht zu, weil die Fragen hier in Polen zu wichtig für mich sind. Wenn ich in Frankreich wohnte, wäre das vielleicht anders. Es stimmt, daß ich keine Fähigkeit habe, das Leben auszukosten. Vielleicht ist das noch geblieben ... Aber ich bin hier, mitten im Geschehen in Polen.

— Wenn wir von Ihrem Hiersein reden, dürfen wir nicht vergessen, daß jene Welt ja am gleichen Ort war. In Ihrem Buch sagen Sie: »In dieser großen modernen Stadt ist keine Spur mehr von dem, was hier geschah, aber wenn ich die Augen schließe ...«

— ... aber wenn ich die Augen schließe, dann bin ich auf jener Straße mit jenen Menschen ... Wenn ich »Nalewkistraße« sage, dann hat das nichts mit der heutigen Nowotkistraße zu tun. Das ist es, was ich sehe, wenn ich die Augen schließe. Da ist die Feuerwache, da das Tor des Parks und der Zaun, die Menschen, an der Ecke ein Laden mit Geräuchertem, nur das Schild kann ich nicht mehr entziffern ... Verstehen Sie, ich sehe es, aber es ist zu weit weg, um die Schrift lesen zu können. Ich gehe die Straße entlang. Vor mir ein großes Tor, dahinter drei Höfe, so eine Passage mit vielen Läden, Lädchen und einer Menge Menschen. Da ist die Puppenklinik, hinter diesem Tor, im ersten Stock. Es ist alles so deutlich ... Und vor dem Laden steht ein Mensch, der seinen Hut in den Nacken geschoben hat, daneben sitzt eine Frau und verkauft Bejgel, ein Stückchen weiter ein Karren mit Apfelsinen ...

— Und diese Straße ist wirklich ...

– Ja, vollkommen … So war es wirklich – 1942 ging ich von zu Hause weg und bin nie wieder zurückgekommen. Und heute? Ich wohne, ich lebe in diesem neuen Warschau. Und wenn ich nach Hause gehe, zum Beispiel vom Gesundheitsministerium, dann gehe ich durch den Krasinskigarten. Wenn ich in der Nowotkistraße herauskomme, muß ich überlegen, wo ich bin. Aber ja, das ist ja die Nalewkistraße. Aus dem Krasinskigarten komme ich immer auf die Nalewki-, nie auf die Nowotkistraße.

– Und wenn Sie in die Nähe des Umschlagplatzes kommen?

– Ach, wissen Sie, ich gehe zweimal im Jahr zum Umschlagplatz. Einmal an Allerheiligen und einmal am 19. April.

– Meiden Sie diesen Ort?

– Nun, abgesehen von allem anderen, ist das ja keine Gegend, in der man irgendetwas zu erledigen hat, an der Stawkistraße ist ja kein einziges Geschäft.

– Und die beiden Male im Jahr, die Sie dorthin gehen – dann »läuft der gleiche Film ab«?

– Natürlich, natürlich.

– Läuft dieser Film auch manchmal hier ab, in der Wohnung in Ochota?

– Ach wissen Sie … Ja, manchmal ja – wenn ich etwas lese, sehe, wenn jemand mich nach etwas fragt – dann läuft er ab …

– Manchmal auch ganz unerwartet?

– Nein. Manchmal kehrt nachts ein bestimmter Traum wieder: Von der Snieznastraße und dem Wettrennen mit einem deutschen Motorrad. Ich gehe die Straße entlang, will laufen, komme aber nicht von der Stelle – das kommt sehr sehr oft in meinen Träumen vor. Und ich muß es vor den Deutschen schaffen, ich muß Marek aus dieser Wohnung holen.

– Und wenn Sie wach sind?

– Dann nicht. Ich denke, daß der Mensch bewußt und unbewußt solche Dinge unterdrückt. Anders geht es doch gar nicht! Und ich weiß immer genau, aus welcher Vergangenheit ich konkret gekommen bin.

– Ist jene Welt für Sie eine Vergangenheit, die sich nicht mit dieser Gegenwart vermischt?

– Es ist eine Vergangenheit, die alles verändert hat … Wie ich Ihnen gesagt habe: Im Juli '42 bin ich aus dem Haus gegangen und nie wieder nach Hause gekommen. Und niemals, nirgends mehr werde ich mein Zuhause haben. Manchmal träume ich von meinem Zuhause ... Wir sind wohl alle heimatlos.

— Alle, die das mitgemacht haben?

— Ja. Ich glaube ja. Hier, wo wir jetzt sind, hier, wo wir wohnen, das sind nur Wohnungen ... Verstehen Sie — Wohnungen!

— Kein Zuhause.

— Ja. Wissen Sie, es ist komisch. Man hat den Eindruck, daß alles ringsum einfach nicht wirklich ist.

— *Jenes* ist die Wirklichkeit.

— Ja. Nicht das, was während des Krieges war. *Jenes* — das ist das, was vor dem Krieg war. Jenes Zuhause, jenes Leben, das war wirklich. *Jenes* war wahrhaftig. Wissen Sie, das Komische daran ist, daß die materiellen Nöte, die ich solange hatte, mir auch unwirklich erschienen sind!

— Das eine ist also die Vorkriegszeit. Und was ist mit der Kriegszeit, dem Ghetto, dem Umschlagplatz? Ist das wirklich? Oder, anders gefragt: Ist jene Welt in dieser Welt enthalten? Oder sind es zwei eindeutig voneinander getrennte Welten?

— Nein, alles ist einfach die Fortsetzung jener Welt. Jene Welt ist in dieser Welt enthalten. Denn wissen Sie, wenn es möglich wäre, zurückzukehren ..., dann könnte man dieses Kapitel schließen. Aber eine Rückkehr ist unmöglich. Das, was geschehen ist, ist nicht umkehrbar. Niemals werde ich zu diesem Ausgangspunkt zurückkehren können. Es ist einfach so, daß alles, was jetzt passiert, die Fortsetzung von *Jenem* ist. Das *Jetzt* und *Hier* — das ist auf eine gewisse Weise unwirklich, und diese Unwirklichkeit ist in dem begründet, was früher war. Alles, alles ist anders. Und dies alles ist wahrscheinlich der Ersatz für das, was sein sollte. Es gibt einfach keine Rückkehr zum wahren Leben.

— Sicher hat doch fast jeder Mensch Orte oder Situationen, in denen er sich gut fühlt, sich zu Hause, am rechten Ort fühlt. Wie ist das mit Ihnen?

— Nein, das kenne ich eigentlich nicht. Manchmal, als die Kinder klein waren, manchmal mit meinem Enkelkind, aber das sind nur ganz kurze Momente. Wissen Sie, ich will nicht sagen, daß unser Leben *dort* zu Ende gegangen ist — nein! Es hat sich *dort* einfach ganz und gar verändert, und es gibt kein Zurück zu dem, was war und was sein sollte ... Und jetzt muß man sich in dieser fremden Welt einfach zurechtfinden.

— Sie haben aber in Ihrem eigenen Buch gesagt, daß alles »ins Dunkel der Geschichte verschwunden ist« — so ist es doch gar nicht. Das Frühere lebt in der Gegenwart und nicht in der Geschichte ...

— Vielleicht ja. Es ist in mir.

— In Ihnen und in einigen anderen Menschen. Und weil es diese Wirklichkeit hat, ist es in dieser Welt enthalten. Viele Jahre, nachdem Sie auf dem Umschlagplatz gewesen sind, bin ich dorthin gegangen, und für mich ist es nicht einfach ein Ort, an dem eine Tankstelle ist. Ich sehe dort einen ganz anderen Ort und dieses Bild in meiner Vorstellung, das ist das wahrhaftige.

— Es gibt eine Zäsur. Nichts in Polen ist mehr so, wie es war. Alles hat sich verändert.

— Sie sprechen von den Veränderungen um uns, aber ich meine, daß die Veränderungen in uns, in der Art, wie wir die Welt sehen, viel wichtiger sind.

— Um uns und in uns. Hier war ein üppiger Mischwald. Eines Tages kamen die Holzfäller und hackten alle Birken ab. Und es ist kein Mischwald mehr. Abgesehen von allem anderen, hat ein Mischwald viel größere Überlebenschancen als ein Wald, in dem es nur eine Sorte Bäume gibt. Das ist heute ein ganz anderes Polen, das können Sie mir glauben.

* * *

— Haben Sie die Auseinandersetzungen in der Presse gelesen, die Jan Blonskis Artikel im »Tygodnik Powszechny« ausgelöst hat[14]?

— Ich habe das Gefühl, daß ich die meisten Texte davon kenne. Ich erinnere mich noch gut an die scheußliche Stimme von Sila-Nowicki[15]. Mich hat der Text sehr überrascht — man hielt ihn damals doch noch für einen anständigen Menschen.

— Die Diskussion betraf nicht die polnisch-jüdischen Beziehungen, wie es oft hieß, sondern die Verantwortung, die die Polen für den Holocaust hatten, ihre Schuld.

— Verantwortung ja, aber keine Schuld.

— Nun, wenn wir von Schuld sprechen, definieren wir damit die Verantwortung. Zygmunt Bauman[16] war eine wichtige Stimme in dieser Diskussion. Er sagt, daß die Vernunft die verhängnisvollste Kraft war — Gehorsam *war* rational —, und daß die Logik der Vernunft die Zustimmung zum Verbrechen gefordert habe. Die Logik stand gegen die Gefühle, sie tötete die Werte. Bauman behauptet dazu, es habe damals das Phänomen unmoralischer Vernunft und unlogischer Moral gegeben.

– Richtig.

– Außerdem sagt Bauman, daß eine unmenschliche Welt ihre Opfer entmenschlicht habe, sie dazu gedrängt habe, sich diese Logik als Selbsterhaltungstrieb anzueignen.

– Richtig. Aber wissen Sie, diese Auffassung von der Schuld der Polen, wie man sie im Westen hat, die ist unsinnig. Die Leute dort haben überhaupt keine Ahnung, wie es in Wirklichkeit war. Von einer Schuld kann man sicher sprechen – zu wenige Menschen sind gerettet worden. Was aber den Kern betrifft – die Vernichtung der Juden –, da konnten die Polen nichts, aber auch gar nichts machen. Außer eben der Rettung von einzelnen ...

– Es gibt ein Zitat von Kazimierz Dziewanowski[17]: »Es ist heute unmöglich nachzuweisen, daß man mehr hätte tun können, aber es läßt sich auch nicht nachweisen, daß es nicht doch möglich gewesen wäre.«

Warschau, Winter 1990

Anmerkungen

1 Infolge der Ankündigung massiver Preiserhöhungen war es im Dezember 1970 zu Streiks und Massendemonstrationen in den polnischen Ostseestädten gekommen. Zur Niederschlagung der Unruhen setzte die Regierung Militär ein, es kam zu blutigen Auseinandersetzungen, bei denen zahlreiche Menschen ihr Leben verloren. Die Ereignisse führten zum Regierungswechsel Gomulka/Gierek.
2 Ludwik Hirszfeld (1884-1954), bekannter Bakteriologe. Organisierte im Ghetto medizinische Fortbildungslehrgänge. Überlebte mit seiner Familie in einem Versteck auf der arischen Seite. Nach dem Krieg Professor und Begründer des Instituts für Experimentelle Immunologie in Wroclaw, das seinen Namen trägt. 1946 erschienen seine Erinnerungen unter dem Titel »Geschichte eines Lebens«.
3 Juliusz Zweibaum, Dozent für Histologie und Embryologie an der Universität Warschau, hielt gemeinsam mit Prof. Hirszfeld im Ghetto medizinische Fortbildungslehrgänge ab.
4 Henryk Makower (1904-1964), Mikrobiologe. Während der Okkupation Internist im Bersohn- und Baumann-Kinderkrankenhaus im Ghetto und Dozent für

Physiologie an der Untergrunduniversität. Verfaßte seine Erinnerungen unter dem Titel »Tagebuch des Warschauer Ghettos«, hrsg. Naomi Makower, Wroclaw 1987.

5 Studentenunruhen im März 1968 hatten dem Parteiapparat als Vorwand für eine antisemitische (»antizionistische«) Säuberungskampagne gedient: Im Laufe weniger Wochen verloren Tausende polnischer Juden ihre Arbeitsstellen; es kam zu zahlreichen von Sicherheitskräften organisierten »Massenkundgebungen«, die den Volkszorn gegen die »Zionisten« zum Ausdruck bringen sollten. Die Ereignisse führten zur Emigration des größten Teils der noch in Polen lebenden Juden.

6 Im Original deutsch.

7 Die Übernahme der Parteiführung durch Wladyslaw Gomulka im Oktober 1956 — als Reaktion auf die Arbeiterproteste im Juni 1956 in Posen — leitete eine Periode der Entstalinisierung und des politischen »Tauwetters« in Polen ein.

8 Redewendung der Kommunisten nach dem Krieg für die Mitglieder der AK.

9 Dawid Warszawski, bekannter Warschauer Journalist, der in den 80er Jahren im Untergrund publizierte und heute vor allem in der »Gazetta Wyborca« schreibt.

10 Zofia Kossak-Szczucka (1890-1968), katholisch-national orientierte Schriftstellerin. Während der Okkupation im christlichen Widerstand. Verfasserin des im August 1942, fast unmittelbar nach Beginn der Vernichtungsaktionen im Warschauer Ghetto, von der katholischen Untergrundorganisation FOP (Front der Wiedergeburt Polens) herausgegebenen Flugblattes mit dem Titel »Protest«. Darin appelliert die Schriftstellerin an Herz und Gewissen aller an Gott glaubenden Polen — auch an diejenigen, die bisher eine den Juden abgeneigte Stellung einnahmen —, den Verbrechen gegenüber aktiv Stellung zu nehmen. Der »Protest« der FOP fand beachtliche Resonanz bei der Bevölkerung. Vgl. dazu Wladyslaw Bartoszewski, Uns eint vergossenes Blut. Juden und Polen in der Zeit der »Endlösung«, Frankfurt 1987 und Jan Blonski, Der antisemitische Retter. Zu einem Aufruf polnischer Katholiken angesichts der Vernichtung im Warschauer Ghetto, in: Transit. Europäische Revue, Nr. 2, 1991, S. 36-46.

11 Muselmänner: Bezeichnung für zum Skelett abgemagerte Lagerhäftlinge, die nur noch teilnahmslos in sich gekehrt dasaßen.

12 In der Nacht vom 12. auf den 13. Mai 1943 nahm sich Szmuel Zygielbojm — Funktionär des Bundes, ehemaliger Stadtrat von Warschau und Mitglied des Nationalrates der Exilregierung — in der Emigration in London das Leben, um auf diese tragische Weise gegen das Schweigen und die Unfähigkeit der Welt gegenüber den Verbrechen der Nationalsozialisten in Polen zu protestieren.

13 Josef Szerynski, Leiter des Jüdischen Ordnungsdienstes im Ghetto. Ein mißglücktes Attentat auf Szerynski am 20. August 1942 war die erste bewaffnete Aktion der ZOB.

14 Im Januar 1987 veröffentlichte der Krakauer Literaturhistoriker Jan Blonski unter dem Titel »Die armen Polen sehen das Ghetto« (eine Anspielung auf das berühmte Gedicht von Czeslaw Milosz »Armer Christ sieht das Ghetto«) in dem katholischen Wochenblatt »Tygodnik Powczechny« einen Artikel, der die Mitverantwortung bzw. Mitschuld der Polen für das Schicksal der Juden während des Zweiten Weltkrieges thematisierte und eine heftige Kontroverse in Polen auslöste. Eine Übersetzung des Artikels und ausführliche Dokumentation der Debatte finden sich in: Antony Polonsky (Hg.), »My Brother's Keeper«. Recent Polish Debates on the Holocaust, London 1990.

15 Wladyslaw Sila-Nowicki, Warschauer Rechtsanwalt. Aktiv im Untergrund 1941-45. Einer der fünf Anwälte, die beim Prozeß gegen die sog. jüdischen antisozialistischen Rädelsführer im Herbst 1968 Verteidigungsverbot hatten. Später Strafverteidiger für Mitglieder der Solidarnosc. Adina Blady Szwajger bezieht sich auf den Artikel von Sila-Nowickis »Antwort an Jan Blonski« (»Tygodnik Powszechny«, 22. Februar 1987). Sila-Nowicki polemisiert darin gegen Blonski, dem er eine gefährliche propagandistische Einstellung sowie eine völlig unwahre und ungerechte Argumentation vorwirft. Der Text ist abgedruckt in: A. Polonsky, My Brother's Keeper, op. cit., S. 59-68.

16 Zygmunt Bauman (geb. 1925), bedeutender Soziologe, Professor an den Universitäten Warschau (bis 1968), Tel Aviv (bis 1971) und Leeds (bis 1991). Verlor nach den Märzereignissen '68 seine Professur in Warschau und verließ Polen im Herbst 1968. Die Textstelle bezieht sich auf Baumans Artikel »On immoral reason and illogical morality«, in: »POLIN«. A Journal of Polish-Jewish Studies, vol. III, p. 296. Siehe auch: Zygmunt Bauman, Dialektik der Ordnung. Die Moderne und der Holocaust, Hamburg 1992.

17 Journalist und Schriftsteller aus Warschau mit engen Kontakten zu katholischer Presse und Solidarnosc. Das Zitat stammt aus seinem Artikel in »Tygodnik Powszechny« vom 5. April 1987, in dem er Jan Blonski vor den Angriffen Sila-Nowickis in Schutz nimmt. Der Text (»Do not speak for me, please«) ist abgedruckt in: A. Polonsky, My Brother's Keeper, op. cit., S. 110-117.

225

Hanna Krall, Nachwort

Vier der Helden dieses Buches haben im Warschauer Ghetto gekämpft. Außer ihnen gibt es noch drei auf der ganzen Welt — das
sind alle. Alle von zweihundertundzwanzig nach Marek Edelmans
Zählung. Von fünfhundert, wenn man die Historiker fragt. Von tau-
send, wie es die Legende will. Schade, daß Bronek Spiegel nicht in diesem Buch zu Wort
kommt. Das ist der, bei dem die zweite Mine war. Im ganzen Ghetto
gab es zwei Minen. Eine auf der Franciszkanskastraße, die die Front
der Deutschen zerriß, als sie das Tor der Bürstenfabrik öffnen wollten. Fünfzig, sechzig von ihnen sind umgekommen, vielleicht sogar
hundert, man weiß es nicht genau, denn niemand hat sie gezählt.
Das erschien damals nicht wichtig. Die andere Mine hatten sie an
der Nowolipiestraße, aber diese zweite Mine ist nicht hochgegangen. Genauer gesagt, sie ist nach unten gegangen, ist in die Erde hinein explodiert. »Wir konnten ja nicht richtig Minen legen«, erklärte
Bronek Spiegel mit hilflosem Lächeln, als er vor der Kamera stand.
Ich war ärgerlich, daß er das erwähnte. Hinter der Kamera standen
junge Leute aus Danzig vom Solidarnosc-Fernsehen. Warum, dachte
ich bei mir, warum muß er jetzt diesen jungen, diesen tatkräftigen,
diesen untergrundbewegten Jungen hier von der jüdischen Mine erzählen, die nicht hochgegangen ist. Zum Glück wurde der Film ohnehin nie fertiggestellt. Viele Spulen wurden verfilmt, aber gleich
darauf begannen die Streiks in der Werft und wichtige politische
Gespräche und der »runde Tisch«, und da hatte keiner mehr Zeit
und Interesse an einem Film über ein paar alte Leute, die zu allem
Überfluß noch von einer Mine erzählten, die nach unten, in die Erde
hinein explodierte. Schade, daß Broneks Frau, Halina Belchatowska in diesem Buch
nicht zu Wort kommt. Das ist die, die aus dem fahrenden Zug in
Richtung Treblinka hinausgesprungen und ins Ghetto zurückgegangen ist. »Wie sind Sie denn gesprungen?« fragte Zbyszek Bujak mit
lebhaftem Interesse. Das war 1988 in der Wohnung von Jacek Ku-

ron, nach einer illegalen Feier, die Marek Edelman zum Jahrestag des Aufstands organisiert hatte. »Sie wissen ja sicher«, fuhr er im Expertenton des erfahrenen Kommandanten fort, »es gibt zwei Arten, wie man aus einem Zug springen kann. Man kann sich über die Böschung nach unten rollen, oder man kann sich an der Seite hinab unter den Waggon schieben und sich dann zwischen die Schienen fallen und den Zug über sich wegfahren lassen.« — »Ich bin unter den Zug gesprungen, der auf dem Nebengleis stand«, sagte Halina. »Das ist am allerbesten.« Bujak nickte anerkennend. »Natürlich nur dann, wenn auf dem Nebengleis ein Zug steht.« Später redeten sie davon, daß man erst fünf Schüsse der SS-Männer abzählen, mußte bevor man sprang, denn die SS-Männer, die auf den Waggondächern saßen und die Transporte überwachten, mußten nach fünf Schüssen ihre Gewehre laden. »Schmeisser«, wußte Bujak. So plauderten sie den ganzen Nachmittag, der Kommmandant und die Kommandantin. Sie saß im Sessel, klein, weißhaarig und müde, die runzligen Hände auf die Knie gestützt, und er kniete vor ihr auf dem Boden. (Wahrscheinlich kniete er, weil er so groß ist, und es unbequem gewesen wäre, sich die ganze Zeit hinunterzubücken).

Schade, daß Kazik Ratajzer in diesem Buch nicht zu Wort kommt. Das ist der, der die Flucht aus dem Ghetto durch die Abwässerkanäle organisiert hat und mit dem Lastwagen in der Prostastraße gewartet hat. Nicht alle hatten unter dem einen Einstieg Platz gefunden, aber Kazik hatte nicht erlaubt, auf diejenigen zu warten, die an einer anderen Stelle waren, und der Lastwagen fuhr los. Nach dem Krieg rief Kazik Marek Edelman an und sagte. »Das war meine Schuld, ich habe befohlen loszufahren.« — »Ach was«, sagte Edelman, »das war meine Schuld, ich hatte ihnen erlaubt, zu einem anderen Einstieg zu gehen.« — »Ach was«, sagte Kazik, »das war die Schuld der Deutschen ...« Dann rief Kazik nicht mehr an, sondern kam öfter hierher. Er kam beruflich nach Polen, als Geschäftsmann. Und das war gut.

* * *

Gershom Scholem erzählte die folgende Geschichte, die er von dem Schriftsteller Shmuel Agnon hatte: Wenn Baal Schem Tow, der Begründer des Chassidismus ein sehr schweres Problem zu lösen hatte, ging er in den Wald zu einer Stelle, die nur ihm allein bekannt war, entzündete ein Feuer, betete und fand eine Lösung. Wenn der

Magid von Miedzyrzec eine Generation später ein Problem zu lösen hatte, sagte er: Wir können kein Feuer entzünden, aber wir kennen den Ort im Wald und die Worte des Gebetes — und er betete und fand eine Lösung. Mosche Lejb von Sasów, der wiederum eine Generation jünger war, sagte: Wir können keine Feuer entzünden, wir kennen die Gebete nicht, aber wir kennen den Ort... Und Izrael von Ryzyn, der wiederum eine Generation jünger war, kannte nicht die Gebete, kannte nicht den Ort im Wald und konnte kein Feuer entzünden, aber, sagte er, ich kann von all dem erzählen. Und die Geschichte, die Izrael von Ryzyn erzählte, schloß Agnon, die hatte die Kraft eines Gebetes.

Das ist eine traurige Geschichte: von der Entfernung Gottes von den Menschen. Das ist eine hoffnungsvolle Geschichte: über Menschen, die bis zuletzt das Ihrige tun.

(Das Ihrige tun... Wenn die Ärztin Adina Blady Szwajgier den Kindern im Krankenhaus auf dem Umschlagplatz Morphiumspritzen gegeben hatte, die den Kindern einen ruhigen, guten Tod schenkten, dann setzte sie sich hin und vermerkte das in ihren Krankheitsgeschichten. Jeder Arzt weiß, daß man eine Krankheitsgeschichte ordentlich zu Ende führen muß.)

* * *

Wir sind nicht nach Treblinka gefahren. Wir sind nicht aus Waggons gesprungen. Wir haben keine Minen gelegt. Wir haben keine passenden Anmerkungen auf Krankenkarten gemacht. Alles was wir können, ist, von Menschen erzählen, die das Ihrige getan haben. Welche Kraft werden diese Geschichten haben, die wir in dieser Welt des Vergessens erzählen?

Biogramme

Altman, Tosia: geb. 24. August 1918 in Woclawek. Erst Ausbilderin, dann ab 1938 in der Zentralleitung bei Haschomer Hazair. 1939 und 1940 warb sie in den Städten des Generalgouvernements neue Mitglieder an. 1941 organisierte sie mit Lea Koziebrodska im Ghetto von Wilna Selbstverteidigungsgruppen. 1942 besuchte sie die Ghettos in Grodno, Bialystok und Schlesien und erstellte danach Berichte über die Situation der dortigen jüdischen Bevölkerung. Sie war die Hauptvertreterin der Jüdischen Kampforganisation (ZOB) auf der arischen Seite. Während des Aufstands kämpfte sie im Zentralghetto. Am 8. Mai 1943 befand sie sich im Zentralbunker der ZOB an der Milastraße 18. Als die Deutschen den Bunker mit Gasbomben angriffen, gelang es ihr, in den Bunker an der Franciszkanskastraße 22 zu fliehen. In der Nacht vom 8. auf den 9. Mai verließ sie das Ghetto zusammen mit dreißig bis vierzig Aufständischen durch die Abwasserkanäle. Die Ghettokämpfer versteckten sich in einem Wald bei Lomianki, wo sie darauf warteten, Partisanengruppen zugeteilt zu werden. Nach einigen Tagen kehrte Tosia Altman nach Warschau zurück. Zusammen mit einigen Mitgliedern von Haschomer Hazair versteckte sie sich in einer Filmfabrik im Stadtteil Praga, im Haus Nummer 10 auf der Straße des 11. November. Am 24. Mai brach dort ein Feuer aus. Acht Menschen kamen dabei um, darunter auch die Überlebenden aus dem Bunker Mila 18. Ein polnischer Polizist verriet die schwer verletzte Tosia Altman an die Deutschen. Die 25jährige starb wenige Tage später.

Anielewicz, Mordechaj: geb. 1919 in Warschau. Unmittelbar vor dem Krieg machte er Abitur am Laor-Gymnasium an der Nalewkistraße. Er war aktives Mitglied bei Haschomer Hazair, erst als Ausbilder, dann als Kommandant einer Gruppe. 1939 fuhr er im Auftrag seiner Organisation nach Kolomyja (wo er kurze Zeit in sowjetischer Haft war), später mit Mira Fuchrer nach Wilna. Ab Januar 1940 war er in Warschau, wo er die Untergrundaktivitäten von Haschomer Hazair und Hechaluz leitete — nach Josef Kaplans Tod war er einer der Anführer. Im Sommer 1942 organisierte er Selbstverteidigungsgruppen in den schlesischen Ghettos. Ab Dezember 1942 war er Kommandant der ZOB. Im Januar 1943 organisierte Anielewicz die erste bewaffnete Aktion im Warschauer Ghetto. Am 8. Mai 1943 griffen die Deutschen den Bunker Milastraße 18 an, in dem sich die Anführer des Aufstands versteckten. 140 Ghettokämpfer kamen dabei um, darunter auch der 24jährige Mordechaj Anielewicz.

Beatus, Frania: geb. 1926 in Konin. Im Oktober 1942 floh sie am Vorabend der Liquidierung des Ghettos von Ostrowiec Kielecki, in das sie umgesiedelt worden war, nach Warschau. Sie war aktives Mitglied der Jugendorganisation Dror und Kontaktperson zwischen ZOB und arischer Seite. Sie brachte Mitglieder der ZOB aus anderen Ghettos ins Warschauer Ghetto. Vor und während des Aufstandes war sie die wichtigste Kontaktperson zu Icchak Cukierman. Am 12. Mai 1943 nahm sich die 17jährige bei der Nachricht vom Scheitern des Aufstandes das Leben.

Berlinski, Hirsz (Hersz, Jelen): geb. 1908 in Lódz. Ausgebildet im Cheder und der polnischen Elementarschule, aktiv bei der Zukunft später beim linken Flügel von Poale Zion. Nach Ausbruch des Krieges bemühte er sich, nach Warschau zu gelangen. Er wurde verhaftet, flüchtete erst aus dem Konzentrationslager in Rawa Mazowiecka, dann aus einem Lager in Czestochowa. Von Lódz aus gelangte er in den sowjetischen Bereich, kurz darauf kam er nach Warschau. Im Warschauer Ghetto arbeitete er in der Landau-Fabrik. Aus einem Flügel von Poale Zion organisierte er Abteilungen der ZOB. Während des Aufstands war er Anführer einer Gruppe auf dem Gelände der Bürstenmacher. (Swietojerska-, Walowa- und Franciszkanskastraße). Am 10. Mai 1943 verließ er das Ghetto durch den Kanal. Er kämpfte in einer Partisanengruppe in den Wyszkower Wäldern. Im Warschauer Aufstand war er Soldat bei der Abteilung der ZOB. Im August oder September 1944 kam er in Zoliborz um. Am 29. April 1945 wurde seine Leiche auf den jüdischen Friedhof an der Gesiastraße überführt.

Bilay, Janek: geb. in Warschau. Im Aprilaufstand führte er eine Gruppe der PPR im Zentralghetto an. Janek Bialys Gruppe verließ das Ghetto am 10. Mai durch den Kanal und schloß sich den polnischen Partisanen an. Die ganze Gruppe, die aus zehn Ghettokämpfern bestand, wurde von diesen polnischen Partisanen ermordet.

Bilak, Janek: Mitglied des Bundes. Vor dem Krieg Zahntechniker. Beim Ghettoaufstand führte er eine der Fünfergruppen auf dem Gelände der Bürstenmacher an. Nach dem Aufstand hielt er sich mit Chana Krysztal, Pnina Papier und Dov Szniper an der Rakowieckistraße versteckt. Während des Warschauer Aufstands waren sie gezwungen, ihr Versteck zu verlassen. Zusammen mit einer große Gruppe von Polen wurden sie zur Gestapo getrieben. Als der bewaffnete Dov Szniper einige Schüsse abgab, erschossen die Deutschen Szniper und Janek Bilak.

Blank, Marek: geb. 1922 in Warschau. Aktives Mitglied bei Gordonia. Im Ghetto unterrichtete er an einer illegalen Schule. Beim Aufstand kämpfte er unter der Führung von Eliezer Geller auf dem Gelände von Többens & Schultz und beteiligte sich an der Verteidigung des Bunkers an der Franciszkanskastraße 30.

Blum, Abrasza (Abraham): geb. 1904 in Wilna. Ausbildung in einem reformierten Cheder und im jüdischen Gymnasium in Wilna, schloß sein Studium an einer Fachhochschule in Belgien ab. 1929 kehrte er nach Warschau zurück. Eine kurze Zeit war er bei der kommunistischen Jugendorganisation aktiv, dann beim Bund (Mitglied der illegalen ZKs von Zukunft und Bund). Ab Ende November 1942 vertrat er den Bund in der Kommission zur Zusammenarbeit von ZKN (Jüdischem Nationalkomitee) und Bund; diese Kommission war, entsprechend der polnischen Untergrundbewegung, eine geheime Vertretung der jüdischen Bevölkerung. Beim Aufstand kämpfte er in einer Bund-Gruppe auf dem Gelände der Bürstenmacher. Er verließ das Ghetto durch den Kanal am 10. Mai 1943 und hielt sich dann in einer Wohnung an der Barokowastraße versteckt, in der auch Fajgele Peltel lebte. Als der Hausmeister sie in ihrer Wohnung einschloß und zur Polizei ging, fesselte er Fajgele an einen Stuhl (damit diese nicht belastet werden konnte) und sprang selbst aus dem Fenster im dritten Stock. Schwer verwundet wurde er von den Deutschen von der Straße geholt und starb im Gefängnis.

Blones, Eliezer (Lusiek): geb. 1930 in Warschau. Kind einer Beamtenfamilie. Vor dem Krieg Mitglied bei Skiff, im Ghetto Verbindungsmann mit der arischen Seite. Er kämpfte in einer Gruppe vom Bund und war damit der jüngste Kämpfer im Ghetto. Am 10. Mai

1943 verließ er das Ghetto durch den Kanal und hielt sich mit den anderen Ghettokämpfern in einem Wald bei Lomianki versteckt. Mit Zalman Frydrych und anderen brachte er seinen kranken Bruder Jurek in das Dorf Pludy. Die ganze Gruppe wurde von einer Polin an die Deutschen verraten und von diesen ermordet.

Blones, Guta: geb. in Warschau. Ältere Schwester von Lusiek und Jurek. Vor dem Krieg Mitglied bei Skiff und Zukunft. 1942 flüchtete sie aus einem Transport nach Treblinka und kehrte ins Ghetto zurück. In ihrer Wohnung auf der Nowolipie 67 befand sich die Druckerei des Bundes. Guta arbeitete zusammen mit ihren Brüdern in der Röhrich-Werkstatt an der Smoczastraße. Beim Aufstand kämpfte sie in einer Gruppe des Bundes. Am 10. Mai 1943 verließ sie das Ghetto durch den Kanal. Kurz darauf kam sie zusammen mit ihren Brüdern in dem Dorf Pludy um.

Blones, Jurek: geb. 1924 in Warschau. Aktives Mitglied bei Skiff. Im Ghetto übernahm er die Beschaffung von Waffen. Beim Aufstand war er Anführer einer Fünfergruppe des Bundes auf dem Gelände der Bürstenmacher und nahm an der Verteidigung des Bunkers an der Franciszkanskastraße 30 teil. Am 10. Mai 1943 verließ er das Ghetto durch den Kanal. Der 19jährige wurde von Deutschen im Dorf Pludy ermordet.

Borzykowski, Tuwia: geb. 1911 in Lódz, lebte vor dem Krieg in Radomsk. Mitglied der Jugendgruppe Freiheit, des Hechaluz, dann der Poalej Syjon Partei. Im Warschauer Ghetto war er im Untergrund aktiv — er gab illegalen Unterricht und schrieb Artikel für die Untergrundpresse. Im Aufstand kämpfte er im Bereich des Zentralghettos (Gesia- und Nalewkistraße) in Josef Farbers Gruppe. Während des Aufstandes wurde er durch den Kanal auf die arische Seite geschickt. Er nahm am Warschauer Aufstand teil. 1949 reiste er nach Israel aus. Zusammen mit anderen Überlebenden gründete er das Kibbuz der Ghettokämpfer. In diesem Kibbuz starb er 1959.

Brojde (Braudo), Berl: geb. 1918 in dem Dorf Slonim, wuchs in einer religiösen Familie auf, besuchte Cheder und Mittelschule, war Mitglied bei Freiheit. Die ersten Kriegsmonate verbrachte er in einem Kibbuz in Lódz. Später in Warschau war er Mitglied der Chaluc

Kommune in der Dzielnastraße. Im Herbst 1941 brachte er eine Kampfgruppe des Dror nach Warschau, die er im Ghetto von Ostrowiec Kielecki organisiert hatte. Im Warschauer Ghetto widmete er sich der Gründung von Jugendgruppen, erteilte illegalen Unterricht und schrieb für die Untergrundpresse. Am 29. November 1942 war er an der Vollstreckung des Todesurteils an dem Gestapo-Agenten Izrael First beteiligt. Am 17. Januar 1943 wurde er mit der Dror-Gruppe von den Deutschen gefangengenommen und mit einem Transport nach Treblinka geschickt. Ihm gelang die Flucht aus dem Waggon, und er kehrte ins Ghetto zurück. Von Februar 1943 an war er Kommandant von Dror. Im Aufstand führte er seine Gruppe im Zentralghetto an. Am 8. Mai befand er sich schwer verwundet im Bunker der Kommandantur an der Milastraße 18. Dort kam er im Alter von 25 Jahren zusammen mit anderen Ghettokämpfern um.

Brylantensztejn (Brylantensztajn), Staszek: geb. in Warschau. Ausgebildet in der CISzO-Schule an der Karmelickastraße 29, Mitglied bei Skiff, später Zukunft. Im Aufstand kämpfte er mit der Bund-Gruppe von Jurek Blones. Er kam am 2. oder 3. Mai 1943 bei der Verteidigung des Bunkers an der Franciszkanskastraße 30 um.

Bryskin, Aron (Pawel): geb. in Warschau. Im Aufstand Anführer der Kampfgruppe der PPR im Bereich des Zentralghettos. Am 8. Mai gelangte er mit einigen anderen Kämpfern aus seiner Gruppe aus dem Ghetto (vom Bunker an der Franciszkanskastraße 22) durch den Kanal zur Tlomackistraße. Sie versteckten sich an der Miodowastraße 24. Am 27. Mai 1943 erschoß Pawels Gruppe zwei Polizisten von der »blauen«, der polnischen Polizei. Daraufhin wurde die Miodowastraße abgesperrt, und der Hausmeister des Hauses, in dem die Ghettokämpfer lebten, holte die Polizei. Bei dem Kampf kamen einige Deutsche und alle Ghettokämpfer bis auf einen um. (Die kommunistische Volksgarde GL verhängte das Todesurteil über den Hausmeister.)

Cukierman, Icchak (Antek): geb. 1914 in Wilna. Mitglied der Dror, einer der Anführer der Verschwörung im Warschauer Ghetto, Redakteur der Untergrundpresse und illegaler Lehrer, Mitbegründer der ZOB, Stellvertreter von Mordechaj Anielewicz, Kommandant der ZOB. Im Dezember 1942 war er an einem Anschlag auf deutsche

Offiziere in dem Café »Cyganeria« in Krakau beteiligt. Während des Aufstands im Ghetto war er Verbindungsmann zwischen der ZOB und der arischen Seite, er vertrat die Organisation bei allen Kontakten mit AK und AL. Im Warschauer Aufstand kämpfte er in den Reihen der AL. 1947 reiste er mit seiner Frau Cywia Lubetkin nach Palästina aus. Er starb 1981 im Kibbuz der Ghettokämpfer (Lochamej Hagettaot), dessen Mitbegründer er war.

Czerniakow, Adam: geb. 1880 in Warschau. Vorsitzender des jüdischen Gemeinderates. Er studierte Chemie an der Polytechnischen Hochschule in Warschau, den Ingenieurstitel erwarb er an der Technischen Hochschule in Dresden. Er war für seine politischen und sozialen Aktivitäten bekannt, ein angesehener Publizist und Pädagoge. Er unterstützte den jüdischen Handwerkerverband, organisierte die jüdische Schülerschaft der Berufsschulen und war Mitarbeiter bei Joint. 1931 wurde er in den Senat der RP gewählt. Er war auch im Stadtrat sowie Vizepräsident der damaligen Gemeinderepräsentanz. Als Maurycy Mayzel, der Vorsitzende der Gemeinde, im September 1939 aus Warschau flüchtete, übernahm Czerniakow seine Funktionen auf Empfehlung des Stadtpräsidenten. Er war Vorsitzender des Gemeinderates bzw. des »Judenrates«, wie er von den Deutschen bezeichnet wurde, bis zu seinem Freitod am 23. Juli 1942.

Diamand (Diamant), Abraham: geb. 1900 in Sieradz. Sohn eines Mühlenbesitzers, besuchte eine polnische Elementarschule. Er war Sekretär bei Poale Zion in Kalisz. Von 1921 bis 1924 diente er in der polnischen Armee. Am Anfang des Krieges kam er mit seiner Familie nach Warschau. Beim Aufstand im Ghetto kämpfte er in der Gruppe von Poale Zion unter Hirsz Berlinski auf dem Gelände der Bürstenmacher. Er galt als einer der tapfersten Soldaten. In dem Kampf auf der Swietojerskastraße 32 tötete er sieben Deutsche. Am 1. Mai wurde er in dem Kampf auf der Franciszkanskastraße 30 verwundet. Bei dem Versuch, sich zu seinem Anführer durchzukämpfen, stürzte er in einen brennenden Keller. Sein Körper wurde nie gefunden.

Ejger (Eiger), Abraham: geb. 1923. Nachkomme von Rabbi Akiva Eiger. Im Herbst 1942 kam er mit der Dror-Gruppe von Berel Brojde aus Ostrowiec Kielecki nach Warschau. Im Aufstand kämpfte er in der Dror-Gruppe unter Hanoch Gutman. Der 20jährige kam am 3. Mai im Kampf um den Bunker an der Franciszkanskastraße 30 um.

Erlich, Elek (Eliachu): Mitglied der ZOB. Kam beim Aufstand im Ghetto um. Am 29. April 1945 wurden die Körper von Eliachu Erlich, Hirsz Berlinski und Pola Elster auf den jüdischen Friedhof an der Gesiastraße überführt.

Fajgenblat, Jakub (Jacek): geb. 1919 in Warschau. Vor dem Krieg Sekretär der Warschauer Gordonia-Gruppe. Beim Aufstand führte er die Gordonia-Gruppe auf dem Gelände von Többens & Schultz an der Lesznostraße an. Am 29. April verließ er das Ghetto durch den Kanal und schloß sich den Partisanen in den Wuyszkower Wäldern an. Anfang 1944 kehrte er mit der kranken Guta Kawenoki nach Warschau zurück. Zusammen mit Zygmunt Igla versteckten sie sich an der Grzybowskastraße 6. Als die Gestapo kam, um sie festzunehmen, verteidigten sie sich. Alle drei fielen in diesem Kampf.

Farber, Josek: geb. 1921 in Warschau. Sein Vater, ein Eisenwarenhändler, war erklärter Zionist. Von 1924 bis 1926 lebte er in Palästina. Im Warschauer Ghetto arbeitete Josek in der Landau-Fabrik. Während des Aufstands führte er die Haschomer Hazair-Gruppe im Zentralghetto an. Er war einer der Ghettokämpfer, denen die Flucht auf die arische Seite nicht gelang und die bis Ende Mai in den Ruinen des Ghettos weiterkämpften. Diese letzten Kämpfer des Aufstands versteckten sich wahrscheinlich in den Bunkern Nalewkistraße 37 und 38. Die genauen Umstände seines Todes sind nicht bekannt.

Fingerhut, Gienek: geb. in Lódz. Mitglied der ZOB. Im Ghettoaufstand kämpfte er in der Gordonia-Gruppe auf dem Gelände von Többens & Schultz. Er verließ das Ghetto durch den Kanal und schloß sich den Partisanen an. Er kam in der Wyszkower Wäldern um.

Frydrych, Zalmen (Zygmunt): geb. 1911 in einer chassidischen Familie in Warschau, wohnte Nowolipki 60. Ausbildung an einer CIS-zO-Schule, aktives Mitglied im Bund. Teilnahme am Septemberfeldzug, danach in einem Kriegsgefangenenlager bei Königsberg. Im Warschauer Ghetto war er in der Untergrundbewegung aktiv. Während der ersten »Aussiedlungsaktion« (Juli bis September 1942) schickte ihn die Organisation nach Treblinka, wo er sich vom Schicksal der Deportierten selbst überzeugen sollte. Auf der Grundlage seiner Berichte brachten die Untergrundzeitungen im Warschauer Ghetto die erschütternden Fakten über das Vernichtungslager Treblinka. Während des Aufstands war Zygmunt Frydrych Kontaktmann zwischen den verschiedenen Kampfgruppen und dem Stab der ZOB sowie der arischen Seite. Am 30. April wurden Frydrych und Kazik Ratajzer von der Leitung der ZOB auf die arische Seite geschickt. Dort organisierten sie die Evakuierung der Ghettokämpfer. Am 10. Mai kam Zalman Frydrych zusammen mit den anderen Kämpfern des Aufstands in Lomianki an. Wenige Tage später wurde er zusammen mit mehreren anderen Ghettokämpfern in dem Dorf Pludy von Deutschen ermordet. Seine Frau Cila kam im Lager Majdanek um, seine kleine Tochter überlebte den Krieg in einem Kloster bei Krakau.

Frymer, Grynszpan (Chaim): geb. 1920 in Gniewoszów, Bezirk Lublin, lebte in Warschau. Seine Familie war religiös. Beim Aufstand kämpfte er in der Gruppe Akiba im Zentralghetto; er war am Kampf um den Bunker Milastraße 29 beteiligt. Am 10. Mai verließ er das Ghetto durch den Kanal und schloß sich in den Wyszkower Wäldern einer russischen Partisanengruppe an. Im März 1945 verließ er Polen und reiste nach Palästina aus. Er starb 1972 in Israel.

Fryszdorf, Krysztal (Chana): im Ghettoaufstand kämpfte sie in der Bund-Gruppe von Welwel Rozowski auf dem Gelände der Röhrich-Fabrik (Smoczastrasse 6 und 8). Am 10. Mai verließ sie das Ghetto durch den Kanal. Sie versteckte sich in Warschau. Nach dem Krieg verließ sie Polen und reiste über Schweden nach Amerika aus. Sie starb 1989 in Amerika.

Fuchrer, Mira: geb. 1920 in Warschau. Aktives Mitglied bei Haschomer Hazair, Mitarbeiterin und Freundin von Mordechaj Anielewicz, mit dem sie 1939 nach Wilna ging. 1940 kam sie nach Warschau zurück. Im Aufstand kämpfte sie im Zentralghetto. Am 8. Mai 1943 kam sie im Alter von 23 Jahren im Bunker der ZOB an der Milastraße 18 um.

Fuden, Regina (Lilit): geb. 1922 in Warschau. Aktives Mitglied bei Haschomer Hazair. Als Mitglied der ZOB stellte sie Kontakte mit der polnischen Untergrundbewegung her. Während des Aufstands war sie Kontaktperson zwischen den Kampfgruppen auf dem Gelände von Többens & Schultz (Leszno-, Nowolipie-, Smoczastraße). Am 29. April führte sie vierzig Ghettokämpfer durch den Kanal hinaus und ging dann mit Szlomo Baczynski zurück, um die nächste Gruppe zu holen. Sie kam in den Trümmern um, über die genauen Umstände ihres Todes ist nichts bekannt.

Gaik, Wladislaw (Krzaczek, Kostek): geb. 1914 oder 1915. Pole, nahm aktiv am Kampf der kommunistischen Volksgarde GL teil. War an der Evakuierung der Ghettokämpfer beteiligt und half ihnen auf der arischen Seite. Der Kollaboration mit den Deutschen verdächtigt. Wurde im Oktober 1943 von der Kriminalpolizei erschossen.

Geller (Geler), Eliezer: geb. 1918 in Opoczno. Absolvierte die Höhere Handelschule in Lódz, aktives Mitglied der Gordonia. Nahm im Septemberfeldzug an der Schlacht bei Kutno teil. Im zweiten Halbjahr 1940 wurde er wie alle jüdischen Soldaten der polnischen Armee aus dem Kriegsgefangenenlager entlassen und mußte ins Warschauer Ghetto. Er gründete und redigierte die Gordonia-Zeitung »Slowo Modlych« (Wort der Jugend), die auch in anderen Ghettos zirkulierte. 1941 und 1942 bereiste er unter dem Decknamen Jan Kowalski die Ghettos in Schlesien und rief dort Widerstandsgruppen ins Leben. Er hielt den Kontakt mit dem Histadrut-Büro in Genf aufrecht. Im Januar 1943 nahm er an der ersten bewaffneten Aktion im Ghetto teil. Während des Aufstands war er Kommandant von neun Kampfgruppen auf dem Gelände von Többens & Schultz. Er verließ das Ghetto durch den Kanal am 29. April 1943 und versteckte sich zusammen mit anderen Ghettokämpfern auf dem Speicher einer Filmfabrik auf der Straße des elften November Nr. 10. Als dort am 24. Mai ein Feuer ausbrach, gelang es Eliezer trotz Verletzungen und Verbrennungen zu fliehen. Im Sommer 1943 wurde er mit anderen Juden, die alle ausländische Pässe besaßen, in das Konzentrationslager Bergen-Belsen deportiert. Von dort aus wurde er mit 1800 Juden in das Lager Bergau bei Dresden verlegt, dann am 21. Oktober nach Auschwitz. Kurz darauf wurde der 25jährige dort ermordet.

Gepner, Abraham: geb. 1872 in Warschau. Besitzer einer Metallwarenfabrik. Als Erwiderung auf den Boykott jüdischer Kaufleute organisierte er nach 1912 die Vereinigung jüdischer Kaufleute. In Warschau war er bekannt als Schirmherr der jüdischen Wohltätigkeitsorganisationen. Im September 1939 war er zusammen mit Szmuel Zygielbojm Vertreter der jüdischen Bevölkerung im Komitee zur Verteidigung der Stadt. Während des Bestehens des Ghettos befaßte er sich als Mitglied des Judenrates mit der sozialen Versorgung der Ghettobewohner: Er unterhielt Kontakte mit Joint und leitete die Lebensmittelverteilung aus den Magazinen. Er unterstützte ZOB und ZZW (Jüdische Militärvereinigung) finanziell. Am 3. Mai 1943 holten ihn die Deutschen aus den Lebensmittelmagazinen an der Franciszkanskastraße 30 und erschossen ihn an der Ecke Gesia- und Zamenhofstraße.

Górny, Jechiel: geb. 1908. Aktives Mitglied bei Poale Zion. Im Warschauer Ghetto Arbeiter in der Landau-Fabrik an der Gesiastraße 30. Im Aufstand kämpfte er in der Gruppe von Hirsz Berlinski auf dem Gelände der Bürstenmacher. Am 10. Mai 1943 kam er beim Verlassen des Kanals in der Prostastraße um.

Growas, Mordechaj (Merdek): geb. 1921 in Warschau. Im Namen der ZOB vollstreckte er Todesurteile an Gestapo-Agenten. Am 29.10.1942 vollstreckte er zusammen mit Elek Rózanski das Todesurteil an dem stellvertretenden Kommandant des jüdischen Ordnungsdienstes, Jakub Lejkin. Er nahm an der ersten bewaffneten Aktion im Ghetto am 18. Januar 1943 teil. Im Aufstand war er der Anführer einer Gruppe von Haschomer Hazair, die im Bereich Nalewki, Zamenhof- und Milastraße kämpfte. Am 10. Mai verließ er das Ghetto durch den Kanal, kam mit den anderen nach Lomianki und schloß sich später einer Partisanengruppe in den Wyszkower Wäldern an. Er war der Anführer einer Gruppe von zehn Juden, die in den Reihen der AK kämpften (Chaim Arbuz, Abraham Zandman, Chagit Putermilch, Israel Krotki, Joel, Tamar, Berl Tasenkraut, Julek Junghajzer, Izio Lewski). Diese Kämpfer wurden aller Wahrscheinlichkeit nach von polnischen Partisanen aus der (rechtsnationalen Militärorganisation) NSZ ermordet. Growas war 22 Jahre alt.

Gruzalc, Lejb (Lewi, Lejwi): geb. 1919 in Warschau. Funktionär bei Zukunft. Beim Aufstand im Ghetto war er der Anführer einer Kampfgruppe des Bundes im Zentralghetto. Er kam bei den Kämpfen an der Milastraße 29 um.

Grynszpan, Jurek: geb. 1918 oder 1919 in einer Intellektuellenfamilie. Beim Aufstand im Ghetto war er Kommandant von vier Kampfgruppen der PPR. Er kämpfte auf dem Gelände der Bürstenmacher. Im Kampf um den Bunker an der Franciszkanskastraße 30 wurde er schwer verwundet und starb am 3. Mai 1943.

Gutman, Hanoch (Henoch): geb. 1919 in Lódz. Aktiv in der zionistischen Bewegung, Mitglied von Dror. Nach Ausbruch des Krieges kam er ins Warschauer Ghetto. War aktiv in der Kommune an der Dzielnastraße 34, führte illegale Seminare und bildete Selbstverteidigungsgruppen in Hrubieszów. Im August 1942 unternahm er einen mißglückten Anschlag auf den jüdischen Polizisten Mieczyslaw Szmerling. Er nahm an den ersten Kämpfen im Warschauer Ghetto im Januar 1943 teil. Beim Aufstand war er Anführer einer Gruppe auf dem Gelände der Bürstenmacher unter dem Oberkommando von Marek Edelman. Am 2. Mai wurde er im Kampf um den Bunker an der Franciszkanskastraße 30 schwer verletzt. Er schaffte es nicht, durch den Kanal aus dem Ghetto hinaus zu kommen und blieb mit seiner Freundin Fejcze (Zipporah) Rabow im Ghetto. Die genauen Umstände des Todes der beiden sind nicht bekannt.

Heinsdorf, Miriam: geb. 1913 in Warschau. Lebte bis 1939 in Lublin, dann zog ihre Familie nach Warschau um. Dort trat Miriam Haschomer Hazair bei. Während des Krieges war sie in der Zentrale der Organisation beschäftigt und fuhr zu verschiedenen Niederlassungen der Haschomer Hazair im besetzten Polen. Vom Ghetto aus stellte sie Kontakte mit dem Histadrut-Büro in Genf her. Sie war Mitglied im Jüdischen Nationalkomitee. Im Aprilaufstand kämpfte sie in der Haschomer Hazair-Gruppe unter Szlomo Winogron auf dem Gelände der Schilling-Fabrik. Sie blieb im Ghetto. Die genauen Umstände ihres Todes sind nicht bekannt.

Heller, Szymon: geb. in Krakau in einer Intellektuellenfamilie. Vor dem Krieg zogen seine Eltern nach Warschau um. Szymon kam auf das Haskala-Gymnasium und wurde Mitglied bei Haschomer Hazair. Während des Aufstands war er einer der Anführer auf dem Gelände von Többens & Schultz. Er kam am 22. April um, als er vom Balkon eines brennenden Hauses in der Lesznostraße 76 sprang.

Himelfarb, Edek: geb. in Falenic. Ab Januar 1943 Mitglied bei der Kampfgruppe der Gordonia. Im Aufstand kämpfte er unter der Führung von Jakub Fajgenblat auf dem Gelände von Többens & Schultz. Er verließ das Ghetto durch den Kanal am 29. April. Er kam auf der arischen Seite um.

Hochberg, Adolf: geb. 1922 in Leipzig. Vor dem Krieg kam er nach Polen, um an einem Kibbuz-Lehrgang teilzunehmen. Beim Aufstand im Ghetto kämpfte er in der Dror-Gruppe. Am 10. Mai verließ er das Ghetto durch den Kanal. Zusammen mit Szlamek Szuster kehrte er zurück, um die Ghettokämpfer zu holen, die in einem Seitenkanal warteten. Er kam am 10. Mai bei dem Einstieg an der Prostastraße um.

Hochberg, Dawid: geb. 1925 in Siedlce. Ab 1930 lebte er mit seiner Mutter, die Lehrerin an einer CISzO-Schule war, in Warschau auf der Nowolipkistraße 20. Er war einer der begabtesten Schüler des Laor-Gymnasiums, ein aktives Mitglied bei Skiff. Beim Aufstand im Ghetto führte er die Bund-Gruppe im Zentralghetto an. Am 27. April wurde er am Eingang des Bunkers Milastraße 29 schwer verletzt. Als Sterbender versperrte er mit seinem Körper den Zugang und ermöglichte so den übrigen Kämpfern den Rückzug.

Jankielewicz, Edek (Adam): Beim Aufstand im Warschauer Ghetto war er Mitglied der Kampfgruppe des Bundes unter Lewi Gruzalc. Er verließ das Ghetto am 10. Mai durch den Kanal und wurde nach Lomianki gebracht. Er schloß sich den Partisanen in den Wyszkower Wäldern an und kämpfte in der Gruppe von Adam Szwarcfus. Er kam bei einer der Aktionen in der Stadt Brok um.

Kanal, Izrael: geb. 1921 in Bydgoszcz. Aufgewachsen in einer frommen vermögenden Familie mit zionistischen Traditionen. Er machte Abitur und wurde aktives Mitglied der Akiba-Organisation. Am Anfang des Krieges siedelte seine Familie nach Warschau über. Die

Eltern starben im Ghetto. Izrael und sein Bruder Salo lebten im Kibbuz der Akiba-Organisation auf der Nalewkistraße 10. Auf Befehl der Untergrundbewegung arbeitete Izrael bis zur großen »Aussiedlungsaktion« Juli bis September 1942 bei der jüdischen Polizei. Er verübte den ersten Anschlag im Ghetto und zwar auf den Chef der jüdischen Polizei, Józef Szerzynski. Der Anschlag wurde in Szerzynskis Wohnung an der Nowlipkistraße 10 verübt, Szerzynski wurde leicht verletzt. Vor dem Aufstand unterwies Izrael Mitglieder der ZOB in der Handhabung von Waffen. Bei der Januaraktion 1943 war er Anführer einer Haschomer Hazair-Gruppe. Während des Aufstandes war er Kommandant des Zentralghettos. Er kam durch den Kanal auf die arische Seite. Er kämpfte mit den Partisanen in den Wyszkower Wäldern. Im August 1943 wurde er mit einer Gruppe von Juden, die ausländische Pässe besaßen, nach Bergen Belsen deportiert, dann nach Bergau bei Dresden. Wahrscheinlich wurde er in Auschwitz umgebracht.

Kaplan, Josef: geb. im November 1913 in Kalisz. Aufgewachsen in einer religiösen Familie, Schulbildung im Cheder, in der Jeschiwa und dann in einer polnischen Schule mit Unterrichtssprache Hebräisch. Ab dem dreizehnten Lebensjahr war er Mitglied bei Haschomer Hazair, schließlich Aktivist in der Zentrale der Organisation in Warschau. Um die Jahreswende 1939/1940 organisierte er die Untergrundaktivitäten von Haschomer Hazair in Ostpolen, von Dezember 1940 an im Warschauer Ghetto. Er arbeitete im Joint-Büro, gründete das Kibbuz Maapalim und half schließlich in Czestochowa bei der Gründung eines Kibbuz in Zarki. Er informierte die jüdischen Organisationen im Ausland über die Situation der jüdischen Bevölkerung im besetzten Polen. Er gab sein Wissen auch an die Histadrut-Zentrale in der Schweiz weiter. 1941 schloß er sein Buch ab, das das Wirken der Haschomer Hazair-Bewegung dokumentierte. Dieses Buch erschien 1942 in Palästina. Seine Wohnung Nowolipki 45, die er mit Miriam Heinsdorf teilte, war eine wichtige Kontaktstelle der Organisation. Dort stellte Josef Kaplan die Dokumente für die Aktiven der Untergrundbewegung her. Er war auch Mitbegründer der ersten Kampfgruppe im Ghetto. Er war im Jüdischen Nationalkomitee aktiv, wurde in den Stab der ZOB gewählt. Am 3. September 1942 wurde er von der Gestapo in der Landau-Fabrik festgenommen. Wahrscheinlich hatte ihn ein zuvor festgenommenes

Mitglied der Bewegung verraten. Josef Kaplan wurde am 11. September 1942 im Pawiak-Gefängnis ermordet.

Kawa, Hersz (Hesiek, Heniek): geb. 1913 in einer armen Familie in Warschau. Sein Vater war Friseur. Vor dem Krieg machte Hersz den Abschluß an der Handelsschule und begann in der Verkaufsabteilung einer Apotheke zu arbeiten. Im Ghetto war er im Untergrund in den kommunistischen Arbeiterverbänden tätig. Er war an den Unternehmungen beteiligt, die im Namen der Aufständischen von reichen Ghettobewohnern Abgaben für die Zwecke der Untergrundorganisationen erzwangen. Während des Aufstands war er Anführer einer von sechs Kampfgruppen auf dem Gelände von Többens & Schultz an der Lesznostraße 74. In Kämpfen schwer verwundet, starb er am 27. April im Bunker an der Nowlipiestraße.

Kawenoki, Guta: geb. 1920 in Lódz. Gutas Familie kam aus Bialystok. Ihr Vater war Textilfabrikant, ihre Mutter Apothekerin. Sie arbeitete als zahntechnische Assistentin, war aktives Mitglied bei Gordonia. 1940 kam sie nach Warschau. Im Ghetto war sie Finanzverwalterin der ZOB. Während des Aufstands kämpfte sie auf dem Gelände von Többens & Schultz, schließlich als Partisanin in den Wyszkower Wäldern und in der Gegend des Czerwony Bór an der Narwia. Sie erkrankte schwer und kehrte nach Warschau zurück. Zusammen mit Jakub Fajgenblat und Zygmunt Igla hielt sie sich am Grzybowski-Platz 6 versteckt. Der Hausmeister Jablonski lieferte sie an die Gestapo aus. Alle drei kamen im Kampf mit den Deutschen um, die gekommen waren, um sie festzunehmen.

Kleinwajs, Hanoch (Heniek, Michalek): geb. 1917 in Warschau. Mitglied bei Gordonia. Im Aufstand kämpfte er in der Gruppe von Eliezer Geller auf dem Gelände von Többens & Schultz. Am 29. April verließ er das Ghetto durch den Kanal und schloß sich mit anderen Ghettokämpfern den Partisanen in den Wyszkower Wäldern an. Er kam auf der arischen Seite in Warschau zusammen mit Dawid Nowodworski und Dora Dembinska um.

Klepfisz, Michal: geb. am 17. April 1913 in einer chassidischen Familie in Warschau. Sein Vater war Melamed (Chederlehrer) und aktiv beim Bund. Seine Mutter unterrichtete polnische Literatur an der jüdischen Schule. Michal war Mitglied bei Zukunft. Er machte seinen Abschluß an der Polytechnischen Hochschule in Warschau. Nach Ausbruch des Krieges ging er zuerst nach Lwów, dann nach Donezk. Er arbeitete in einer russischen Flugzeugfabrik. 1941 kehrte er nach Warschau zurück und begann, im Untergrund Produktionsstätten für Brandbomben, die sogenannten Molotowcocktails, zu organisieren. Er war oft auf der arischen Seite, wo er Waffen für das Ghetto einkaufte. Er wohnte bei einem Polen namens Szczepaniak in der Górnolskastraße 3, später in der Paskastraße 48. Von diesem Szczepaniak wurde er an die Gestapo verraten und kam in einen Transport nach Treblinka. Er flüchtete aus dem Waggon und kehrte ins Ghetto zurück. Im Aufstand kämpfte er in der Gruppe von Jurek Blones auf dem Gelände der Bürstenmacher. Er kam am 20. April um. Er wurde am nächsten Tag auf dem Hof des Hauses Swietojerskastraße 32 beerdigt. Im März 1944 wurde er von der polnischen Exilregierung in London mit dem Orden »Virtuti Militari« ausgezeichnet.

Konski, Jehuda: geb. 1923 in einer frommen Schneiderfamilie in Siedlce. Er absolvierte das jüdische Tarbut-Gymnasium. Er war Mitglied bei Gordonia. Vor dem Aufstand war er Anführer der Kampfgruppe dieser Organisation. Zusammen mit Szymon Lewental hatte er die Aufgabe, Waffen zu kaufen. Sie wurden von einem Gestapo-Agenten verraten und im März 1943 in der Többens-Fabrik festgenommen. Trotz schrecklicher Folterungen auf der Befehlsstelle verrieten sie den Deutschen keine Informationen. Beide starben während der Verhöre.

Korn, Lea: geb. 1918 in Lódz. In Warschau setzte sie ihre vor dem Krieg begonnene Tätigkeit für Gordonia fort und betreute Kinder im Ghetto. Vor dem Aufstand wohnte sie mit ihrer Kampfgruppe an der Ecke Dzika- und Stawkistraße. Sie kämpfte auf dem Gelände von Többens & Schultz. Als ihre Gruppe am 29. April das Ghetto durch den Kanal verließ, blieb Lea freiwillig mit den Verwundeten an der Lesznostraße 76.

Koziebrodzka, Lea (Lonka): geb. 1917 in Pruszków. Ihr Vater war Hebräischlehrer. Sie absolvierte das jüdische Jehudyja-Gymnasium in Warschau und begann mit dem Studium der Romanistik an der

Warschauer Universität. 1939 wurde sie Mitglied bei Freiheit. Während des Krieges war sie Kontaktperson für Dror und besuchte Ghettos in ganz Polen. Auf der arischen Seite war sie als Krystyna Kosowska bekannt. Sie transportierte Dokumente, Geld und Waffen und begleitete Mitglieder der Organisation von Stadt zu Stadt. Auf dem Weg von Wilna nach Warschau wurde sie im April 1942 auf dem Bahnhof von Malkin verhaftet. Man fand vier Pistolen und Untergrundzeitungen bei ihr. Während der Verhöre im Gestapo-Quartier auf der Szuch-Allee und im Pawiak gab sie nicht zu, Jüdin zu sein. Am 11. November 1942 wurde sie mit einer Gruppe von 56 polnischen Gefangenen ins Vernichtungslager Auschwitz deportiert. Am 18. März 1943 starb sie im Lager an Typhus.

Landau, Emilia (Margalit): geb. 1926 in Warschau. Ihr Vater, Alexander Lejb Landau, war Mitbesitzer einer Großtischlerei. Als die Fabrik während des Krieges konfisziert wurde, blieb er der Direktor. In der Landau-Fabrik hatten die Mitglieder der ZOB einen Ort, an dem sie sich versteckt halten konnten. Eine Zeitlang war dort sogar der Stab der ZOB einquartiert. Margalit war Mitglied bei Haschomer Hazair. Am 29. Oktober 1942 beteiligte sie sich an der Vollstreckung des Todesurteils an dem Rechtsanwalt Jakub Lejkin, dem stellvertretenden Kommandanten des Ordnungsdienstes. Sie kam am 18. Januar 1943 bei den ersten Kämpfen im Ghetto auf der Zamenhofstraße um.

Lent, Szanaan: geb. im März 1926 in Neve Szanaan bei Tel Aviv. Mit seinen Eltern kam er in den dreißiger Jahren nach Polen. Sein Vater Hersz war Straßenbahnschaffner. Zu Beginn des Krieges wohnte Lent in Lwów, wo er in der kommunistischen Jugendbewegung aktiv war. Im Ghettoaufstand kämpfte er in der Poale Zion-Gruppe auf dem Gelände der Bürstenmacher. (Sein Vater war auch aktiv am Aufstand beteiligt.) Szanaan kam am 3. Mai bei der Verteidigung des Bunkers an der Franciszkanskastraße 30 um.

Lewental, Szymon: geb. 1917 in Warschau. Mitglied der Kampfgruppe von Gordonia, nahm an den Kämpfen im Januar teil. Im März 1943 wurde er zusammen mit Jehuda Konski in der Többens-Fabrik verhaftet. Er wurde während des Verhörs ermordet, ohne irgendwelche Informationen preisgegeben zu haben.

Lewin, Lejzer (Eliezer): geb. 1891. Aus dem besetzten Lwów gelangte er nach Warschau, wo er an der Organisation der Poale Zion-Partei im Untergrund teilnahm. Während des Aprilaufstands verließ er das Ghetto durch den Kanal vom Többens & Schultz-Gelände aus. Mit einer Gruppe von Ghettokämpfern wurde er nach Lomianki gebracht. Nach dem Krieg reiste er nach Palästina aus. Er war Mitglied des Kibbuz Jagur. Er starb 1967.

Litman, Josef: geb. 1919 in Nowy Dwór Mazowiecki. Im Ghetto arbeitete er in der Landau-Fabrik. Er war Mitglied der Haschomer Hazair-Kampfgruppe unter Hersz Berlinski und kämpfte u.a. auf dem Gelände der Bürstenmacher. Am 10. Mai verließ er das Ghetto durch den Kanal. Er schloß sich einer Partisanengruppe unter Dawid Nowodworski in den Wyszkower Wäldern an. Seine Abteilung polnischer Partisanen wurde in dem Dorf, in dem sie ihre Lebensmittel besorgten, von den Deutschen angegriffen. Josef wurde lebensgefährlich verletzt und dann von den Partisanen getötet.

Lubetkin, Cywia (Celina): geb. 1914 in Byten in Polesie. Ihr Vater war Ladenbesitzer. Sie absolvierte die polnische Elementarschule. Sie schloß sich früh der zionistischen Jugendbewegung an und wurde Mitglied bei Dror. 1938 zog sie nach Warschau und war dort im Zentralkomitee des Hechaluz tätig. 1939 war sie Delegierte auf dem Zionistenkongreß in Genf. Ende August kehrte sie nach Warschau zurück. Bis Januar 1940 hielt sie sich in Lwów auf, dann kam sie wieder nach Warschau. Zusammen mit ihren Freunden baute sie die Widerstandsbewegung im Ghetto auf. Während des Aufstands war sie in der Leitung der ZOB. Am 10. Mai verließ sie das Ghetto durch den Kanal und gelangte auf die arische Seite. Sie nahm am Warschauer Aufstand teil und kämpfte in den Reihen der AL in der Altstadt. 1946 fuhr sie zum Zionistenkongreß nach Basel und von dort nach Palästina. Sie lebte im Kibbuz der Ghettokämpfer. Sie starb am 11. Juli 1978.

Manulak, Bronka: geb. in Lódz, in einer Familie, die seit drei Generationen mit der Poale Zion-Bewegung verbunden war. Nach Ausbruch des Krieges kam sie nach Warschau. Im Aufstand kämpfte sie in der Poale Zion-Gruppe. Sie kam am 10. Mai bei der Flucht durch den Kanal um.

Maselman, Rysiek: geb. 1922 in Warschau. Mitglied einer Kampfgruppe der PPR, Verbindungsmann der ZOB. Er war an der Organisation der Evakuierung der Ghettokämpfer am 10. Mai beteiligt. An diesem Tag begleitete er eine Gruppe nach Lomianki. Mit einem anderen Verbindungsmann, Jurek Zolotow, kehrte er nach Warschau zurück, um die zweite Gruppe zu holen, die noch im Kanal wartete. Auf dem Bankowy-Platz wurden sie von der blauen Polizei überrascht und in einen Kampf verwickelt. Jurek Zolotow kam um, und Maselman wurde erst verwundet und dann auf der Zabiastraße in der Nähe des Sächsischen Gartens erschossen.

Morgenstern, Johanan: geb. 1905 in Zamosc. Ab 1929 Ausbilder in der Warschauer Zentrale von Poale Zion. Mitarbeit an den Zeitungen der Partei. Delegierter von Poale Zion auf dem 21. Weltkongreß der Zionisten in Genf. Zu Kriegsbeginn wurde er verhaftet und in ein Arbeitslager bei Lublin deportiert. Dank der Hilfe jüdischer Aktivisten konnte er ins Warschauer Ghetto zurückkehren, wo er einer der Anführer der Poale Zion im Untergrund wurde. Als Mitglied der ZKN und später der ZOB war er mit den Finanzen der Organisation betraut. Er arbeitete in der Werkstatt K.G. Schultz. Am 29. April verließ er das Ghetto durch den Kanal und versteckte sich mit anderen Kämpfern in dem Haus Ogrodowastraße 29. Am 6. Mai drang dort die Gestapo ein. Sie erschossen alle Männer, darunter auch Johanan Morgenstern.

Nowodworski, Dawid: geb. in Warschau. Einer der Organisatoren der jüdischen Untergrundbewegung. In seiner Wohnung in der Lesznostraße 6 hörte er für die Untergrundpresse die Radiostationen ab. Er war Begründer eines Kibbuz an der Nalewkistraße 23. Mitte August wurde er mit einem Transport nach Treblinka geschickt. Er floh aus Treblinka und kehrte ins Ghetto zurück. Er arbeitete in der Landau-Fabrik. Im Aufstand war er Anführer der Haschomer Hazair-Kampfgruppe in den Nowlipie 67 (Többens & Schultz-Gelände). Am 29. April gelangte er mit anderen Ghettokämpfern durch den Kanal auf die arische Seite. Er wurde Anführer einer Partisanenabteilung in den Wyszkower Wäldern. Er kam nach Warschau zurück, um die Ausreise von Juden auf illegalem Weg durch Ungarn nach Palästina zu organisieren. Ein Volksdeutscher verriet ihn an die Polizei. Mit Nowodworski starben auch seine Frau, Rivka Szafirsztajn, Heniek Kleinwajs, Dorka Dembinska, Szymon Szajntal.

Papier, Zygmunt (Zisza, Zysiek): geb. 3. Mai 1917 in Nowy Dwór. Vor dem Krieg Mitglied im Makabi-Verein. Im Warschauer Ghetto arbeitete er in der Landau-Fabrik. Im Spätherbst 1942 wurde er von Hirsz Berlinski in die Poale Zion-Organisation aufgenommen. Im Aufstand kämpfte er in Berlinskis Gruppe, u.a. auf dem Gelände der Bürstenmacher. Er kam am 3.5.1943 um, als die Deutschen Gasbomben in den Tunnel warfen, durch den sich eine Gruppe aus dem Bunker an der Franciszkanskastraße retten wollte.

Perelman, Mejloch (Majloch): geb. 1921 in Warschau. Besuchte eine CISzO-Schule, war Mitglied bei Zukunft Skiff. Im Aufstand kämpfte er in der Bund-Gruppe unter Lejb Gruzalc auf dem Gebiet des Zentralghettos, außerdem war er Anführer der Ausfallkommandos. Bei der Aktion an der Gesiastraße 80 kamen drei Ghettokämpfer ums Leben und Perelman trug eine schwere Bauchverletzung davon. Es gelang ihm, die Waffen seiner Freunde zu verstecken und erst zum Bunker Milastraße 29 (wo er niemanden mehr antraf) und sich dann zur Milastraße 18 zu schleppen. Dort fanden ihn seine Kameraden auf den Trümmern liegen und brachten ihn in den dritten Stock des Hauses Muranowskastraße 37. Mehrere Stunden später kam er dort in den Flammen um.

Plotnicka, Chana: geb. 3. April 1918 in Plotnice bei Pinsk in einer chassidischen Familie. Ihr Vater war Viehhändler. Nach dem Pogrom in Plotnice siedelte die Familie 1920 nach Pinsk über. Chana besuchte keine Schule. Sie war sehr aktiv in der Jugendorganisation Freiheit. Anfang 1939 wurde sie von der Organisation nach Lwów, Bialystok und Warschau geschickt. Anfang 1942 reiste sie nach Bedzin, dort wohnte sie auf der arischen Seite. Im März 1943 kehrte sie nach Warschau zurück. Während des Aufstands befand sie sich auf dem Többens & Schultz-Gelände. Am 20. April versuchte sie mit Hilfe der Gordoniakämpfer aus dem Ghetto zu kommen. Die ganze Gruppe wurde an der Lesznostraße 80 festgehalten; das war der Ort, von dem aus alle zum Umschlagplatz gebracht wurden. Unter dem Vorwand, ein Versteck verraten zu wollen, lockten sie einen Polizisten zum Tor und begannen dort zu schießen. In diesem Kampf wurde Meir Szwarc verwundet und Chana Plotnicka getötet.

Plotnicka, Frumka: geb. 11. November 1940 in Plotnice bei Pinsk. Wie Chana hatte auch Frumka keine Schule besucht. Sie war Mitglied bei der Organisation Freiheit. Als Aktivistin der Chaluz-Bewegung besuchte sie Kibbuzim in Bialystok und Lódz. Nach 1939 entfaltete sie sehr viele Aktivitäten. Sie reiste im ganzen Land mit arischen Papieren umher. Sie arbeitete mit Tosia Altman, Arie Wilner und Leon Perlstein zusammen. Sie brachte die ersten Berichte über die Vernichtung der Juden in Ostpolen und hielt den Kontakt mit den Hechaluz-Vertretern im Ausland aufrecht. In der zweiten Hälfte des Jahres 1942 organisierte sie die Widerstandsbewegung im Ghetto in Bedzin. Am 3. August 1943 kam sie bei einer Selbstverteidigungsaktion im Ghetto von Bedzin um.

Praszker, Jakub: geb. 1913 in einer armen chassidischen Familie in Lódz. Zu Beginn des Krieges kam er nach Warschau, war in der Chaluz-Zentrale tätig und hielt den Kontakt mit der Histadrut-Zentrale in Genf aufrecht. Er war Mitglied des ZZW, für den er auf der arischen Seite Waffen besorgte. Beim Aufstand führte er eine Kampfgruppe von Hanoar Hazioni auf dem Gelände der Bürstenmacher an. Er kam um, als der Bunker an der Walowastraße 8 in die Luft gesprengt wurde. Zusammen mit Praszker kamen auch andere Ghettokämpfer um, darunter auch seine Frau Róza Mastbaum.

Putermilch, Jakub (Jakubek): geb. 1924 in Warschau in einer orthodoxen Familie. Jakubs Eltern hatten ein kleines Geschäft auf den Nowolipki. Jakub lernte im Cheder, dann absolvierte er die Berufsschule. Als Mitglied von Haschomer Hazair trat er 1942 der ZOB bei. Im Aufstand kämpfte er in der Gordonia-Gruppe unter Jakub Fajgenblat auf dem Gelände von Többens & Schultz. Am 29. April verließ er das Ghetto durch den Kanal. Er kämpfte bei den Partisanen am Bug. 1945 reiste er mit seiner Frau Masza Glajtman nach Palästina aus. 1947 kämpfte er als Soldat der Hagana (jüdische paramilitärische Untergrundorganisation in Palästina) für die Unabhängigkeit Israels. Er nahm auch an dem Krieg 1956 teil. In Israel arbeitete er in einer Baufirma. Er starb 1985 in Tel Aviv.

Ratajzer, Kazik (Rotem Simcha): geb. 1924 in Warschau. Während des Aufstands kämpfte er auf dem Gelände der Bürstenmacher in Hanoch Gutmans Gruppe. Am 1. Mai 1943 wurde er zusammen mit Zygmunt Frydrych vom Befehlsstab der ZOB zu Icchak Cukierman geschickt, der die ZOB auf der arischen Seite vertrat. Er gelangte durch den Kanal (Durchgang zur Muranowskastraße 6) hinaus und organisierte auf der arischen Seite die Evakuierung der Ghettokämpfer. Am 8. Mai kehrte er ins Ghetto zurück, aber fand dort niemanden mehr. Erst bei seinem Rückweg durch den Kanal auf die arische Seite traf er auf eine Gruppe aus dem Ghetto. Am 10. Mai brachte er eine Gruppe von über dreißig Ghettokämpfern in einem Lastwagen nach Lomianki. Er selbst blieb in Warschau versteckt und arbeitete als Kontaktmann für die ZOB. Im Warschauer Aufstand kämpfte er in den Reihen der AK in der Altstadt. Nach dem Fall der Altstadt führt er die Kämpfer des Aufstands durch den Kanal nach Zoliborz. Nach dem Krieg organisierte er die Auswanderung europäischer Juden nach Palästina. Er selbst reiste im November 1946 durch Rumänien nach Palästina aus. Er lebt in Jerusalem.

Rotblat, Lejb (Lutek): geb. 14. Oktober 1918 in Warschau. Absolvierte das polnische Gymnasium und wurde Ausbilder bei Hanoar Hazioni. Im Ghetto war er Mitglied der Akiba-Organisation. Er war einer der ersten, die zur bewaffneten Aktion aufriefen. In seiner Wohnung auf der Muranowskastraße 44 befand sich ein getarntes Versteck der Kämpfer der ZOB. Im Aufstand war er der Anführer der Gruppe Akiba im Zentralghetto. Am 8. Mai befand er sich mit seiner Mutter im Bunker an der Milastraße 18. Als die Deutschen Gasbomben warfen, erschoß der 25jährige Lutek erst seine Mutter und dann sich selbst.

Rozenfeld (Rojzenfeld), Michal (Michal Bialy): Vor dem Krieg studierte er an der Universität Warschau und war Lehrer in einem Internat der »Zentralen Gesellschaft für die Betreuung von Waisen«. Nach Kriegsausbruch führte er seine soziale Tätigkeit in Lwów fort. Ab 1942 war er im Warschauer Ghetto. Im Stab der ZOB war er der Vertreter der PPR. Am 8. Mai befand er sich im Bunker an der Milastraße 18, doch gelang es ihm hinauszukommen. Er verließ das Ghetto am 10. Mai durch den Kanal und schloß sich mit anderen Ghettokämpfern den Partisanen in den Wyszkower Wäldern an, wo er eine Abteilung anführte. In dem Dorf Kracowizna wurde seine Gruppe von den Deutschen überrascht. Rozenfeld kam bei dem Kampf ums Leben.

Rozowski, Welwl (Welwel): geb. 1916 in Warschau. Studierte an der Warschauer Universität, aktives Mitglied beim Bund. Im Ghetto war er u.a. für die Jugendgruppen von Zukunft verantwortlich. Er kehrte ins Ghetto zurück. Im Aufstand war er Anführer einer Fünfergruppe auf dem Gelände der Röhrich-Fabrik an der Smoczastraße 6-8. Am 29. April verließ er das Ghetto durch den Kanal. Zusammen mit Marek Edelman hielt er sich in Warschau versteckt. Er wurde von Schmalzern verraten und kam im Mai 1943 bei der Gestapo zu Tode.

Stolak, Abram: geb. 1918. Diente in der polnischen Armee, im Rang eines Unteroffiziers. Im Ghetto arbeitete er in der Werkstatt Brauer auf der Nalewkistraße 28-38. Im Aufstand kämpfte er in der Poale Zion-Gruppe. Am 10. Mai verließ er das Ghetto durch den Kanal. Er kämpfte mit den Partisanen am Bug. Er ertrank bei der Durchquerung des Flusses mit den Partisanen.

Szejngut, Tuwia (Tadek): geb. 1920 in Warschau. Absolvierte die jüdische Berufsschule an der Grzybowskastraße, war Mitglied bei Haschomer Hazair. Zu Beginn des Krieges war er im Kibbuz Maapalim in Czestochowa. Im Dezember 1942 wurde er zu einer Aktion der ZOB nach Krakau geschickt. (Zusammen mit Icchak Cukierman sollte er dort einen Anschlag auf deutsche Offiziere in dem Café »Cyganeria« durchführen.) Nach der Rückkehr nach Warschau arbeitete er als Kontaktmann der ZOB auf der arischen Seite. Er war an der Organisation der Evakuierung der Ghettokämpfer durch den Kanal beteiligt. Im Sommer 1943 hielt er sich mit Kazik Ratajzer in der Washingtonstraße 80 in der Wohnung eines gewissen Pokropek versteckt. Er kam bei einer Schießerei um, die entstand, als die Deutschen kamen, um ihn festzunehmen.

Sznajdmil, Berek (Abraham, Szmuel): geb. in Łódz. Talmudschüler, dann Realgymnasium, das er 1922 abschloß. Arbeitete als Buchhalter in Warschau. Zu Kriegsbeginn hielt er sich in Litauen auf. Nach seiner Rückkehr nach Warschau arbeitete er für den Bund, mit dem er schon seit der Vorkriegszeit verbunden war. In der ab November 1942 bestehenden Kommission zur Zusammenarbeit von ZKN und Bund vertrat er den Bund. Im Aufstand kämpfte er auf dem Gelände der Bürstenmacher. Er kam in den ersten Maitagen an der Franciszkanskastraße 30 um.

Szniper, Dov: Mitglied der Kampfgruppe von Haschomer Hazair beim Aufstand im Ghetto. Am 10. Mai gelangte er hinaus auf die arische Seite. Während des Warschauer Aufstands hielt er sich mit Chana Krysztal und Pnina Papier in einer Wohnung an der Rakowieckastraße versteckt. Alle drei gerieten zufällig in eine Straßenblockade, bei der sie festgenommen und zur Szuch-Allee gebracht wurden. Vor dem Gestapo-Gebäude zog Dov seine Waffe und schoß. Er wurde dabei getötet.

Szuster, Szlomo (Szlamek): geb. am 18. September 1926 in Pruszków. Mitglied der Dror Freiheit-Organisation. Im Januar 1941 wurde er mit seiner Familie ins Warschauer Ghetto umgesiedelt. Arbeit auf einem Chaluzhof in Czerniaków. Als Mitglied der Kampfgruppe Dror kämpfte er im Ghettoaufstand in der Abteilung unter Hanoch Gutman auf dem Gelände der Bürstenmacher. Als Gutman schwer verwundet wurde, übernahm er die Führung der Gruppe. Am 10. Mai 1943 verließ er das Ghetto durch den Kanal mit einer Gruppe von Mitkämpfern. 48 Stunden warteten sie im Kanal. Unmittelbar vor der geplanten Befreiung durch den Ausstieg an der Prostastraße bekam Szlamek den Befehl, die Ghettokämpfer zu holen, die in Seitenkanälen warteten. Über dreißig Personen wurden aus dem Kanal befreit. Szlamek und den übrigen gelang die Flucht nicht. Als ihre Gruppe einige Stunden später befreit werden sollte, war der Ausstieg schon von Deutschen umstellt. Alle Ghettokämpfer kamen um, darunter der 17jährige Szlomo. Es gibt keinen Augenzeugen für diese Geschehnisse.

Szwarc, Meir: geb. 1916 in Warschau. Schüler des Laor-Gymnasiums, Bund-Mitglied. Im Ghetto war er Rikschafahrer, seine Wohnung war in der Prostastraße. Auf Empfehlung der ZOB meldete er sich zum Werkschutz. Im Ghettoaufstand war er Kontaktperson im Zentralghetto. Am 29. April verließ er das Ghetto durch den Kanal. Auf der arischen Seite hielt er sich in einem Keller auf der Ogrodowastraße 29 versteckt. Dieses Versteck geriet am 6. Mai unter Beschuß der Deutschen. Meir war der einzige, dem die Flucht gelang. Er schlug sich nach Praga in die Filmfabrik durch, in der sich die Kämpfer von Haschomer Hazair versteckt hielten. Am 24. Mai brach dort ein Feuer aus. Meir brachte sich in der Wohnung eines Polen in Sicherheit, der ihn in einem Schrank versteckte. Als die Gefahr einer deutschen Hausdurchsuchung vorüber war, stellte der Pole fest, daß Meir in seinem Versteck gestorben war. Die Todesursache war wahrscheinlich ein Herzanfall.

Szyfman, Leja: geb. 1922 in Warschau. Während des Aufstands kämpfte sie unter Lejb Gruzalc im Zentralghetto. Sie kam am 27. April bei einem Angriff auf den Bunker an der Milastraße 29 um.

Szyfman, Miriam: geb. 1921 in Warschau. Absolvierte die CISzO-Schule an der Milastraße 57. Sie arbeitete in einer Metallverarbeitungsfabrik und war bei Zukunft aktiv. Im Ghetto war sie Sekretärin dieser Organisation und verteilte die Untergrundzeitungen. Sie arbeitete in der Röhrich-Fabrik an der Nowolipiestraße 72, wo sie Armeeuniformen für die Ghettokämpfer stahl. Im Aufstand kämpfte sie in einer Bund-Gruppe. Sie trug eine Beinverletzung davon und nahm sich am 10. Mai im Spital an der Gesiastraße 6 im Alter von 22 Jahren das Leben.

Wald, Beniamin: geb. 1920 in Czerniaków in Warschau. Cheder- und Jeschiwaschüler, Mitglied bei Hechaluz und Freiheit. Im Warschauer Ghetto gehörte er zur Kampfgruppe Dror. Er nahm an der ersten bewaffneten Aktion im Januar 1943 teil. Im Aufstand führte er eine Kampfgruppe an der Lesznostraße 36 an (Többens & Schultz- Gelände). Am 29. April 1943 führte er seine Soldaten durch den Kanal auf die arische Seite. Alle kamen an dem Ausstieg Ogrodowastraße um.

Wegrower, Jehuda (Juda): geb. 1920 in Warschau. Vor dem Krieg Tarbutschüler, dann am Lehrerseminar an der Gesiastraße. 1942 leitete er auf der arischen Seite das Archiv von Haschomer Hazair, das er an das Ringelblum-Archiv übergab. Vor Ausbruch des Aufstands kehrte er ins Ghetto zurück. Bei einer Flugblattaktion (Ankleben von Flugblättern und Plakaten, die zum Widerstand aufriefen) erhielt er einen Lungenschuß. Im Aufstand kämpfte er in der Haschomer Hazair-Abteilung im Zentralghetto. Er war einer von vierzehn, die sich nach dem Angriff auf den Bunker Milastraße 18 retten konnten. Am 10. Mai 1943 verließ er mit dreißig Mitkämpfern das Ghetto durch den Kanal und gelangte auf die arische Seite. Der 23jährige starb noch am selben Tag in Lomianki bei Warschau.

Wilner, Arie (Jurek, Izrael Chaim): geb. im November 1917 in Warschau. Sein Vater war Kaufmann und besaß eine Lederfabrik. Arie besuchte eine private hebräische Schule. 1939 sollte er nach Palästina ausreisen, doch seine Freunde bei Haschomer Hazair überredeten ihn, in der Warschauer Gruppe zu bleiben. Während der ersten Kriegsmonate reiste er in Angelegenheiten seiner Organisation nach Lódz, Lwów und Wilna. In Wilna war er ein Jahr lang von einem Versteck aus für die Organisation tätig. (Zusammen mit anderen jüdischen Aktivisten hielt er sich im Kloster der Benediktinerinnen versteckt.) Anfang 1942 kehrte er nach Warschau zurück. Im Sommer 1942 organisierte er in den schlesischen Ghettos Selbstverteidigungstruppen. In Warschau lebte er auf der arischen Seite bei seiner Schwester Guta an der Marszalkowskastraße. Er vertrat die jüdische Untergrundbewegung bei Kontakten mit der AK und war mit dem Kauf von Waffen für das Ghetto befaßt. Im Januar 1943 nahm er an den ersten Kämpfen im Ghetto teil. Nach einigen Wochen wurde er auf eine Anzeige hin verhaftet. Trotz Folterungen verriet er nichts von seinen Tätigkeiten. Er wurde ins Pawiak-Gefängnis, dann ins Arbeitslager Kaweczyn gebracht. Dank einer Aktion der ZOB konnte er ins Ghetto zurückkehren. Er nahm am Aufstand teil. Am 8. Mai kam er im Alter von 26 Jahren im Bunker der ZOB an der Milastraße 18 ums Leben.

Die hier aufgeführten Biogramme sind hauptsächlich auf der Grundlage von Melech Neustadts Buch »Vernichtung und Aufstand der Juden in Warschau« sowie vieler schriftlicher und mündlicher Erinnerungen erarbeitet worden. Es muß jedoch darauf hingewiesen werden, daß einige historisch überlieferte Fakten von keinem Augenzeugen bestätigt werden konnten. Unser historisches Gedächtnis ist kein objektives Verzeichnis von Fakten und enthält deshalb unterschiedliche Versionen des gleichen Ereignisses sowie unterschiedliche Daten und Zahlen.

Verzeichnis der wichtigsten Organisationen

AK — Heimatarmee: größte bewaffnete Resistance-Organisation unter deutscher Besatzung, die der Befehlsgewalt der Exilregierung in London unterstand.

AL — Volksarmee: kommunistischer Militärverband im besetzten Polen, der im Januar 1944 mit Zustimmung Moskaus gebildet wurde.

Bund — Jüdische sozialistische Partei, die im Polen der Zwischenkriegszeit sowie unter deutscher Besatzung eine große politische Bedeutung hatte.

Dror — Organisation, die 1922 von den jüdischen Einwanderern aus der Ukraine in Polen gegründet wurde. Sie wurde in den rechten Flügel der Poale Zion aufgenommen.

Haschomer Hazair — Jugendbewegung mit zionistisch-sozialistischer Ausrichtung. Viele Mitglieder der Organisation emigrierten nach Palästina und gründeten dort die Kibbuzbewegung.

Poale Zion — Sozialistisch-zionistische Bewegung, die Anfang des 20. Jahrhunderts entstand. 1920 gab es einen Bruch, nach dem sich die PZ Linke und die PZ Rechte herausbildeten.

PPR — Polnische Arbeiterpartei, kommunistische Partei, die im Januar 1942 im besetzten Polen gegründet worden war und deren Widerstandskampf sich sowohl gegen die deutsche Besatzungsmacht als auch gegen die polnische Exilregierung in London richtete.

ZOB — Jüdische Kampforganisation. Gemeinsamer Kampfbund im Warschauer Ghetto, der sich aus folgenden Organisationen zusammensetzte: Haschomer Hazair, PPR, Paole Zion Linke, Bund und Dror. Die ZOB stellte Verbindungen zur polnischen Untergrundbewegung her und organisierte Waffen. Außerdem ging die Organisation gegen Verräter innerhalb des Ghettos vor. Die ZOB bildete den Kern der Kräfte, die im Ghettoaufstand 1943 gegen die Deutschen kämpften.

2. Oktober 1940 — Die Zwangsumsiedlung der jüdischen Bevölkerung in einen Ghettobezirk wird angeordnet. Innerhalb von vier Wochen müssen 100 000 Polen das Gebiet verlassen, dessen Einwohnerzahl zur gleichen Zeit auf 400 000 Menschen anwächst. Das Ghetto wird von einer vier Meter hohen, stacheldrahtbewehrten Mauer umzäunt.

22. Juli 1942 — Beginn der Aussiedlung der Juden aus Warschau. Der Judenrat wird beauftragt, das Werk durchzuführen und soll täglich 6 000 »unnütze Juden auf dem Umschlagplatz bereitstellen«. Ende September wird die Aussiedlung vorläufig abgeschlossen. Von den 400 000 Ghettobewohnern bleiben etwa 70 000 im Ghettobezirk zurück; fast ausschließlich Arbeiter deutscher Fabriken und Werkstätten.

18. bis 21. Januar 1943 — Im Rahmen der sogenannten Januaraktion findet die »zweite Liquidation« statt. Fabriken und Werkstätten werden nach entbehrlichen Arbeitskräften durchsucht. Erstmals treffen die Deutschen auf organisierten bewaffneten Widerstand. Die Ghettokämpfer verteidigen sich zwei Tage lang, bis sie vor zwei SS-Kompanien zurückweichen müssen.

19. April bis 15. Mai 1943: Auf Himmlers Befehl soll das Ghetto endgültig liquidiert werden. Am frühen Morgen des 19. rücken SS-Trupps mit Panzern an. Die Ghettokämpfer der ZOB haben Schlüsselpositionen bezogen und bewachen die Eingänge. Es kommt zu Zusammenstößen, die mit dem Sieg der Aufständischen enden. Die Deutschen ziehen sich zurück. Auch in den nächsten Tagen leisten die Aufständischen erbitterten Widerstand gegen die immer größer werdende Übermacht von Waffen-SS, Polizei und Wehrmacht. Ab 22. April stecken die Deutschen das Ghetto systematisch in Brand, räuchern die unterirdischen Verstecke aus und setzen die Kanalisation unter Wasser.

16. Mai 1943: Der SS- und Polizeiführer im Distrikt Warschau, Jürgen Stroop meldet: »Das ehemals jüdische Wohnviertel Warschau besteht nicht mehr.«